本书得到国家自然科学基金重点项目资助

（项目编号72031003）

Strategy Research on Deepening Cooperation between
Hong Kong and Shenzhen

香港与深圳深化合作战略研究

林居正　等◎著

人民出版社

策划编辑：郑海燕
封面设计：牛晨晨
责任校对：周晓东

图书在版编目(CIP)数据

香港与深圳深化合作战略研究/林居正等 著. —北京：人民出版社,2022.11
ISBN 978－7－01－025258－2

I.①香… Ⅱ.①林… Ⅲ.①区域经济合作-经济发展战略-研究-香港、深圳
　Ⅳ.①F127.65

中国版本图书馆 CIP 数据核字(2022)第 213134 号

香港与深圳深化合作战略研究
XIANGGANG YU SHENZHEN SHENHUA HEZUO ZHANLÜE YANJIU

林居正 等 著

人 民 出 版 社 出版发行
(100706　北京市东城区隆福寺街 99 号)

中煤(北京)印务有限公司印刷　新华书店经销

2022 年 11 月第 1 版　2022 年 11 月北京第 1 次印刷
开本：710 毫米×1000 毫米 1/16　印张：15.25
字数：230 千字

ISBN 978－7－01－025258－2　定价：80.00 元

邮购地址 100706　北京市东城区隆福寺街 99 号
人民东方图书销售中心　电话 (010)65250042　65289539

序　一

　　四十多年来,香港与深圳在高层次、全方位合作中取得了举世瞩目的成就,实现了跨越式发展,创造了世界史上的一个奇迹。面对当前瞬息万变、危机并存的外部环境,立足于深圳打造国际标杆和香港巩固提升国际金融中心地位的重大使命,必须探索香港与深圳合作的新场景,激发香港与深圳合作的新需求,以此促进香港与深圳两地在经济、产业等方面的全面深化合作,共同打造世界级城市群,并向全国输送改革开放经验和成果,向全世界展现大国形象和磅礴伟力。

　　《香港与深圳深化合作战略研究》一书基于历史发展脉络以及重大现实背景,深刻阐述了百年变局下香港与深圳在双循环格局构建过程中的关键作用,以及香港与深圳深化合作的必要性、迫切性和可行性,以此提出香港与深圳深化合作战略实施的总体思路及产业深化合作、要素深化合作、规则对接、功能区建设方面的创新举措。

　　本书以"自上而下"与"自下而上"相结合的思维,以深化合作、开放、创新的理念,将香港与深圳的发展作为整体进行统一谋划,为推动香港与深圳深化合作理念、发展格局、体制机制的大破大立提供了有价值的建议,是一本难得的关于香港与深圳重大发展问题具有战略性和前瞻性的著作。

周伯华

第十一届全国人大常委会副委员长

序 二

香港与深圳,是粤港澳大湾区的两大核心引擎,是"双区"驱动国家战略与"一国两制"基本国策双重叠加的发展要地,是实现内外双循环良性互动的战略支点,代表了中国市场化、科技化、国际化的最高水平。为了引领更高层次的改革开放,创造更加强劲的发展动能,实现体制机制的大破大立,香港与深圳两地必须把握好百年变局的大机遇,利用好中央提供的大舞台,以战略性、全局性、前瞻性的思维认真谋划香港与深圳的长远发展问题。

《香港与深圳深化合作战略研究》一书的作者林居正,长期在深圳市政府办公厅和深圳市地方金融监督管理局从事经济、金融综合协调管理等工作,是深圳经济社会发展、香港与深圳合作的亲历者和见证者。作为深圳一系列重大政策的执笔者和参与者,作为深圳市委、市政府多项重大研究的主持人,以数十年的观察、思考和智慧,前瞻性、创造性地提出香港与深圳深化合作的总体思路,系统分析了香港与深圳深化合作的产业基础和生态基础,既充分把握了香港与深圳前沿发展领域,又体现了以民为本、提升社会福祉、推动香港人心回归的核心理念。

总之,本书是关于香港与深圳深化合作研究的诚意力作,希望书中所提的重大设想能够为各界决策、研究提供参考,为香港与深圳深化合作的思想创新和制度设计提供借鉴,进而丰富"一国两制"实践,推动香港、深圳为国家发展大局作出更大贡献,推动改革开放事业取得更大成就。

第十一届全国政协副主席

序　三

　　香港与深圳作为世界版图上十分耀眼的国际化大都市,在中国改革开放历史中发挥着举足轻重的作用,树立了城市创新、城市开放、城市合作的典范,是"一国两制"伟大创举的精彩演绎。面对香港与深圳两地新的发展机遇与挑战,如何进一步推动香港与深圳深化合作、促进香港与深圳共同繁荣、构建香港与深圳发展新格局,成为战略性和全局性的重大现实问题。在此背景下,《香港与深圳深化合作战略研究》一书的出版可谓恰逢其时。

　　第一,本书深入分析了香港与深圳深化合作的战略意义,提出如何在"一国两制"框架下保持香港长期繁荣稳定、促进香港融入国家发展大局,如何在粤港澳大湾区与先行示范区的"双区"驱动下助力深圳打造全球标杆城市,并以此为基础阐述了香港与深圳深化合作的重大机遇与使命。

　　第二,本书战略性思考了香港与深圳深化合作的几大关系,强调必须拓展"摸着石头过河"的外延,站在顶层设计的更高维度推动形成规模化、集成化、效率化的改革创新政策;提出同等定位的发展区域需要享有同等力度的政策支持,而在与国际竞争中应当遵循效率优先的原则。

　　第三,本书紧扣了科技创新、共同富裕的国家战略部署,提出香港与深圳深化合作需要体现支持科技创新的担当作为,解决前沿科技领域的"卡脖子"问题,同时提出需要体现辐射带动泛珠三角乃至全国统一大市场的示范功能,实现更大范围的繁荣与富裕。

　　我希望本书出版能为制定相关政策提供参考,助力创新探索行之有效的深化合作之路。

中国证监会原主席

目　　录

前　　言

　　中国改革开放之初,习仲勋同志作为广东改革开放的主要开创者和重要奠基人之一,以高超的政治智慧、丰富的革命经验、巨大的改革勇气和忘我的奉献精神,带领广东人民谱写了气壮山河的改革开放新篇章。毫无疑问,如果没有习仲勋同志主政广东开启改革开放"先走一步"、没有中国改革开放总设计师邓小平同志的拍板支持,如果没有改革开放新的伟大革命,没有勇于改革、勇于创新、勇于担当的改革开放精神,广东和深圳取得如此举世瞩目的成就是难以想象的,中国迅速崛起并成为全球第二大经济体而屹立于世界之林是难以想象的。

　　习仲勋同志关于改革的相关表述意义重大而深远。他一针见血地指出,改革的节奏不是小搞、中搞,而是要大搞、快搞;改革的策略不是一哄而上,而是根据各地方的特点,让有条件的地方先行一步;而先行一步需要中央更大的支持,同时多给地方处理问题的机动余地,不能有太多条条框框的限制,否则"先行一步"也将成为空话。

　　深圳之所以在经济特区中最为成功,其关键在于充分践行了习仲勋同志关于改革创新的相关表述。深圳的创新不是单点式、保守式、渐进式的创新,而是全方位、切块式、集成式的创新,是针对当时"姓社姓资""姓公姓私""计划与市场"的重大问题、敏感问题的大刀阔斧的创新。而事实证明,在中国共产党的坚强领导下,深圳既未走上封闭僵化的老路,也未走上改旗易帜的邪路,而是作为现代化建设的成功范例,不断丰富了中国特色社会主义的理论与实践。

　　世界正在经历百年未有之大变局,意味着中国也迎来百年未有之大机遇。今天,我们比历史上任何时期都更接近中华民族伟大复兴的目标,这是中国综合国力日益提升、党的建设不断加强的集中体现。但与此同时,中国改革开放进入"深水区",意味着改革开放的复杂性前所未有,外部竞争环境前所未有。习近平总书记强调,科学技术从来没有像今天这样深刻影响着国家前途命运,从来没有像今天这样深刻影响着人民生活福祉。① 形势逼人,挑战逼人,使命逼人。我们比历史上任何时期都更需要建设世界科技强国。尤其是当大国竞争甚至国际地缘冲突加剧时,任何一个领域的"短板"都可能受到外部掣肘。由此可见,在瞬息万变、时不我待的大环境下,我们必须以改革开放的巨大决心和勇气,敢于探索重大体制机制创新,敢于突破与当前中国发展不相适应的重大障碍,敢于以前所未有的力度、速度和强度进行自上而下的顶层设计和推动。

在此背景下,习近平总书记高瞻远瞩,亲自谋划、亲自部署、亲自推动一系列国家战略,为改革开放指明了前进方向,提供了根本遵循。而深圳与香港作为改革开放的重要贡献者和实践者,融入了粤港澳大湾区和先行示范区的"双区"战略,推动着"一国两制"事业发展的新实践,是"国家战略"与"基本国策"双重叠加的发展要地,其在改革开放中的重要性绝不亚于其他任何区域。同时,香港与深圳作为对外最开放、最具创新引领力、最具国际竞争力、市场化程度最高的地区,作为当前中国科技创新的突破口之一,义不容辞地承担起推动改革开放的重大使命。因此,深圳没有任何理由不继续勇当尖兵、不继续改革开放创新。香港也必须正视当前面临的巨大挑战和重大机遇,进一步解放思想,务实且自愿地积极携手深圳砥砺前行,共创更加美好的未来。

面对香港与深圳发展的战略机遇,我们提出香港与深圳必须深化合作的思路,这与香港与深圳过去的合作发展以及部分学者倡导的双轨制并行发展存在显著不同,是基于香港与深圳的根本性发展问题提出的大胆设想。就香港而言,不仅面临空间不足、市场容量不足等问题,更重要的是缺乏实体产业、本地大型企业和抵御外部风险冲击的根基。无论是香港还是深圳,当今不仅需要实现高水平"引进来"和高水平"走出去",

_____

① 《习近平谈治国理政》第三卷,外文出版社 2020 年版,第 245—246 页。

更重要的是通过香港与深圳深化合作,深度对接全球市场,深度融入全球创新网络,深度参与国际竞争,进而高标准打造一套与国际接轨的制度体系,增强在国际规则和标准制定中的话语权。从该层面来讲,香港与深圳深化合作可能是解决香港与深圳深层次发展问题、打造世界级城市群,进而推动构建双循环新发展格局的最优途径。

但毫无疑问,香港与深圳深化合作也是最为复杂和最具挑战的发展路径,这既源于各界对香港与深圳发展思路理解的不统一,也源于香港与深圳体制机制的差异。香港与深圳的体制机制差异涉及政治、经济、产业、法律、民生的方方面面,而针对开放水平、开放政策的差异,如何把握跨境要素双向开放的节奏,如何应对全面开放可能引发的外部风险,仍然是一项具有挑战性的重大议题。

基于此,《香港与深圳深化合作战略研究》一书以战略性的眼光,基于历史经验和现实需要,深入思考香港与深圳深化合作的必要性和迫切性,深入分析香港与深圳深化合作的内在制约因素和关键挑战,深入剖析香港与深圳深化合作的城市定位、市场基础和切入点,以此在顶层设计、产业合作、要素合作、制度对接等方面提出香港与深圳深化合作的总体思路和具体路径。

本书共分为十章内容。第一章为香港与深圳发展历程,重点展现香港与深圳在发展水平和城市竞争力上发生的根本性变化,并分析造成香港与深圳发展差异的深层次原因;第二章为香港与深圳产业现状,重点分析香港与深圳各自产业优势与"短板",以此提出两地产业合作的切入点;第三章为香港与深圳两地发展关系,重点对香港与深圳两地的发展水平进行全方位对比,以此提出如何以与时俱进的思维看待香港与深圳发展定位;第四章为香港与深圳深化合作的演变与问题,通过立足于现有香港与深圳合作成果,为有的放矢地弥补现有合作模式的不足提供经验和数据支撑;第五章为香港与深圳深化合作的机遇与挑战,基于百年变局、开放创新和"五位一体"发展的现实背景,系统阐述香港与深圳深化合作的重大机遇,深刻剖析制约香港与深圳深化合作的重大挑战;第六章为香港与深圳深化合作的总体思路,通过对香港与深圳深化合作的顶层设计、辐射示范、风险防范进行设想,进而提出香港与深圳深化合作的前瞻布局思路;第七章为香港与深圳深化合作的产业合作,重点围绕香港与深圳金融业、科技产业、海洋产业、民生事业、生态产业,基于集成式创新与重点领域突破相结合的思路,提出香港与深圳深化合作发展的路径;第八章为香港与深圳深化合作的要素合作,重点从资本、人才、技术、数据、土地五类要素出发,结合香港与深圳的发展实际,提出香港与深圳各类要素合作发展的路径;第九章为香港与深圳深化合作的规则对接,重点从法制规则、经济规则、金融规则三方面入手,明确香港与深圳规则对接的原则,提出香港与深圳各类规则对接的路径;第十章为香港与深圳深化合作的辐射示范,重点分析如何通过复制推广香港与深圳深化合作成果,对内推动构建南方区域市场,对外加强向"一带一路"沿线国家和地区的辐射作用。

本书的研究具有三大亮点。

一是注重战略性分析。本书系统阐述了香港与深圳顶层设计的一系列原则性问题,辩证分析了顶层设计与"摸着石头过河"的关系、公平与效率的关系,并提出在中央全面深化改革委员会下设立先行示范区领导机构、积极争取全国人大或全国人大授权国务院就先行示范区、香港与深圳深化合作进行顶层立法的设想;本书系统阐述了对一系列外部变局和国家重大方略的思考,进而提出香港与深圳深化合作的战略意义和新时代使命;本书阐述了深化合作与"一国两制"的关系,并提出深化合作应当遵循市场化原则、效率优先原则和做大增量原则,聚焦于香港与深圳制度优化、资源共享、产业转型、效益提升和改善民生。深化合作发展与"一国两制"并不矛盾,不会触及香港高度自治的根基,而是重在巩固和进一步提升香港的优势地位,激发香港的发展动力和市场活力;本书在香港与深圳深化合作的基础上,战略性地提出建立生产要素高效配置、商品服务充分流通、境内外资源良性循环的"南方区域市场",以此作为新发展格局的重要内容。

二是具有深层次的政策内涵。本书认为,在改革开放后的各个阶段,香港都充分享受了中央的全方位支持和内地快速发展的红利,香港应以更加理性、客观、平等的姿态看待香港与深圳深化合作问题;本书认为,人民币国际化的核心在于鼓励境外资本更多地持有、投资以人民币计价的金融资产,并提出在香港与深圳两地金融、贸易、民生等领域全面推行人民币计价,加强数字人民币的跨境应用;本书认为,在重点功能区建设上应当由"一区两园"向"一区一园"的发展思路转变,由"分灶做饭、各自发展"向"一锅做饭、利益共享"的发展思路转变,统筹规划园区发展,采用统一、优越的制度体系,注重增量业务的培育,并探索利益格局适当向香港倾斜;本书强调金融与科技协同发展的重要性,并提出"金融+"战略在服务科技创新中的作用,以及打造数字经济应用高地、知识产权交易和保护高地、基础研究和科技成果转化高地的重点举措;本书强调香港与深圳的总体思路,并提出如何推动要素充分流通、资源充分共享、标准充分互认、规则无缝对接、风险有效防范的高层次创新;本书坚持构建人类命运共同体的理念,提出香港与深圳深化合作既要服务好"一带一路"倡议,又要用好当地市场,拓展香港与深圳发展空间。

　　三是运用丰富史料数据进行比较分析。本书通过大量史料数据的搜集,对香港与深圳总体发展历程和产业现状进行了全面梳理,并在此基础上系统比较了香港与深圳经济水平、产业水平、企业发展水平和社会治理水平,充分体现了香港与深圳优势、"短板"以及竞争力的变化,从而为深刻剖析香港与深圳发展问题、明确香港与深圳发展关系提供支撑。

林涛正

第一章　香港与深圳发展历程

　　香港与深圳两地经过数十年的发展,分别经历了几次重大产业转型,已经形成了各自的产业特色。香港的发展起步更早,开放程度更高,为中国改革开放作出了突出贡献。而深圳的发展起步较晚,是改革开放后党和人民一手缔造的崭新城市。香港与深圳当前同为粤港澳大湾区的核心城市,但却呈现出截然不同的发展路径与特征。通过系统梳理香港与深圳两地的经济发展历程,有利于更清晰地反映香港与深圳两地的发展变化,直面导致两地经济发展差异的深层次问题,为突破香港与深圳深化合作的传统观念束缚提供经验支撑。

　　基于此,本章分别总结了香港与深圳经济发展的主要阶段和特征。针对香港与深圳两地发展的鲜明反差,既系统阐述了深圳实现跨越式发展的内在原因,又客观分析了香港在改革开放中的突出贡献以及充分享受的内地发展和政策红利,并深刻指出香港经济发展问题的根源所在。

第一节　香港发展历程

　　香港自开放口岸至今长期实行的自由港政策决定了香港经济的发展模式和特征。20 世纪 60 年代至 70 年代,香港的制造业得到初步发展,部分制造细分行业的出口额稳步增长,第一次实现区域工业化。80 年代初到 90 年代中期,随着香港制造业向内地大规模转移,香港第三产业快速发展,逐步形成以金融业、贸易业、物流业和旅游业为支柱的产业结构,香港的经济发展也随之进入后工业化时期。香港回归后,经济基本保持了平稳持续的发展,且与内地的经济互动性不断增强。然而,与回归前相比,随着香港金融支柱地位的巩固以及制造业的不断萎缩,香港产业"空心化"的特征日益明显,且尚未找到有效的产业转型模式,叠加多次金融危机冲击、疫情冲击和社会矛盾的激化,导致香港经济发展面临前所未有的挑战,亟须以深化合作的思维解决香港的深层次问题。

一、香港经济发展变迁

(一)以制造业为主的发展阶段(1949—1978年)

在这一时期,香港的产业结构经历了三个发展阶段,制造业中的纺织业和制衣业得到初步发展,电子业、塑胶业、玩具业等新兴制造业的出口量稳定增长。

在第一阶段(1949—1960年),受三大因素的影响,香港的制造业得到初步发展,并促成第一次工业化。首先,受国共内战的影响,大量内地资本家逃亡至香港,为香港制造业尤其是纺织业发展奠定了基础。其次,由于朝鲜战争的爆发,以美国为首的联合国通过对中国的制裁决定,香港的转口贸易受到极大的冲击,贸易及金融业增加值占地区生产总值的比重由1950年的29.7%降低到1960年的20.9%。在第三产业发展受阻的情况下,香港转向以制造业为主的产业结构,以保障经济的稳定发展。最后,在第二次世界大战后,西方主要工业国开启了新一轮科技革命,劳动密集型产业逐渐转移至发展中国家和地区,香港当时作为英国殖民地,享受到了这一波产业转移带来的红利。这三个原因促成了1949—1960年以纺织业为代表的香港第一次工业化,纺织业在1960年的雇佣人数占据了香港就业市场近半壁江山。

在第二阶段(1961—1970年),香港制造业进一步发展,部分产业的出口量大幅增长。在1961—1970这十年间,香港本地产品出口值由29亿港元增加至123亿港元,增长了3.2倍,香港制造业工厂由5346家增加至16507家,增长了2.1倍。从产业结构的角度来看,电子业、塑胶业、玩具业出口量大幅提升,出口产值占制造业出口比值分别由1960年的0、9.1%、4.0%增长至1970年的8.7%、12.3%、8.5%。

在第三阶段(1971—1978年),香港制造业的出口值在内部形成差异,传统制造业出口量萎缩,而新兴制造业出口值继续保持增长。由于香港成功加入关税及贸易总协定(General Agreement on Tariffs and Trade, GATT),西方国家对香港的贸易壁垒逐渐降低。然而,香港制衣业及纺织业仍受美国、加拿大以及欧共体的配额限制,导致香港制衣业及纺织业的出口值进一步减少,而电子业、塑胶业、玩具业出口进一步增加。

从新中国成立后到改革开放前,香港制造业的迅速发展推动了地区经济的增长。根据香港统计处数据,香港地区生产总值快速增加,从1962年到1978年,香港地区生产总值年均增长8.8%。在这一发展时期,香港人均地区生产总值于1963年首次超过世界平均水平,到1978年,香港人均地区生产总值达到3924美元,居世界第37位。

(二)服务与贸易蓬勃发展阶段(1979—1998年)

在这一时期,香港经历了两个发展阶段。在第一阶段(1979—1985年),香港前三年地区生产总值年平均增长速度达到12.3%,后四年增速放缓,地区生产总值年平均增长速度为3.8%。1980年香港人均地区生产总值首度超过5000美元,1984年香港人均地区生产总值达到6200美元,经济发展处于中上等国家和地区中游。在此阶段,香港的经济发展受到国际形势的影响,同时,内地的改革开放为香港发展转口贸易创造了优质条件。

一方面,以新加坡、中国台湾、韩国为代表的新兴经济体相继崛起,大大压缩了香港制造业的国际市场,香港以廉价工业品为主的产业结构亟须改变。在此阶段,香港制造业增加值比例由1975年的26.9%降到了1985年的22.0%,制造业就业规模也由1967—1975年的年均增长6.4%减少到了1975—1985年的年均增长了2.2%,制造业就业人数于1985年达到约85万人的顶峰,就业人数在各行业中处于首位。另一方面,1978年内地走向改革开放的道路之后,香港通过将传统制造业工厂转移至珠三角地区,充分利用当地低廉的土地以及劳动力的比较优势,与香港拥有众多优质海港优势相结合,开启了"前店后厂"的转口贸易新模式。

到1985年,香港进出口总额达到4665.7亿港元,相比于十年前的

633.0亿港元增长了6.4倍,其中,出口总额达到2351.5亿港元,相比于十年前的298.3亿港元增长了6.9倍。在"前店后厂"的转口贸易新模式下,内地珠三角产品加工区早期存在服务业不发达以及资金不足等问题,在接单、设计、原材料进出口等环节仍然需要香港的服务平台,以及需要依托香港这一窗口进行一定数量的融资,使香港的金融行业以及贸易相关产业迅速发展。到1985年,香港金融、保险、地产及商业服务增加值达到412.0亿港元,相比于十年前的62.8亿港元增加5.6倍;运输业、仓储及通讯业增加值达到207.5亿港元,相比于十年前的26.6亿港元增长了6.8倍,在经济总量中的占比提升近1个百分点。批发零售进出口、酒店餐饮业增加值达到581.1亿港元,相比于十年前的76.6亿港元增长了6.6倍,在经济总量中的占比由19.5%小幅增长至20.7%。然而,1985年制造业增加值在经济总量中的占比相比于十年前下降了近5个百分点,由26.9%减少至22.0%。从就业人口结构来看,到1985年,金融、保险、地产及商业服务,运输、仓储及通讯业,批发零售进出口、酒店餐饮业这三个领域就业人数在过去十年的年均增长率分别为10.0%、7.9%、5.6%,远超制造业同期年均2.2%的就业人数增长。尽管香港制造业的产业占比呈下降态势,规模不断减小,但是制造业内部结构也在不断变化,制造业技术密度不断增加。在制造业中,电机与电器制造业、塑料制造业、印刷出版业等竞争力较强,高科技产业迅速增长,并且在国际上抢占了一定的话语权。到1985年,已有10种产品出口量居世界首位。

在第二阶段(1986—1998年),前3年地区生产总值年平均增长达到12.4%,后10年经济增速放缓,年平均增速约为3.3%。1988年香港人均地区生产总值首次突破10000美元大关,达10670美元,发展程度属于发达国家和地区水平;1993年,香港人均地区生产总值超过20000美元,标志着香港成为国际中心城市之一。到回归时,香港人均地区生产总值为27330美元,排名世界第11位。在此阶段,国际事件如日本泡沫经济爆发对香港造成一定程度上的冲击,同时,内地的改革开放政策不断深化,香港向珠三角地区进行产业转移的时机进一步成熟。除此之外,信息技术的发展打破地理限制,进一步促进制造业向珠三角转移。在这一阶段,香港的产业结构主要呈现四个特征：

第一，制造业呈现虚拟化、"空心化"的趋势。总体而言，香港制造业在地区生产总值中的占比由 1986 年年初的约 24.0%降至 1997 年的 6.5%，香港制造业"空心化"的格局基本形成。制造业就业人数由近 85 万人减少至约 27 万人，年均减少约 10.0%。在劳动密集型制造业北迁的同时，尽管香港特区政府尝试支持科技产业发展，但因为缺少明确的战略、政策、措施，导致高新技术产业发展并不顺利，甚至原先处于优势地位的电机与电器制造业逐渐丧失领导力。

第二，金融、保险、地产及商业服务业逐渐成为香港的支柱产业。从 1986 年年初到 1998 年，该行业增加值由 412.0 亿港元增加至 2963.5 亿港元，占比由 16.1%增长至 24.6%。就业人口则由 171631 人增长至 390454 人，年均增长 6.5%。

第三，转口贸易占比不断提高。自 1986 年年初至 1998 年，香港本港出口占比由 55.2%降低至 14.0%，香港的转口贸易占比到 1998 年已达到 86.0%。从转口贸易地区角度看，来自内地的转口贸易额从 1986 年年初的 460.2 亿港元上升至 1998 年的 6912.2 亿港元，占比则从 1986 年年初的 43.7%上升至 1998 年的 59.6%。

第四，批发零售进出口、酒店餐饮业不断发展。自 1986 年年初至 1998 年，批发零售进出口、酒店餐饮业增加值由 581.1 亿港元增长至 3016.93 亿港元，增长约 4.2 倍，增加值占比也由 1986 年年初的 22.8%增长至 1993 年的 27.1%，而受亚洲金融危机影响滑落至 1998 年的 25.0%。得益于转口贸易的增长，就业人口由 1986 年年初的近 59 万人增长到 1998 年的约 91 万人，年均增长约 3.4%。

（三）金融业长足发展与探索产业转型阶段（1999 年以后）

自回归以来，香港与内地的经济合作更加密切。1999—2007 年是内地实施开放型经济发展战略的时期，正值香港回归祖国后的首个十年。随着内地改革开放战略的调整，香港与内地的贸易投资关系不断转型升级。内地对香港的贸易窗口等传统功能的依赖逐步减弱，对制度性建设、平台功能的需求不断增强。

在这一时期,香港的产业发展不均衡,服务业高速发展,成为全球第三产业占比最高的经济体之一,而其他产业进一步萎缩(产业结构见图1-1)。

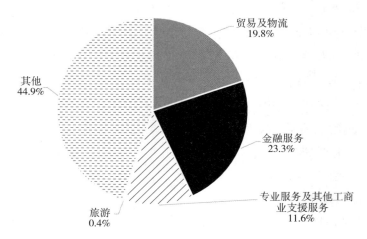

图 1-1 2020 年香港产业结构

资料来源:香港特别行政区政府统计处官网。

香港的产业结构呈现以下特征:

第一,制造业进一步收缩。相关统计数据显示(见图1-2),2000—2020年,香港制造业增加值由614.0亿港元减少至253.5亿港元,增加值相应减少超过一半,而制造业占地区生产总值的比重更是从2000年的4.6%降低至2020年的0.9%,制造业几近空心。从就业结构的角度来看,香港制造业从业人数由2000年年初的35.1万人降低至2020年年末的10.0万人,就业人口占比由2000年的7.0%缩小至2020年的2.8%,制造业对香港居民就业市场的影响已降至极低水平。

第二,香港金融行业在这一时期取得了长足发展。根据英国伦敦Z/Yen集团与中国(深圳)综合开发研究院联合发布2021年第30期《全球金融中心指数》报告,香港是世界第三大金融中心。自2000年至2020年,香港金融行业增加值由1642亿港元增加至5980亿港元,增加超2.6倍,金融业占地区生产总值的比重则从2000年的12.8%进一步提升至2020年的23.3%,已成为香港最重要的支柱产业之一。从就业结构来

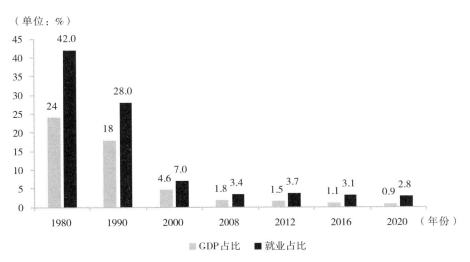

（单位：%）

图 1-2　1980—2020 年香港制造业在香港地区生产总值与就业的比重

资料来源：香港特别行政区政府统计处官网、国家统计局官网、世界银行官网。

看，香港金融从业人数由 2000 年的 16.9 万人提升至 2020 年的 27.4 万人，就业人口占比由 2000 年的 5.3% 增加至 2020 年的 7.5%，香港金融业虽是支柱产业，但对吸收就业的贡献有限。

　　第三，与金融服务并称四大主要行业的旅游业、贸易及物流行业、专业服务及其他工商业支援服务业的发展则呈现波动趋势，受内地与香港关系以及外部环境的影响较大。香港回归之后，内地旅客访港旅游的数量大幅增长，香港旅游业增加值由 2000 年的 310.0 亿港元持续快速增长，于 2015 年达到 1164.0 亿港元的巅峰，之后受到一系列社会问题以及新冠肺炎疫情的巨大影响，旅游业增加值持续"断崖式"减少，到 2020 年减少到 93.0 亿港元。旅游业、贸易及物流行业、专业服务及其他工商业支援服务业三大行业总增加值占地区生产总值的比重由 2000 年的 36.6% 增长到 2011 年的 42.4% 的巅峰值，之后降低到 2020 年的 31.8%。这三个行业的就业情况呈现类似的趋势，就业人数占比由 2000 年的 38.6% 增长至 2007 年的 42.1% 的巅峰值，进而降低至 2020 年的 33.5%。这三个行业吸收了香港一大部分就业人口，是香港重要的支柱型产业，这也是香港产业结构渐入平淡甚至平庸的具体表现（见表 1-1）。

表 1-1 2000—2020 年香港四个主要行业的增加值及就业人数占比

（单位:%）

年份	金融服务	旅游	贸易及物流	专业服务及其他工商业支援服务	四个主要行业加总
	增加值占比				
2000	12.8	2.4	23.6	10.6	49.4
2001	12.1	2.3	24.1	10.8	49.3
2002	12.3	2.9	24.9	10.7	50.8
2003	13.3	2.4	26.3	10.7	52.6
2004	13.1	3.0	27.6	10.9	54.5
2005	13.8	3.2	28.5	10.9	56.4
2006	16.7	3.2	27.1	10.8	57.8
2007	20.1	3.4	25.5	11.3	60.3
2008	17.1	2.8	25.6	12.2	57.7
2009	16.2	3.2	23.9	12.7	56.0
2010	16.3	4.3	25.3	12.4	58.4
2011	16.1	4.5	25.5	12.4	58.5
2012	15.9	4.7	24.6	12.8	58.0
2013	16.5	5.0	23.9	12.4	57.8
2014	16.7	5.1	23.4	12.4	57.5
2015	17.6	5.0	22.3	12.3	57.2
2016	17.7	4.7	21.6	12.5	56.6
2017	18.8	4.5	21.5	12.2	57.0
2018	19.8	4.5	21.2	11.9	57.3
2019	21.2	3.6	19.8	11.9	56.4
2020	23.3	0.4	19.8	11.6	55.1
年份	就业人数占比				
2000	5.3	3.6	23.8	11.2	43.9
2001	5.5	3.7	23.4	11.7	44.3
2002	5.5	4.4	23.0	11.7	44.6
2003	5.2	4.4	23.5	12.0	45.2
2004	5.2	4.7	23.9	12.0	45.8
2005	5.4	4.9	24.4	12.1	46.8

续表

年份	金融服务	旅游	贸易及物流	专业服务及其他工商业支援服务	四个主要行业加总
	就业人数占比				
2006	5.4	5.1	24.3	12.3	47.2
2007	5.5	5.5	24.0	12.6	47.6
2008	5.9	5.6	23.4	13.0	47.8
2009	6.1	5.5	22.6	13.1	47.4
2010	6.2	6.2	22.4	13.2	48.0
2011	6.3	6.6	21.6	13.1	47.7
2012	6.3	6.9	20.9	13.2	47.3
2013	6.2	7.3	20.6	13.3	47.4
2014	6.3	7.2	20.6	13.6	47.5
2015	6.5	7.0	19.8	13.8	47.2
2016	6.7	6.9	19.3	14.0	46.9
2017	6.8	6.7	19.0	14.0	46.6
2018	6.8	6.6	18.6	14.2	46.3
2019	7.1	6.0	17.5	14.7	45.3
2020	7.5	1.3	16.8	15.4	41.1

资料来源:香港特别行政区政府统计处官网。

　　第四,文化及创意产业、医疗产业、教育产业、创新及科技产业、检测及认证产业、环保产业六大优势产业具有较为强势的发展潜力。2009年特区政府在施政报告中首次提到了文化及创意产业、医疗产业、教育产业、创新及科技产业、检测及认证产业、环保产业六大优势产业,香港特区政府统计处也随之开始定向收集这六大产业的数据。从总体上看,这六大产业有所发展,富有潜力,但仍然不能取代香港四大支柱产业。自2008年至2020年,香港六大优势产业增加值占地区生产总值的比重由2008年的7.5%增加到2020年的9.4%,小幅增长1.9%。六大优势产业就业人口占比也由2008年的11.0%增加至2020年的14.3%。在这六大产业中,文化及创意产业颇具规模,其增加值占地区生产总值的比重由2008年的3.9%增加到2020年的4.5%。而创新及科技产业、检测及认证产业、环保产业这三大产业目前仍处于起步阶段,其增加值占比较小。2008—2020年,这三个产业的增加值占地区生产总值的比重均未超过 1.0%。

二、香港经济发展的主要特征

(一)香港为改革开放作出重要贡献

在推动改革开放的过程中,香港无疑发挥着举足轻重的作用,为内地输送了大量资金和制度经验,极大地促进了深圳乃至珠三角城市的发展。未来香港仍将是中国对外开放的重要窗口和连接东西方的重要纽带,保持香港长期繁荣稳定仍将是一项关乎发展全局的重大国家战略。

在对外开放初期,中国需要一个窗口与渐进性开放政策试点相对接,而香港到 20 世纪 70 年代后期已完成工业化阶段,是国际轻工业制造业中心,是亚洲"四小龙"之一,是世界资本主义生产体系中的一个环节。香港与世界市场的联系网络及其轻工业制造中心的角色定位,帮助中国对外开放迅速打开局面。香港的经济作用主要体现在内地联系国际市场的主要窗口、最主要的外来直接投资来源地、承接国际产业转移的主要桥梁以及市场机制及管理经验的引入者等方面。在回归后,香港的经济功能从传统的中介功能向平台经济和全球城市功能转变,服务贸易和服务业投资速度加快,承担着"引进来"和"走出去"双向服务平台、国家金融开放的缓冲带和人民币国际化的试验场、完善市场经济制度参照系以及对接国际规则的转换器等角色。两地经济关系从初期的香港优势单向带动开始转为两地双向互动。在 2008 年国际金融危机后,香港的经济定位为中国内地与世界联结的"超级联系人"。近年来,香港开始深度融入"内循环",是国家"双循环"体系中不可或缺的参与者。数据表明,内地与香港的投资互动密切,香港长期以来都是内地最重要的外资来源,除 2005 年香港对内地直接投资占比小幅低于 30.0% 外,其他年份均保持在 30.0% 以上,2020 年的占比甚至高达 73.3%,直接投资规模首次突破 1000 亿美元,强有力地支持了内地的经济和市场建设。香港对内地的直接投资大致经历了三个阶段。第一阶段是改革开放初期到 1992 年之前,该阶段香港对内地直接投资规模较小,但占比基本保持在 50.0% 以上。

第二阶段是 1993—2006 年,该阶段香港对内地直接投资规模稳定在 200 亿美元左右,而占比从 60.0% 左右下降至 30.0% 左右。其间,以中国 2001 年正式加入世界贸易组织作为关键转折点。1992 年 10 月到 2001 年 9 月,中国加入世界贸易组织进入实质性谈判,并加大了与欧美等发达地区的多边贸易合作。而随着中国成功加入世界贸易组织,中国内地与全球的贸易往来更加密切。该阶段尽管香港对内地的投资占比下降,但香港无疑扮演着让世界更好了解中国的重要角色。第三阶段是 2007 年至今,内地与香港投资互动日益频繁,香港对内地的直接投资贡献依然明显,而内地对香港的直接投资也呈现较快上升的趋势。2016 年,内地对香港直接投资规模达到 1142 亿美元的峰值,随后几年保持在 900 亿美元左右,占香港直接投资比例保持在 60.0% 左右(见图 1-3)。

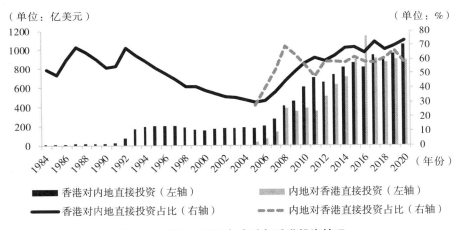

图 1-3 1984—2020 年内地与香港投资情况

资料来源:国家统计局官网。

从香港与内地服务贸易的发展情况来看(见表 1-2),香港对内地服务贸易输出呈现明显的上升趋势,2019 年的金额达到 2864.7 亿港元,相当于 2004 年的 3.6 倍,占内地总服务输入的比重也从 2004 年的 24.9% 上升到 2019 年的 37.7%,说明香港在促进内地服务业发展中的作用显著。2020 年,受新冠肺炎疫情等因素影响,香港对内地服务贸易输出大幅下滑至 967.1 亿港元。内地对香港服务贸易输出除 2020 年下滑至

1618.7 亿港元外,一直保持在 2000 亿港元至 3000 亿港元的高水平,占香港总服务输入的比重由 2004 年的 54.6% 下降至 2020 年的 38.7%。尽管占比下降,但内地依然是香港最为重要的服务输出地。

表 1-2　2004—2020 年香港与内地服务贸易发展情况

(单位:百万港元)

年份	香港对内地服务输出	占内地总服务输入之比 (%)	内地对香港服务输入	占香港总服务输入之比 (%)
2004	78912.0	24.9	213720.0	54.6
2005	87116.0	23.6	243449.0	55.7
2006	94059.0	22.2	281709.0	56.9
2007	115976.0	23.1	289686.0	54.0
2008	129129.0	23.7	291550.0	51.6
2009	139440.0	27.8	223445.0	47.2
2010	185577.0	29.7	252482.0	46.2
2011	234137.0	32.9	250092.0	43.3
2012	269358.0	35.3	252883.0	42.6
2013	317151.0	39.0	235908.0	40.5
2014	321650.0	38.8	216521.0	37.8
2015	310792.0	38.4	221651.0	38.6
2016	296363.0	40.1	220991.0	38.6
2017	310276.0	40.0	228311.0	38.2
2018	340128.0	40.4	237543.0	37.9
2019	286470.0	37.7	234949.0	37.8
2020	96709.0	19.8	161868.0	38.7

资料来源:国家统计局官网、香港特别行政区政府统计处官网。

(二)香港的发展充分享受内地发展和政策红利

自 1978 年改革开放以来,内地成为香港经济发展的重要影响因素。内地的改革开放一方面构成香港经济发展的外部宏观背景,另一方面也成为推动香港产业转型的主要牵引力。在中央政府和内地的全力支持下,根据"一国两制"方针,香港既充分享受了内地发展红利,又继续保持了高度市场化、自由化、国际化的竞争优势。

1. 内地是香港产业转移和经贸合作的重要承载区

香港在与内地的产业分工中实现了产业转移,促进了金融、贸易等第三产业的快速发展,为香港集聚全球资本、实现财富增加奠定了坚实基础。香港通过充分利用珠三角低廉的土地以及劳动力的比较优势,与香港拥有众多优质海港优势相结合,从"前店后厂"的转口贸易模式中获益。数据表明,自改革开放以来,香港一直是内地的重要进出口地区,2003 年之前,内地对香港的进出口值占内地进出口比重一直保持在10.0%以上,1989—1992 年,该占比一度超过 30.0%。之后随着"前店后厂"模式的弱化和香港外需的减弱,该占比自 2004 年起呈现下降的趋势。从内地进出口总值占香港地区生产总值比重来看,该比例从 1978 年的14.0%一度上升到 2013 年的 145.5%,之后尽管该比例有所下降,但近几年依然能够保持 80%以上的占比。更为重要的是,内地对香港的出口一直远大于进口,可见内地出口对满足香港本地需求一直发挥着关键性的作用(见表 1-3)。

表 1-3　1978—2020 年内地对香港进出口贸易　（单位:亿美元）

年份	进出口总值		内地出口值		内地进口值		内地净出口	内地进出口总值占香港地区生产总值比重（%）
	金额	占内地进出口（%）	金额	占内地出口（%）	金额	占内地进口（%）	金额	
1978	26.1	12.6	25.3	25.9	0.7	0.7	24.6	14.0
1979	35.4	12.1	33.3	24.4	2.1	1.4	31.1	15.7
1980	49.2	12.9	43.5	24.0	5.7	2.8	37.8	17.0
1981	61.9	14.1	51.7	23.5	10.2	4.6	41.6	19.9
1982	60.8	14.6	49.8	22.3	11.1	5.7	38.7	18.8
1983	66.9	15.3	53.8	24.2	13.1	6.1	40.7	22.4
1984	89.5	16.7	54.8	21.0	34.8	12.7	20.0	26.7
1985	108.9	15.7	57.5	21.0	51.5	12.2	6.0	30.5
1986	115.2	15.6	75.6	24.4	39.6	9.2	36.1	28.0
1987	166.3	20.1	100.8	25.5	65.6	15.2	35.0	32.9
1988	220.7	21.5	128.6	27.1	92.2	16.7	36.4	37.0

续表

年份	进出口总值		内地出口值		内地进口值		内地净出口	内地进出口总值占香港地区生产总值比重（%）
	金额	占内地进出口（%）	金额	占内地出口（%）	金额	占内地进口（%）	金额	
1989	344.6	30.9	219.2	42.0	125.4	21.2	93.8	50.1
1990	409.0	35.4	266.5	42.9	142.5	26.7	124.0	53.2
1991	496.0	36.6	321.4	44.7	174.6	27.4	146.7	55.8
1992	580.5	35.1	375.1	44.2	205.3	25.5	169.8	55.7
1993	325.0	16.6	220.5	24.0	104.5	10.0	116.0	27.0
1994	418.0	17.7	323.6	26.7	94.4	8.2	229.2	30.8
1995	445.7	15.9	359.8	24.2	85.9	6.5	273.9	30.8
1996	407.3	14.1	329.1	21.8	78.3	5.6	250.8	25.5
1997	507.7	15.6	437.8	24.0	69.9	4.9	367.9	28.6
1998	454.1	14.0	387.5	21.1	66.6	4.7	320.9	26.9
1999	437.8	12.1	368.9	18.9	68.9	4.2	300.0	26.4
2000	539.5	11.4	445.2	17.9	94.3	4.2	350.9	31.4
2001	559.7	11.0	465.5	17.5	94.2	3.9	371.2	33.0
2002	692.1	11.1	584.7	18.0	107.4	3.6	477.2	41.6
2003	874.1	10.3	762.9	17.4	111.2	2.7	651.7	54.2
2004	1126.8	9.8	1008.8	17.0	118.0	2.1	890.8	66.6
2005	1367.1	9.6	1244.8	16.3	122.3	1.9	1122.5	75.3
2006	1661.7	9.4	1553.9	16.0	107.9	1.4	1446.0	85.9
2007	1972.5	9.1	1844.3	15.1	128.2	1.3	1716.2	93.2
2008	2036.7	7.9	1907.4	13.3	129.2	1.1	1778.2	92.9
2009	1749.5	7.9	1662.3	13.8	87.1	0.9	1575.2	81.7
2010	2305.8	7.8	2183.2	13.8	122.6	0.9	2060.6	100.8
2011	2835.2	7.8	2680.3	14.1	155.0	0.9	2525.3	114.1
2012	3414.9	8.8	3235.3	15.8	179.6	1.0	3055.7	130.2
2013	4010.1	9.6	3847.9	17.4	162.2	0.8	3685.8	145.5
2014	3760.9	8.7	3631.9	15.5	129.0	0.7	3502.9	129.0
2015	3436.0	8.7	3308.4	14.6	127.7	0.8	3180.7	111.1
2016	3045.7	8.3	2877.2	13.7	168.5	1.1	2708.8	94.9

续表

年份	进出口总值		内地出口值		内地进口值		内地净出口	内地进出口总值占香港地区生产总值比重（%）
	金额	占内地进出口（%）	金额	占内地出口（%）	金额	占内地进口（%）	金额	
2017	2866.6	7.0	2793.5	12.3	73.2	0.4	2720.3	84.0
2018	3105.2	6.7	3020.2	12.1	85.0	0.4	2935.2	85.9
2019	2882.2	6.3	2791.5	13.4	90.7	0.4	2700.8	79.4
2020	2795.6	6.0	2725.8	10.5	69.8	0.3	2656.0	80.7

资料来源：国家统计局官网。

　　在此过程中，深圳与香港的贸易往来在内地与香港的贸易往来中扮演着重要的角色。深圳长期保持对香港的净出口，是内地向香港输送产品的主阵地。深圳进出口总值占内地对香港进出口总值比重保持在30%以上，在2011—2013年甚至超过40%（见表1-4）。由此可见，深圳不仅享受了香港带来的资金和改革开放经验，同时也为香港的长期贸易繁荣作出了积极贡献，回馈了香港的发展。

表1-4　2007—2020年深圳对香港进出口贸易　　（单位：亿美元）

年份	出口总额	进口总额	进出口总额	净出口	深圳进出口总值占香港地区生产总值比重（%）	深圳进出口总值占内地对香港进出口总值比重（%）
2007	694.9	19.0	713.9	675.9	33.7	34.3
2008	705.5	15.9	721.4	689.6	32.9	33.9
2009	612.6	11.2	623.8	601.4	29.1	34.4
2010	844.5	16.1	860.6	828.4	37.6	35.9
2011	1127.9	11.4	1139.3	1116.5	45.8	39.4
2012	1463.7	17.0	1480.7	1446.7	56.4	42.4
2013	1809.3	26.0	1835.3	1783.3	66.6	44.5
2014	1432.5	17.1	1449.6	1415.4	49.7	37.6
2015	1228.3	14.2	1242.5	1214.1	40.2	35.3
2016	1043.2	10.7	1053.9	1032.5	32.8	33.9
2017	960.8	8.0	968.8	952.8	28.4	33.2

续表

年份	出口总额	进口总额	进出口总额	净出口	深圳进出口总值占香港地区生产总值比重（%）	深圳进出口总值占内地对香港进出口总值比重（%）
2018	1019.5	7.5	1027.0	1012.0	28.4	32.6
2019	927.8	8.0	935.8	919.8	25.8	31.9
2020	874.4	11.2	885.6	863.2	25.6	30.9

资料来源：国家统计局官网、深圳市统计局官网。

2. 内地为香港输送了大量优质物资,增进香港民生福祉

内地为香港供应蔬肉生鲜从 20 世纪 50 年代开始,当时新中国刚成立,百业待兴,生活物资供应严重不足。但为了降低香港人民从东南亚甚至美国、澳大利亚等地方进口生鲜造成的生活负担,中央将给香港供应生鲜上升为国家任务,举全国之力为香港提供物资,尽最大能力满足香港人民生活需要。

为了保证生鲜供应速度,1962 年 3 月,中央决定用三列专车的形式,从武汉、上海、郑州三地优先将物资运往深圳,再由货车转运进港。三列快车在运行 48 年期间无一日停运,即使遭遇重大天灾人祸及春运等重大节日,三列快车也未曾停运。三列快车从运行之日起,参与的人数达到上百万人,其中常年保证货源、运输、检疫、市场销售、车辆供应的有 10 万人以上,参与押运的有 8000 人以上。2010 年 6 月,随着交通运输能力的提升,"三列快车"光荣退役。据相关统计,48 年里经深圳海关验放的车辆有 4 万多列,验放活猪近 1 亿头,活牛 580 多万头,冻肉近 800 万吨,鸡、鸭、鹅等活家禽数 10 亿只,瓜果蔬菜、活鱼水产、干货等更是不计其数。

内地不仅在生鲜数量上为香港提供保障,对生鲜质量也采用极高的标准,内地供港食品的安全率高达 99.999%,这离不开香港自身对食品的严格监管,但更离不开中央对香港的高度关怀和内地对供港食品的严格要求。例如,内地供港的蔬菜往往位于无污染、少开发的原生态地区。2007 年开始,国家规定供港蔬菜必须实现基地化生产,种植土地要求固定连片,土壤和灌溉符合国家标准,周边没污染源,有农药残留检测能力

等,并对基地进行严格年检。2017年,内地又开始进行供港澳蔬菜"信息化溯源管理",一旦发现问题,广东检疫局可以马上锁定并展开信息追溯调查。

在优质水资源供应方面,近十年来,广东向香港供水量占香港总用水量保持在70.0%左右,其中2015年和2020年的供水量占比超过78.0%。可见在水资源方面,内地也给予了香港极大的支持,有效地解决了香港缺乏自主水源的困境(见表1-5)。

表1-5 2010—2020年香港饮用水源构成 (单位:百万立方米)

年份	总用水量	广东供水量	香港水塘集水量	广东供水比例(%)	香港集水供水比例(%)
2010	935.6	680.8	228.0	72.8	27.2
2015	972.7	766.4	226.3	78.8	21.2
2016	987.2	629.1	385.4	63.7	36.3
2017	979.8	651.2	303.6	66.5	33.5
2018	1012.6	736.1	288.1	72.7	27.3
2019	996.1	717.9	272.0	72.1	27.9
2020	1027.1	802.4	215.3	78.1	21.9

资料来源:香港特别行政区政府统计处官网。

2022年年初,香港暴发第五轮大规模新冠肺炎疫情,在中央的支持下内地不遗余力地为香港提供人力和医疗物资,助力香港渡过难关。毫无疑问,在香港发展的各个阶段,内地为香港提供的强有力的物质支持,成为香港保障和提升民生福祉的坚强后盾。

3. 人民币国际化和内地企业的支撑有助于香港国际金融地位的确立

一方面,2000年以后,随着内地经济持续高增长、对外直接投资(ODI)规模大幅增加以及企业和居民财富的大量积累,人民币国际化进程加快。在此过程中,香港全力发展离岸人民币业务,逐步从一个承接国内企业向外融资的平台,转变为境内外资本双向流动的离岸人民币枢纽,在全球离岸人民币交易、清算中占据主导地位,进而极大地促进了全球资金在香港集聚和流通,为香港创造了高度国际化的金融环境。与此同时,为了促进资本市场离岸和在岸资金合作发展,加强香港与内地市场互联互通,港交所从2018年5月起大幅提升沪港通和深港通额度,内地资金正式成为港交所的核心参与者,而香港的境内外资金核心中转站的地位得以进一步巩固。

另一方面,香港依靠内地的企业资源,拓展了资本市场的广度和深度。由于地域相近、语言相通以及政策支持,香港证券市场成为内地企业在境外上市的首选,以红筹股和H股为代表。1993年,中信集团收购泰富发展有限公司并成为其控股公司,之后正式更名为中信泰富,成为第一家香港上市的红筹股,掀起了红筹股风潮。在中信集团之后,招商局集团等大型中资集团紧随其后选择去香港上市,逐渐形成了一个完整的红筹股板块。与红筹股同期发展的是H股的扩容。1993年,青岛啤酒成为第一家在香港正式以H股的形式招股上市的公司。1994年恒生指数公司推出了恒生中国企业指数。目前,内地企业在香港上市公司中数量占比超过一半,股票市值占比超过80%。得益于内地企业大量赴港上市,2015—2020年,香港有4个年份首次公开发行(IPO)规模位居全球第一,但2021年跌至全球第四位。

4. 内地旅客成为香港消费的购买主力

香港之所以成为名副其实的"购物天堂",内地旅客在其中发挥了关键性的作用。过去10多年时间里,内地旅客访港人数占访港总人数的比例保持在67.0%—78.3%(见表1-6),是访港旅客的主体,强有力推动了香港的旅游业和各类消费的增长。

表1-6　2011—2021年访港旅客统计

年份	合计人次	内地旅客	内地旅客占比(%)
2011	41921310	28100129	67.0
2012	48615113	34911395	71.8
2013	54298804	40745277	75.0
2014	60838836	47247675	77.7

续表

年份	合计人次	内地旅客	内地旅客占比（%）
2015	59307596	45842360	77.3
2016	56654903	42778145	75.5
2017	58472157	44445259	76.0
2018	65147555	51038230	78.3
2019	55912609	43774685	78.3
2020	3568875	2706398	75.8
2021	91398	65721	71.9

资料来源：国家统计局官网、香港特别行政区政府统计处官网。

（三）香港经济发展问题的根源在于自身因素

香港回归后，内地对香港的政策支持和物质支持明显增强，香港在内地展业的市场空间进一步扩大，根据"一国两制"方针，香港享有高度自治权，因此，香港具备比回归前更有利的发展条件。然而，与回归前相比，香港的经济表现并不理想，说明其根源更多地来自自身因素，也是回归前多年问题累积的结果。必须注重解决香港的经济、产业发展的内在矛盾，巩固发展根基，进一步优化体制机制。

1. 经济金融稳定性弱，应对危机能力有限

作为高度开放经济体，香港也受到经济全球化的深层影响和现实挑战。自回归以来，香港先后经历了国内外一系列经济金融、公共卫生等外部危机的冲击，包括1997年亚洲金融危机、2003年非典疫情、2008年国际金融危机、2020年以来的新冠肺炎疫情，以及香港本地一系列社会问题。尽管受此影响，香港总体的经济水平仍呈现曲折向上的趋势，增速在波动中逐步趋缓。先后于1998—2003年、2009年以及2019—2021年三次出现人均地区生产总值下滑。2022年年初，香港迎来第五波严重新冠肺炎疫情，势必对经济复苏产生严重冲击。

虽然香港在中央的强有力支持下，成功抵御了一系列内外部危机，但香港由于缺乏产业基础和货币基础，难以对外部冲击形成强有力的抵御，进而表现出明显的脆弱性。香港本地机构规模偏小，盈利能力有限，更多

地为境外金融机构和国际资本服务。2021年,中国人民银行外汇储备达到3.3万亿美元,相比于1993年增长超过150倍,且近10年一直维持在3万亿美元以上。香港2021年外汇储备为4968.7亿美元,相比于1993年增长约10倍(见图1-4)。尽管相对于香港经济总量,其外汇储备已经具有一定规模,但仍然不足中国人民银行外汇储备的1/6,说明在对外支付能力、调节国际收支和稳定汇率等方面,人民币相对于港币拥有绝对优势。在香港经济和金融系统的可持续增长能力较弱且高度开放的情况下,港币易于成为国际游资攻击的对象,而人民币无疑能够更好地应对外部风险冲击。

（单位：亿美元）

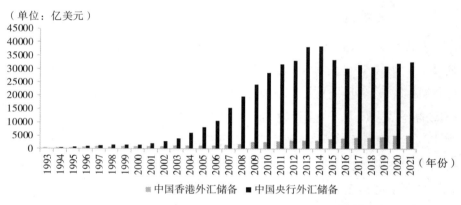

图1-4　1993—2021年中国央行与中国香港外汇储备对比

资料来源:国家外汇管理局官网、香港特别行政区政府统计处官网。

2.高度依赖传统经济模式,未成功找到转型方向

自香港回归以来,特区政府开始了一系列经济转型的探索。2003年,时任香港特别行政区行政长官董建华提出"一个方向"和"四大支柱"的发展思路,即整合香港和珠三角地区的优势资源,大力发展金融业、物流业、旅游业、工商业四大支柱产业。此时,特区政府的发展思路仍是聚焦于传统产业,未将目光聚焦于新兴产业。2008年,香港特区政府开始转变发展思路,在2009年的政府施政报告中提出发展文化及创意产业、医疗产业、教育产业、创新及科技产业、检测及认证产业、环保产业六大优势产业的口号,希望通过政府政策扶持将六项产业推上发展新阶段,推动

香港向知识型经济转型。然而,在香港制造业已大量向珠三角转移、本地呈现出制造业高度"空心化"的背景之下,香港的六大优势产业缺乏本地供应链的支持,难以发展出高技术、高增加值以及多样化的产业。除此之外,在吸收内地发展红利过程中不断壮大的香港资本,在回流香港时由于缺乏科技行业的投资机会,大量涌向房地产行业以及证券市场,在一定程度上导致了香港地产价格以及证券资产价格的上涨以及虚拟经济的繁荣,也不利于香港的产业转型。

目前,香港的产业结构仍然呈现"传统服务业+低端制造业"的结构,在全球价值链中地位与经济发展水平极度不匹配,明显低于韩国、新加坡和中国台湾等原先亚洲"四小龙"国家和地区。尽管香港特区政府于2021年10月提出在北部都会区建设国际创新科技中心,但更多的是聚焦香港发展问题,未将与深圳科技合作等重点问题进行全盘考虑,因此,在实际园区建设过程中,依然难以突破深港科技创新合作区、前海深港现代服务业合作区的合作"瓶颈",依然举步维艰、停滞不前。时至今日,香港与深圳双方依然没有找到真正互利有效的合作途径。

3. 房地产价格不断攀升,民生问题日益突出

1997年香港回归后,特区政府推出抑制房价的"八万五计划",受到此计划以及亚洲金融危机的影响,中原城市领先指数由1997年1月的80.3降低至2003年7月的32.1。但为了振兴受亚洲金融危机影响的经济,香港特区政府放弃抑制房地产发展的政策,转而通过扶助房地产行业的发展摆脱经济危机。自2003年房价低点之后,香港房价呈现持续上涨趋势,中原城市领先指数于2010年11月达到80.9,首度超过1997年的水平,之后持续增加,于2021年9月底达到189.6。房价上涨导致地产租金同时上涨,推高了香港其他产业的经营成本。香港的物业租赁指数由2003年的最低值71.6涨到2021年7月的230.0。由于高昂的楼价及租金,香港其他行业的利润逐渐被房地产行业吸收,进而导致香港百业萧条、房地产行业"一枝独秀"的现状。房地产价格的上涨同时也增加了香港居民的购房负担。根据中原地产的数据,香港所有家庭的购买力比率从2003年7月的17.5%低点增长到了2021年8月的64.3%,居民的购

房负担不断增加。随着房地产市场的不断发展,香港贫富差距进一步扩大,导致严重的社会民生问题。

4. 决策效率偏低,重大事务推进缓慢

由于香港特区政府内部在纵向和横向上还需加强统筹和领导,决策层与执行层相对分离,部门间缺乏政策合作,进而在重大事务的决策上效率偏低,反应较为迟缓。以基建为例,香港在建设前通常考虑的因素较多,包括成本、环保问题、公众意见等,行政流程烦琐冗长,进而可能影响基建项目的实施进程。同时,香港进行大型基建时往往缺乏长远规划,主要依靠"需求主导"。只有当已有的基础设施难以满足需求时,才开始研究兴建项目,屡遭外界批评其"后知后觉"。

第二节　深圳发展历程

深圳经济特区于 1980 年 8 月正式设立,成立之初地区生产总值只有 2.7 亿元,人口只有 3 万余人,经过 40 余年的发展,深圳地区生产总值已超 3 万亿元,位列亚洲第四、全球前十,常住人口超 1756 万人。40 余年来,深圳锐意进取,抓住了一次又一次转型契机,形成了金融业、高新技术产业、文化创意产业、现代物流业四大支柱产业,创造了世界城市发展史上的奇迹,正在布局"20+8"产业集群,朝着建设中国特色社会主义先行示范区的方向前行,努力创建社会主义现代化强国的城市范例。

一、深圳经济发展变迁

深圳经济发展从"三来一补"企业起家,40 余年来形成了"深圳加工—深圳制造—深圳创造—深圳创新"的跨越式发展路径,完成了从模仿创新到自主创新、从要素驱动到创新驱动的转变,创造了深圳速度、深圳效率、深圳质量的奇迹。纵观深圳经济发展历史,大致可分为"三来一补"起步阶段(1980—1990 年)、高新技术产业崛起阶段(1991—2002 年)、先进制造和现代服务业双轮驱动阶段(2003—2012 年)、高质量发展阶段(2013 年以后)四个阶段。

（一）"三来一补"起步阶段（1980—1990年）

经济特区成立之初,深圳用好用足中央赋予的"特殊政策、灵活措施"的政策优势,发挥劳动力和土地价格相对低廉的比较优势,利用毗邻香港的地缘优势,大力发展"三来一补"（来料加工、来样加工、来件装配和补偿贸易）企业,与香港形成"前店后厂"经济关系。"三来一补"企业以电子制造、缝纫纺织、机械等劳动密集型企业为主,产品以出口外销为主,助力深圳初步形成外向型工业经济。1985年,深圳与中国科学院共建我国第一个高新技术开发园区——深圳科技工业园,吸引了希捷、康柏、富士康等外资企业入驻。1987年,财政部明确"三来一补"企业减免工商税政策,吸引了大量以港资企业为代表的三资企业（在中国境内设立的中外合资经营企业、中外合作经营企业、外商独资经营企业三类外商投资企业）涌入深圳。深圳凭借"三来一补"模式和三资企业嵌入全球产业链,开启工业化和城市化进程。此阶段,深圳在经济体制和政府管理等方面大胆改革,实施了土地拍卖、基础设施建设市场化、合同制用工、鼓励科技人员兴办科技企业等制度创新,创造了1000多项"全国第一",为后续高科技产业发展打下体制机制基础。外来廉价劳动力和相对廉价的土地是此阶段深圳的比较优势之一,也是深圳产业发展的基础。凭借低成本的土地空间和低廉充足的劳动力资源,深圳逐步形成了以电子、轻纺、建材工业为主导的工业园区,主要工业产品有电子表、服装、电视机、自行车、微型电子计算机等。1980—1990年,深圳经济高速发展,城市建设突飞猛进,本地生产总值实现年均30.0%左右的增长,创造了"深圳速度"。通过引进"三来一补"和"三资企业",深圳完成原始资本积累,并同步引入技术及管理经验,提升了深圳企业的经营管理水平和竞争力,带动了OEM代工制造企业发展。OEM代工制造企业从模仿创新"干中学",对引进的技术进行改造和创新,积累了自主创新的能力,为后续高新技术产业的崛起奠定了基础。

（二）高新技术产业崛起阶段（1991—2002年）

20世纪90年代初,随着邓小平同志南方谈话和党的十四大召开,我国全方位开放格局初步形成,深圳的改革创新经验不断在内地复制推广,深圳的政策优势逐步削弱,加上地价和劳动力成本上升,迫使深圳谋求产业转型升级。"三来一补"开启了深圳对外开放的大门,外部高端要素的流入,激发了深圳科技事业的发展,形成以微型计算机、电子元件、集成电路、程控交换机等电子信息产品为主的外向型经济体系,为高新技术产业萌芽奠定基础。1991年6月,深圳颁布《深圳经济特区加快高新技术及其产业发展暂行规定》,全面启动发展高新技术产业。1991年8月,深圳联合国家科委(科技部)、广东创办中国科技开发院,推动高新技术成果的商品化、产业化和国际化。1993年年底,深圳壮士断腕,出台决议,停止注册新的"三来一补"企业。1995年,深圳在"八五"计划中提出"以高新技术产业为先导,先进工业为基础,第三产业为支柱"的产业发展战略,明确了信息产业、新材料、生物技术为今后发展的三大支柱产业,致力于把深圳建设成高新技术产业开发和生产基地。1995年7月召开的深圳科技大会提出实施"科技兴市"战略,推进高新技术产业发展。此时恰逢美国、日本、中国台湾在向外转移电子产业,深圳充分利用外商投资电子产业优势和内地军工电子业在深圳创办"窗口"企业优势,大力引入技术相对更高、资本相对更密集的电子信息产业,形成了以模仿创新为代表的华强北电子市场。1996年,深圳与清华大学合作成立清华大学深圳国际研究生院,探索"科技+产业+资本"模式,拉开新型科研机构兴起的帷幕。1998年,深圳出台了《深圳市人民政府关于进一步扶持高新技术产业发展的若干规定》,并于1999年9月修订形成新22条,在全国率先实现八项创新突破,为高新技术产业迅速崛起奠定了坚实基础。1999年深圳成功举办首届中国国际高新技术成果交易会,为深圳乃至全国的高新技术产业注入强大活力。因为新22条出台和高交会的强力推动,1999年深圳建立虚拟大学园,鼓励全国乃至全球高校的科研成果到深圳产业化。同时,深圳成立深圳市创新科技投资有限公司(深圳市创新投资集团有限公司前身)、深圳市高新投集团有限公司、深圳市中小企业信用担保中心(深圳担保集团有限公司前身)等政策性金融机构,为高新技术企业发展壮大提供资本支撑。1990年12月正式开业的深交所不断完善资本市场体系,加强对科技型中小企业的支持,进一步助推了深圳高新技术产业的发展。2001 年中国加入世界贸易组织,深圳以电子信息为代表的高新技术产品价格优势得到充分释放,带动了高新技术产业规模扩大和产业分工细分,逐步形成通信、计算机、新能源、平板显示、数字电视、生物医药、集成电路和半导体照明 8 大产业集群。21 世纪初,深圳引进清华大学、北京大学和哈尔滨工业大学来深办学,解决缺乏源头创新和人才培养的问题。此阶段深圳大部分企业仍然以跟随模仿式创新为主,但华为、中兴等一批高科技企业已经开始通过与高校开展技术合作、建立研发机构等方式进行原始创新。

（三）先进制造和现代服务业双轮驱动阶段（2003—2012 年）

经过 20 多年的追赶发展,深圳经济发展面临的内外部环境发生了根本性变化,人口的快速增长对城市空间、资源、生态提出了挑战,而深圳大规模的产业外迁也引发了产业"空心化"的忧虑。深圳的发展模式由依赖低成本劳动力和土地要素逐步转换到依赖技术、信息、资本等生产要素上来,形成以先进制造业和现代服务业为主的现代产业体系。此阶段,深圳贯彻落实科学发展观,构建"和谐深圳"和"效益深圳",逐步形成金融业、高新技术产业、文化创意产业、现代物流业四大支柱产业,实现从"深圳制造"向"深圳创造"转型。对于金融业,深圳以经济转型升级的需求为出发点,深化香港与深圳金融合作,不断完善金融市场体系,颁布一系列有利于促进金融改革、创新和发展的政策法规,设立金融发展专项资金和金融创新奖,推动金融业发展的规范化、现代化、国际化,实现了金融业发展的飞跃。2006 年以来,深圳金融业增加值占地区生产总值的比重由 6.0% 左右跃升并稳定在 13.0% 左右,离不开深圳市委、市政府对金融业的重视和大力扶持。2003 年,深圳颁布《深圳市人民政府关于印发深圳市支持金融业发展若干规定的通知》,2006 年 1 月,深圳市政府以一号文件发布《深圳市人民政府关于加快深圳金融业改革创新发展的若干意见》,提出把深圳建成"产业金融中心、金融创新中心、金融信息中心、金融配套服务中心"四个中心,实现金融发展的"五个转变",即实现金融业从规模发展向效益发展转变、从引进发展向对外辐射发展转变、从传统金融业向现代金融业转变、从国有为主向多种成分并重转变、从信用缺失向诚信为本转变。2007 年通过

《深圳市金融产业布局规划》及《深圳市金融产业服务基地规划》,2008年4月颁布《深圳经济特区金融发展促进条例》,随后各项金融扶持政策不断出台,中小板、创业板等重磅金融改革不断推出,推动深圳金融业做大做强。对于高新技术产业,2004年,深圳提出发展高新技术产业由主要依靠优惠政策向营造创新环境转变,并推动高新技术产业带建设。深圳通过引进高校、设立新型研发机构和鼓励企业设立研发中心,吸引世界500强企业的核心制造环节和研发中心落户,建立研究开发体系,加快制造业向高端化转型。2006年,深圳率先提出建设国家创新型城市。2008年国际金融危机的爆发加速了深圳产业转型升级,传统产业也走上依靠设计和品牌的创新发展之路。2009年起,深圳陆续出台生物、互联网、新能源、新材料、新一代信息技术、节能环保、文化创意、生命健康、海洋、航空航天、机器人、可穿戴设备和智能装备等战略性新兴产业振兴发展规划和相关政策,深圳高新技术产业逐步成为全国的一面旗帜。对于文化创意产业,2003年,深圳在全国率先提出"文化立市"的发展战略,2005年印发《深圳市文化发展规划纲要(2005—2010)》,2011年出台《深圳文化创意产业振兴发展规划(2011—2015年)》及其配套政策,开启文化创意产业发展大幕。深圳发挥科技和金融产业优势,积极搭建促进文化创新发展的各类市场和金融平台,通过多年的努力,形成了颇具影响力的"文化+科技""文化+创意""文化+金融""文化+贸易""文化+旅游"等"文化+"产业模式。对于现代物流业,2002年,深圳发布实施《深圳市人民政府关于加快发展深圳现代物流业的若干意见》,并于2004年设立物流业专项扶持资金。深圳物流业从港口基础设施建设起步,发挥贸易优势,从传统的港口、运输、仓储、代理的物流服务,发展成为综合物流、第三方物流、第四方物流为代表的高附加值现代物流业。

(四)高质量发展阶段(2013年以后)

随着经济发展层级的提升,深圳获取前沿技术的成本和难度加大,同时全球新一轮科技革命和产业革命的兴起和2012年前后新一轮制造业外迁,迫使深圳由"技术引进"走向"自主创新"发展模式,注重发展高附加值、高技术含量的新产业、新业态,以"深圳创新"打造"深圳质量"。

2013年以来,深圳先后将生命健康、海洋经济、航空航天,以及机器人、可穿戴设备和智能装备等列为重点发展的未来产业,并出台专门的发展规划和相应扶持政策。2014年6月,国务院批准深圳建设国家自主创新示范区,深圳全面实施创新驱动战略。2017年深圳实施科技创新"十大行动计划",全面提升创新软硬环境,打造全球创新生态圈。2018年8月,深圳出台《中共深圳市委关于深入贯彻落实习近平总书记重要讲话精神 加快高新技术产业高质量发展 更好发挥示范带动作用的决定》,推动构建"基础研究+技术攻关+成果产业化+科技金融"全过程创新生态链,在全国率先建立起"以企业为主导、市场为导向、政产学研资介相结合"的综合创新生态体系。深圳同时高标准建设光明科学城、西丽湖国际科教城、前海深港现代服务业合作区、前海蛇口自贸片区、河套深港科技创新合作区等战略平台,布局重大科技基础设施,组建新型基础研究机构,以主阵地的作为推进大湾区综合性国家科学中心建设,推进国际贸易投资便利化,建立多层次国际科技合作机制,促进产业链、创新链、人才链、教育链"四链"协同,率先建立开放型经济新体制。此外,深圳不断通过深化简政放权、放管结合和优化服务改革,推出系列优化营商环境举措,打造市场化、法治化、国际化、便利化的一流营商环境。

2019年8月,《中共中央 国务院关于支持深圳建设中国特色社会主义先行示范区的意见》提出深圳短中长期发展目标:"现代化国际化创新型城市""具有全球影响力的创新创业创意之都""竞争力、创新力、影响力卓著的全球标杆城市。"《深圳市科技创新"十四五"规划》提出"20+8"技术主攻方向,包括七大战略性新兴产业(20大产业集群)和八大未来产业。此阶段,深圳重点布局的产业不断涌现重大创新成果,深圳借此实现从跟随模仿式创新、追赶式创新到引领式创新的跨越,不断构建新的竞争优势,粤港澳大湾区核心引擎地位日益凸显。

二、深圳经济发展的主要特征

深圳经济发展成就得益于改革开放和党中央、国务院设立经济特区的伟大决策,得益于毗邻香港的区位优势和支持,得益于全国人民的大力支持和敢闯敢试、敢为人先的改革先锋。正因如此,深圳作为改革试验田、对外开放重要窗口和现代化建设示范区,创造了经济发展史的"深圳奇迹",为中国特色社会主义建设提供了"深圳样本"和"深圳经验"。

(一)充分利用毗邻香港的区位优势

经济特区设立之初,毗邻的香港是深圳主要的外资来源地,来自香港的资本对深圳早期的经济发展起到关键性带动作用。深圳通过承接香港的产业转移开启工业进程,港资企业除了带来资本,还帮深圳引入了人才、管理、技术等资源,为深圳建立工业体系打下基础。早期深圳缺乏资金,金融市场活跃的香港成为深圳企业融资的首选,相当数量的深圳企业赴香港上市、发债、申请银行贷款,深圳也积极引入香港金融机构和香港资本为辖区实体经济服务,深圳也通过学习借鉴香港的经验,不断完善金融市场体系。深圳早期虽然有良好的产业基础,但科研资源匮乏,而香港拥有全球领先的科研资源和科研实力,深圳通过建设产学研合作载体(例如深港产学研基地、深圳虚拟大学园、中科院深圳先进技术研究院等)引进香港的科研机构和科研人才,形成"香港研发+深圳成果转化"的模式,提升了深圳高新技术产业的内生动力。香港的自由港政策密切了与全球的经贸联系,助力其成为超级联络人,在联系国际和内地市场、物流、采购、认证等方面发挥主导作用,深圳通过与香港联结实现与国际市场接轨。香港一直是深圳最大的进出口市场,香港与深圳密切的贸易往来保证了深圳高新技术产业的生产和销售。鉴于香港与国际接轨的制度环境,深圳企业往往以香港为平台实现国际化发展。深圳一直将香港当作标杆,不断借鉴香港经验,建立符合国际惯例的市场经济制度,在早期各种法规、规划、政策的制定过程中,除了派人赴香港学习、考察,也邀请香港的专家学者座谈,听取意见和建议。深圳有选择地借鉴香港法律制度,用好特区立法权,制定了很多与经济社会发展相适应、与国家法律体系相配套、与国际惯例相接轨的地方法规,保障了深圳体制改革、制度创新和扩大开放。深圳特别注重对标香港,践行"小政府、大社会"的理念,建设法治政府和服务型政府。深圳设立了前海、河套等香港与深圳合作战略平台,推动各项制度体系与香港接轨,同时积极响应香港北部都会区等发展战略,为香港拓展发展空间的同时,进一步深化与香港的合作发展。

(二)善于处理有效市场和有为政府的关系

市场可以通过价格激励机制有效解决效率问题,虽然市场机制不必然导致创新,但市场机制是创新特别是持续创新的必要条件。40余年来,深圳始终坚持以市场为导向的改革方向,发挥企业的能动性,发挥市场在资源配置中的决定性作用,促进市场主体和人才的聚集。深圳一直将民营企业作为自主创新的主战场,积极扶持民营企业发展。深圳形成了"6个90%"的创新模式(90%的创新企业是本地的企业,90%的研发人员在企业,90%的研发投入来源于企业,90%的专利产生于企业,90%的研发机构建在企业,以及90%以上的重大科技项目由龙头企业来承担),探索出一条企业为主体、市场为导向、产业化为目的、政产学研资介结合的自主创新之路。高新技术产业的发展是一个从基础研究到应用研究,再到产业化的过程,由于技术创新存在较高不确定性,市场机制本身存在失灵,无法完全依靠市场主体解决,需要政府发挥有为作用,帮助企业跨越技术创新鸿沟。深圳市委、市政府高瞻远瞩,注重顶层设计,抓住多次产业转型升级机遇。在产业发展过程中,深圳通过制定产业规划、财政激励、要素流动、融资等系统性政策体系,发挥政策的导向作用,引导资源投向重点发展领域。深圳市委、市政府用好用足特区立法权,不断推进制度创新,完善市场经济制度体系,率先探索土地使用制度改革、国企改革、行政审批改革、科研体制改革、分配机制改革等重大改革举措,在推出了超千项全国第一的改革举措,有效激发了市场活力。深圳市政府是全国最高效的政府之一,主张建设法治型政府、服务型政府、廉洁型政府,对企业无事不扰、有事必到。深圳积极引导和培育创新文化,宽容失败,对创业失败的人才给以基本生活保障,率先颁布实施个人破产条例,帮助"诚实而不幸"债务人实现经济再生。近年来,深圳对标国际最高标准、最高水平,把优化营商环境作为"一号改革工程",深化"放管服"改革,围绕市场主体需求,不断将重点领域改革向纵深推进,在全国率先推进商事登记配套制度改革,切实提升市场主体的满意度和获得感,加快以先行示范标准打造市场化、法治化、国际化、便利化的一流营商环境。

（三）积极融入全球经济体系

深圳的产业发展史就是一部顺应经济发展趋势、融入全球产业分工体系、不断进行转型升级的历史。深圳一直将发展外向型经济作为一以贯之的战略。早期的"三来一补""三资企业"帮助深圳融入全球加工制造产业分工，奠定深圳的工业基础，后期深圳通过主动对外开放，抢抓了多轮全球产业结构调整机遇，融入全球产业体系，快速崛起为国际大都市。深圳落户了全国第一家外资银行，创办了全国第一个出口加工区，不断敢为人先，融入全球经济。40余年来，深圳积极利用国际国内两个市场、两种资源，形成投资与贸易双向互动，率先探索制度型开放，推动形成开放型经济新体制。深圳发挥要素价格优势和科技优势，在不同发展阶段与具有不同资源禀赋的国家和地区进行贸易，出口贸易增长迅速，出口连续29年居内地外贸城市首位。深圳积极响应"一带一路"倡议，与全球56个国家的88个地区缔结了友好关系，引导、支持企业"走出去"，华为、华大基因、迈瑞医疗、中集天达、银河电力、传音控股、深能源等本地企业的境外业务发展势头良好。推动深圳港航企业与共建"一带一路"国家港口企业拓展商业往来，"湾区号"中欧班列常态化开行，中国—越南（深圳—海防）经贸合作区建设提速提质。深圳同时积极引入国际高端创新要素，先后引进ARM中国总部、波士顿咨询亚太数字中心、埃森哲深圳全球创新研发中心等项目，以及苹果、高通、空客等世界500强创新研发中心，成为跨国公司在华开展创新研发业务的首选地。深圳正在抢抓粤港澳大湾区建设的重大机遇，深化深港澳紧密合作，全面提升创新的国际化水平，加快建设具有世界影响力的创新创意之都，携手共建大湾区国际科技创新中心，探索形成以国内循环为主、国内国际"双循环"相互促进的新路径。

（四）实现金融与实体经济相融共生

40余年来，深圳金融业与实体经济保持着相互促进、共生共荣的良好局面。在经济特区成立之初，深圳金融基础十分薄弱，但香港与深圳独特的"前店后厂"产业合作模式催生了金融需求。为适应外向型经济发展,深圳于1982年分别引进中国第一家境外银行和保险营业机构——南洋商业银行深圳分行、香港民安保险公司。之后,香港上海汇丰银行等一批港资银行也陆续在深圳设立分行,深圳金融交易、支付、结算、汇兑等业务逐渐兴起,并反过来促进了贸易和初级加工业的发展。从20世纪90年代开始,随着主导产业向高科技产业转型,深圳相继成立高新投、深创投、深圳担保集团等金融机构,服务于高新技术产业培育,并发起组建千亿规模的市政府投资引导基金、百亿天使母基金等,推动深交所开展完善多层次资本市场体系的改革,吸引带动境内外创业资本集聚,有力助推高科技产业发展。同时,针对庞大的民营中小企业群体,深圳不断丰富《深圳市人民政府关于强化中小微企业金融服务的若干措施》《深圳市人民政府关于促进我市上市公司稳健发展的若干措施》《深圳市人民政府关于更大力度支持民营经济发展的若干措施》等政策组合,基本上覆盖了中小企业全生命周期,形成了政府引导资金与资本市场、创投基金、商业银行、担保机构、科技保险等各类社会资金良性互动、相互补充的融资服务体系,启动实施"深圳市创业创新金融服务平台""金融方舟"等创新项目,积极营造产业与金融良性互动、互利共赢的生态环境。

(五)持续优化人才发展环境

深圳在经济特区成立之初就推行人才体制改革,率先推动了劳动用工制度、干部调配聘用制度、工资福利制度改革,吸引了国内大量人才涌入,形成"孔雀东南飞"景象。深圳不断改革户籍制度,在全国率先实行个人积分入户,根据产业发展需要,推动"非户籍人才"向户籍人才转化。不断完善居住证制度,推动持有居住证人才享受市民待遇。深圳不断加强对高端人才的引进和培养,于2008年,在全国较早实施高层次人才"1+6"政策,加强对高层次人才的激励。2011年,深圳推出海外高层次人才"孔雀计划",以真金白银吸引海外高层次人才及其团队来深圳创新创业。2017年颁布实施《深圳经济特区人才工作条例》,为广聚天下英才提供法治保障。2018年开始实施"鹏城英才计划",创新高校、科研机构等编制管理方式,赋予其机构设置、人才评聘、定岗定薪等方面高度自主权;出台经济特区科技创新条例,鼓励科研人员创新创业;将职称评审权交给企业,在重点企业开展职称自主评价试点,构建"企业认可、市场评价、政府支持"的人才评价新模式,将骨干实体企业核心研发人员纳入人才政策支持体系。深圳成立人才安居集团,筹建人才住房,设立总规模100亿元的人才创新创业基金,不断夯实各类人才落地的载体,增强人才平台的承载力,着力打造具有全球感召力的干事创业平台,吸引海内外人才扎根深圳。深圳在前海不断深化人才发展体制机制改革,推动人才跨境执业,率先实施境外高端紧缺人才个人所得税财政补贴政策,率先在全市实现外国人才服务"三窗合一",率先研究技术移民及外籍人才紧缺职业清单。此外,深圳开放包容的城市文化,孕育出"敢于冒险、崇尚创新、追求成功、宽容失败"的创新创业精神和市场意识、竞争意识及契约精神,吸引着天下英才。

第二章　香港与深圳产业现状

产业基础是香港与深圳两地实现可持续健康发展的根本。在长期发展过程中,香港与深圳均形成了各自产业特色,确立了优势产业的核心地位,同时在局部领域也面临一定的"短板"和"瓶颈"。迈入新发展阶段,香港与深圳两地产业面临新的环境和形势,必须通过产业优化和调整,巩固支柱产业优势地位,探索新的产业增长点,从而适应新时代产业发展要求和国家总体发展战略。其中,金融业作为现代经济的核心,科技产业作为创新驱动的命脉,海洋产业作为战略性新兴产业,民生和生态作为"五位一体"的重要组成部分,在国家产业布局中的地位和作用尤为突出。

基于此,本章选择金融、科技、海洋、民生、生态五大领域,重点分析香港与深圳各自的发展现状,明确各自产业优势与短板,找出两地产业合作的切入点,并提出两地强强联合、优势互补、共同聚力、共图创新的产业合作思路。

第一节　香港产业现状

一、香港金融业现状

香港金融业经过长期发展,占地区生产总值的比重已超过 20%,从业人员近 30 万人,是名副其实的支柱产业。香港是全球银行最集中的地区之一、全球资本市场最活跃的地区之一、亚洲最大的资产管理中心之一、全球最开放的保险业中心之一、全球最大的离岸人民币中心。

香港银行业实行持牌银行、有限制牌照银行和接受存款公司三级体系,截至 2020 年年底,香港共有持牌银行 161 家、有限制牌照银行 17 家、接受存款公司 12 家,另有外资银行代表办事处 43 家,本地银行雇员总人数超过 10 万人,此外,香港拥有 8 家虚拟银行。全球前 100 名银行中超过 70 家在香港营业,超过 29 家跨国银行在香港设立区域总部。以 2020 年年底的对外头寸计算,香港是全球第六大银行中心。根据国际清算银行的最新调查,香港是全球第四大外汇交易中心。

香港证券业的交易服务由投资银行、商业银行、财务公司和证券经纪公司提供。香港《证券及期货条例》规定了 12 种需要持牌的证券相关经营业务。香港是全球最活跃的证券市场之一,没有资金流动限制,也没有资本增值税和股息税,常年位居全球首次公开发行股票数量和募资额前列。截至 2021 年年底,香港证券交易所主板上市公司 2219 家,创业板上市公司 353 家,总市值 5.4 万亿美元,市值位列全球第七、亚洲第四。香港证券市场提供股票、期权、认股权证、牛熊证、交易所买卖基金(ETF)、房地产信托投资基金(REITs)、单位信托、债券、指数期货、股票期货、利率期货、债券期货、黄金期货、指数期权、股票期权等产品。香港金融管理局负责管理债务工具中央结算系统(CMU),为外汇基金票据及债券、政府债券、企业债券提供结算和托管服务,香港债券市场是全球最活跃的债券市场之一。香港同时是亚洲最大的国际资产管理中心和私人财富管理中心、亚洲第二大私募基金中心。

根据香港保险业监管局的统计,截至 2022 年 3 月底,香港共有 163 家获授权保险公司,其中 90 家在香港注册成立,其余 70 家分别在内地或海外注册,全球前 20 大保险公司中的 14 家在香港落户。2020 年,香港保险业的毛保费达到 5813 亿港元。根据瑞士再保险的统计,2020 年香港保险密度为 9746 美元,全球排名第二(仅次于开曼群岛),保险渗透率达 20.8%,全球排名第一。

根据全球金融中心指数(GFCI)的排名,香港的国际金融中心地位稳居前列。香港是全球最大的离岸人民币业务枢纽,具有全球最大的离岸人民币资金池、最大的离岸人民币外汇交易市场,也是全球最大的离岸人民币融资中心,可以支持全世界的银行在香港开展人民币交易。香港在绿色金融、金融科技、"一带一路"投融资方面也独具特色。香港于2018年推出绿色债券资助计划,2019年推出政府绿色债券计划,2020年港交所成立可持续及绿色交易所(STAGE),打造大湾区绿色产品资讯平台,2021年2月推出绿色和可持续金融资助计划。香港于2016年9月推出金融科技监管沙盒,2017年9月推出保险业快速通道和保险科技沙盒,2018年推出快速支付系统"转数快",香港是亚洲第一个推出虚拟银行的地区,香港每年举办金融科技周,并在推动数字人民币的跨境使用。香港于2016年成立基建融资促进办公室,便利"一带一路"项目投融资对接。

尽管香港金融市场十分发达,但其更多的是聚集了外资金融机构,更多的是服务国际资本,而香港本地金融机构规模偏小,盈利能力有限。

二、香港科技产业现状

香港回归以后,科技产业是历届特区政府关注的焦点,董建华时期推动了科技园和数码港的建设,曾荫权时期强调发展知识型经济,提出发展六项优势产业(文化及创意产业、医疗产业、教育产业、创新科技产业、检测及认证产业,以及环保产业),梁振英时期成立创新、科技及再工业化委员会和创新及科技局。2017年成立由行政长官亲自领导的创新及科技督导委员会,在2017年的施政报告中提出发展科技创新的八大方向(增加研发资源、汇聚科技人才、提供创投资金、提供科研基建、检视现行法例及法规、开放政府数据、由政府带头改变采购方法,以及加强科普教育)。2018年香港特区政府确定科技产业的四大重点发展领域:生物科技、人工智能、智慧城市、金融科技。

根据2020年全球创新指数(Global Innovation Index,GII),"深圳—香港—广州"创新集群是仅次于"东京—横滨"的全球第二大科技集群。截至2021年年底,香港初创企业达到3755家,大多是信息及通信科技、软件即服务(SaaS)、物联网、数据分析、生物科技、人工智能、机器人、虚拟现实(VR)和增强现实(AR)、新材料等科技热门领域。人才是科技产业发展的关键,香港拥有超过 40 名中国两院院士,有 5 所大学进入 QS① 世界大学排名(2021 年)的世界前 100 名,在电机及电子工程、计算机科学及资讯系统、化学、化学工程、数学、物理及天文学、医学等学科,香港的高校在全球的排名靠前。

在科技基础设施方面,香港特区政府于 1999 年注资 50 亿港元成立创新及科技基金,为科技项目提供资助,后三次增加注资共 90 亿港元,并于 2018 年 7 月获立法会通过再注资 100 亿港元。香港创办了由政府资助的香港应用科技研究院,建立了香港科学园、数码港和 5 家研发中心(汽车零部件研究及发展中心、香港资讯及通信技术研发中心、香港纺织及成衣研发中心、香港物流及供应链管理应用技术研发中心、纳米及先进材料研发院有限公司)。香港拥有 16 所获中国科技部批准成立的国家重点实验室,以及 6 所国家工程技术研究中心香港分中心。香港与中国科学院 2018 年 11 月签署备忘录,中科院旗下的广州生物医药与健康研究院、自动化研究所在香港设立两个科技创新平台。中国科技部和香港创新及科技局于 2018 年 9 月签署合作安排,推出"内地与香港联合资助计划",鼓励香港和内地进行科研合作,香港的大学和科研机构已可申请中央及内地部分省市的科研资金。

三、香港海洋产业现状

香港海洋产业起步较早,发展之初就采用自由港的政策,即自由贸易、自由通航、资金自由进出、大部分货物免税等。香港是全球第四大国际航运中心、全球第九大货柜港。香港海洋产业的优势在于海洋配套服务业,其中以涉海金融业和航运服务业为甚。香港涉海金融业包括海洋产业融资和海事保险及再保险,具体包括银行贷款、海事保险、海事信托基金、证券、融资租赁等。香港作为全球最繁忙和效率最高的国际集装箱港口之一,在全球供应链扮演主要枢纽港角色,香港的航运服务业涵盖船

---

① QS 世界大学排名是由英国一家国际教育市场咨询公司 Quacquavelli Symonds 所发表的年度世界排名。

舶管理、船务经纪、船务融资、海洋货运、航运保险及相关法律服务等领域。根据香港贸发局的统计，截至2021年年底，香港是全球第四大船舶注册地，仅次于巴拿马、利比里亚、马绍尔群岛，截至2021年年底，在香港注册的船舶为2527艘，合计1.3亿吨。香港注册船舶从国际营运取得的利润可豁免利得税，香港亦与多个国家和地区签订航运收入避免双重征税协定。香港船东会成立于1957年，代表船东的利益，是多个国际航运组织的成员，会员拥有、管理和运营的船队载重量超过2亿吨。

香港的船务经纪提供船只包租和买卖服务，截至2020年年底，香港共有超过50家船务经纪公司，国际大型船务经纪公司（例如Clarksons、Simpson Spence & Young）在香港均设有办事处。香港拥有许多专业船舶管理服务公司，为客户提供安排船员及物资供应、上干坞检查、维修保养和遵守法规等服务。截至2020年年底，香港共有87家海事保险公司（其中33家是外资保险商），提供广泛的海事保险产品（船体和机械保险、货物保险等）。香港可以为客户提供船舶抵押贷款、售后回租、首次公开招股、债券发行等船务融资服务。香港的海事法律服务包括海上伤亡事故和商业航运活动，以及造船和买卖交易等涉及的法律事务，香港集聚了大量专业的海事律师。

四、香港民生事业现状

教育、医疗、住房、养老是影响香港与深圳深化合作发展的重要民生问题。

香港的教育分为学前教育、小学教育、中学教育、专上教育（高等教育）、职业专才教育等层次。香港的学前教育主要针对3—6岁儿童，不属于义务教育，主要由商业化运作的幼稚园集团和非牟利团体（教会或社会服务机构）兴办的幼稚园提供。香港的小学教育为六年制，分为官立小学、资助小学、直资小学和私立小学四大类，其中官立和资助小学免费，直资和私立小学收费。香港的中学教育在2009年以前采取五年制，没有正式的初高中之分，2009年以后采用和内地接轨的初中、高中各三年体制，高中毕业可参加中学文凭考试升读大学。香港的中学分为官立中学、资助中学、直接资助计划中学、按额津贴中学、私立中学、私立独立学校计划学校。香港专上教育是中学教育之后的教育阶段，除了学位课程，也包括副学士和高级文凭等课程，香港共有 22 所可颁授学位的高等教育院校，其中香港大学、香港科技大学、香港理工大学、香港教育大学、香港中文大学、岭南大学、香港浸会大学、香港城市大学八所大学受教育资助委员会资助，多所大学的教学和科研成就在全球名列前茅。根据 2021 年 QS 世界大学排名，香港大学、香港科技大学、香港中文大学、香港城市大学、香港理工大学均进入全球前 100 名。香港的职业专才教育为不同志向和能力的青年提供多元化的学习路径，提供职业专才教育的机构包括教会资助大学、专上院校和培训机构、法定机构(包括职业训练局、建造业议会、制衣业训练局、雇员再培训局)、企业下属培训机构。

香港的医疗卫生体系由满足市民基本需求、全面覆盖的公立体系和市场主导、用者付费的私立体系两大部分组成，被誉为全球最有效率的医疗卫生体系。私立医疗体系由私家医院和遍布香港的私家诊所组成，依靠行业自律、市场化运作，政府通过立法和执法规范经营，不干涉日常经营。公立医院体系接受特区政府食物及卫生局领导，实行"管办分离"。食物及卫生局负责医疗卫生政策的制定、财政拨款及督导，具体由卫生署和医院管理局履行职能。卫生署负责推行促进健康、预防疾病、医疗和康复等服务，管理若干诊所及健康中心。医院管理局管理 43 家公立医院和医疗机构、49 家专科门诊和 73 家普通门诊。香港特区政府对公共医疗服务提供大量补贴，市民使用公立医院服务需要缴纳的费用极为低廉。雇主为雇员购买的商业医疗保险大约覆盖 200 万市民，承担了 7% 左右的医疗卫生总费用。随着香港老龄化的加剧，政府医疗投入压力陡增，香港正在推进以提高个人筹资责任、减轻财政负担、保证公立医疗系统可持续发展的改革。此外，香港医疗体系实现了与国际接轨，新药审批简单、效率高，获得欧洲药品管理局(EMA)和美国食品和药物管理局(FDA)审批通过的药物，基本会在香港获批，很多新药选择在香港首发。

香港的住宅分为三类：一是特区政府组织兴建、只租不售、租金相对较低的公屋，适合中低收入家庭居住；二是特区政府组织兴建、可卖给市民、售价相对较低、密度大、环境品质不佳的居屋,适合买得起的普通消费者;三是房地产开发商开发的房屋,品质好,适合高收入人群购买。根据香港运输及房屋局的统计,2021年,43.3%的人口居住在政府兴建的公屋和居屋,56.7%的人口居住在私人房屋。香港市民住房面临巨大困境:一是私人住宅价格高企,工薪阶层收入难以负担;二是公屋轮候时间长,2020—2021年公屋平均轮候时间是5.8年;三是居住条件较差,人均居住面积仅为16平方米。香港住房按揭贷款灵活多样,首付最低可到5%,贷款利率长期处于低位。香港人均住宅用地面积和人均住宅面积从全世界来看均较低,受生态保护大量土地未开发、填海造陆大幅减少、土地出让政策不利等因素影响,住宅用地长期供应不足。香港特区政府提出通过填海增加土地供应、提升公屋比例等措施,并发布"明日大屿愿景"计划以解决居民住房问题。

截至2021年年中,香港60岁以上人口共203.4人万,占总人口的27.4%,老龄化明显,养老问题突出。香港形成了综合社会保障援助计划和公共福利金计划(第一支柱)、强积金制度和职业退休计划(第二支柱)、自愿储蓄性私人退休计划(第三支柱)组成的养老保障体系。第一支柱的综合社会保障援助计划自1993年7月推出,按家庭单位发放,年满60岁的人员每人每月1000港元。香港规定18—65岁的在职人士必须参加强积金,标准为月收入的10%,雇主和雇员各缴纳5%,目前强积金覆盖近300万香港市民。香港金融市场发达,提供了储蓄类保险产品、按老按揭计划、银色债券、港元定期、蓝筹股等多种养老产品。2018年以来,香港特区政府先后推出"香港养老年金计划"和"延期年金保费扣税计划",激励第三支柱发展。香港探索形成了长者社区照顾服务、安老院舍照顾服务等特色养老服务。

五、香港生态产业现状

截至2017年年底,香港陆地面积约1106平方千米,约四分之三是郊野,设有24个郊野公园和22个特别地区;海洋总面积1648.7平方千米,设立6个海岸公园和1个海岸保护区;淡水资源主要依靠收集的雨水和通过深圳引入的东江水。香港环境局负责整体环境保护政策,环境局下设环境保护署,环境保护署负责制定政策和处理环境问题,环境保护署署长兼任环境局常任秘书长,环境保护署下属的环境资源中心为市民提供环保信息、定期举办工作坊。香港同时设立环境咨询委员会,就预防和削减环境污染措施向政府提供咨询意见,设立环境及自然保育基金用于资助非营利机构开展环保相关教育、废弃物减少及回收、研究、技术示范等项目,设立环境运动委员会负责提升市民环保意识、鼓励市民参与环保活动。

为做好环境污染的预防,香港对指定工程项目均要求做环境影响评估。香港针对空气、废物、水质、噪声制定了香港《空气污染管制条例》《汽车引擎空转(定额罚款)条例》《保护臭氧层条例》《废物处置条例》《海上倾倒物料条例》《水污染管制条例》《噪音管制条例》等法规,对排放标准和处罚做了明确规定,推动环境质量达到国际一流标准。香港于 2017 年发表《香港气候行动蓝图 2030+》,提出到 2030 年碳排放强度比 2005 年降低 65%—70%,香港《行政长官 2020 年施政报告》提出 2050 年前实现碳中和,并设立了 2 亿元的低碳绿色科研基金用于资助相关科研。香港于 2021 年 2 月发布《香港资源循环蓝图 2035》,提出通过减少人均废弃量和增加回收率,摆脱依赖堆填区填埋都市固体废物。为推广新能源汽车,香港于 2021 年 3 月发布《香港电动车普及化路线图》,计划 2050 年前实现车辆零排放。香港于 2021 年 6 月发布《香港清新空气蓝图 2035》,计划在 2035 年前空气质量可以媲美国际大城市。

为处理污水,香港制订了 16 个污水收集整体计划,针对维多利亚港周边产生的污水,推行了净化海港计划,建设了一个大型深层污水隧道收集系统和污水处理厂。香港在新界设立了三个现代性大型堆填区,接收家庭和工商业的固体废弃物,在青衣设立了化学废物处理中心,在小鸦洲设立低放射性废物储存设施,在牛潭尾设立动物废料堆肥厂,在屯门曾咀设立污泥处理设施——源区(T·PARK)。香港已关闭 13 个堆填区,并通过修复实现部分堆填区变成球场、公园等公众设施。香港在屯门设立环保园,推动废物回收再利用,并设立 10 亿元回收基金。

第二节 深圳产业现状

一、深圳金融业现状

40余年来,深圳金融业在一片空白中起步,在调整中发展,40余年循序渐进的变革,依靠"敢闯敢试、敢为天下先"的改革创新精神,成就了深圳金融业40余年的奇迹。2021年,深圳金融业实现增加值4738.8亿元,占同期全市地区生产总值的比重达15.4%,金融业实现税收(不含海关代征和证券交易印花税)1662.0亿元,占全市总税收的24.0%,居各行业首位。在2022年的"全球金融中心指数"(GFCI)中,深圳位列全球第十位。截至2022年3月,银行业总资产11.5万亿元,同比增长9.0%,资产规模居全国大中城市第三位;法人证券公司总资产2.8万亿元,居全国大中城市首位;法人保险机构总资产6.0万亿元,居全国大中城市第二位;公募基金公司管理规模排名全国前二十的公司有7家,居全国第一,2021年风投创投(VC/PE)新募集基金项目570个,远多于北京(119个)和上海(182个)。截至2021年年底,深圳本地上市公司数达到495家,上市公司数仅次于北京、上海,位居全国第三,上市公司总市值位居全国第二,仅次于北京。出台全国首个地方金融科技专项政策,率先设立金融科技专项奖,落户百行征信、国家金融科技测评中心、央行数字货币研究院等一批金融科技龙头企业及重要基础设施,发布国内首只金融科技指数并挂牌首个基金产品,联合港澳金管局推行"深港澳金融科技师"专才计划,构建金融科技先发优势。出台全国首部绿色金融法规《深圳经济特区绿色金融条例》,推进"中国绿色基金标准""中国绿色金融中心指数体系"研究,发布国内首只反映绿色金融产业发展的股票指数,加入"全球金融中心城市绿色金融联盟"(FC4S),落户绿色金融实验室,发起《全球社会影响力投资共识》("香蜜湖共识"),发布首个上市公司社会价值评价指数"义利99",推进可持续金融纵深发展。

二、深圳科技产业现状

为摆脱对"三来一补"产业的依赖,深圳从20世纪90年代开始发展科技产业,在"八五"计划中明确提出"以高新技术产业为先导、先进工业为基础、第三产业为支柱"的产业发展战略,其后不断明确高新技术产业为产业发展重点。为推动高新技术产业发展,深圳出台了一系列法规、规章,其中1999年修订的《深圳市人民政府关于进一步扶持高新技术产业发展的若干规定》("新22条")尤为典型,该政策扶持内容系统、力度较大,在促进深圳高新技术产业的发展中发挥积极作用,在全国也形成广泛影响。此外,深圳还通过举办中国国际高新技术成果交易会(高交会)、建立和完善不同层次的为高科技发展服务的金融服务体系(成立创新投、高新投、中小担等政策性金融企业,深交所推出中小板、创业板)、举办虚拟大学园、成立高科技园区、吸引国内知名高校到深圳办学、成立新兴研究机构、加大人才扶持力度等手段,不断完善高新技术产业生态。

近年来,深圳不断完善"基础研究+技术攻关+成果产业化+科技金融+人才支撑"全过程创新生态链,系统部署和前瞻布局基础研究,以立法形式明确财政对基础研究的投入,并引导社会资本投向基础研究,设立"深圳市自然科学基金",培育基础、前沿、源头研究成果。截至2021年8月,深圳拥有高校15所,南方科技大学、深圳大学等高校在国内、国际排名成绩亮眼。深圳抢抓大湾区综合性国家科学中心、鹏城实验室、深圳湾实验室等战略科技力量布局深圳的契机,实施大科学装置群带动战略,高标准建设光明科学城、河套深港科技创新合作区、西丽湖国际科教城、大运深港国际科教城等重大平台。截至2021年年底,深圳全职院士已达74名,研究与试验发展人员达34.6万人,居全国城市首位。累计建成国家重点实验室、国家工程实验室等各级各类创新载体超过3100家,拥有3家国家制造业创新中心(国家高性能医疗器械创新中心、国家5G中高频器件创新中心、国家第三代半导体技术创新中心)。深圳国家高新区从原来的11.5平方千米扩展为159.5平方千米,形成"一区两核多园"的高新区发展布局。截至2021年年末,深圳拥有的国家高新技术企业达到

2.1 万家,位居全国第二位,拥有国家级和省级专精特新企业超过 1000
家,2021 年战略性新兴产业增加值合计 1.1 万亿元,占地区生产总值比
重 38.6%,2021 年深圳 PCT[①] 专利申请量达 1.7 万件,约占全国申请总
量的 25.5%,连续 18 年居全国大中城市第一名。2021 年深圳全社会研
发投入占地区生产总值的比重约 5.5%。高新技术产业已成为深圳的一
面旗帜,深圳正在培育二十大战略性新兴产业集群(宽带网络通信、智能
终端、智能传感器、软件与信息技术服务、现代时尚、工业母机、智能机器
人、激光与增材制造、精密仪器设备、安全环保节能、新材料、半导体与集
成电路、超高清视频显示、新能源、智能网联汽车、高端医疗器械、生物医
药、大健康、海洋产业、数字创意产业)和八大未来产业集群(区块链、量
子信息、脑科学与类脑智能、细胞与基因、合成生物、可见光通信与光计
算、深地深海、空天技术)。

三、深圳海洋产业现状

2017 年 5 月,《全国海洋经济发展"十三五"规划》,明确提出推进深
圳、上海等城市建设全球海洋中心城市。2019 年 8 月,《中共中央　国务
院关于支持深圳建设中国特色社会主义先行示范区的意见》中提到支持
深圳加快建设全球海洋中心城市。2018 年,深圳率先发布《关于勇当海
洋强国尖兵　加快建设全球海洋中心城市的决定》,配套出台《关于勇当
海洋强国尖兵加快建设全球海洋中心城市的实施方案(2020—2025
年)》,开启建设全球海洋中心城市的新篇章,重点发展海洋经济、海洋科
技、海洋生态与文化、海洋综合管理、全球海洋治理五大领域,明确
2020—2025 年将持续推进和新增共计 63 个涉海重点项目,包括推动设
立国际海洋开发银行、按程序组建海洋大学、建设智能海洋工程制造业创
新中心、推动建立国家深海生物基因库、规划建设国家远洋渔业基地和国
际金枪鱼交易中心、设立深圳港航发展基金、推动设立中国海洋大学深圳
研究院、按程序组建国家深海科考中心、推动设立海洋产业发展基金、争

---

① PCT 是《专利合作条约》(Patent Cooperation Tveaty)的简称,是有关专利的国际条约。

取试点启运港退税政策、推动组建中国海工集团、推动建设中船南方海洋工程技术研究院、建设蛇口国际海洋城、规划建设水产实验基地等。

海洋高端装备和海洋电子信息产业、海洋油气、交通运输和滨海旅游业，是深圳海洋经济四大支柱产业。深圳涉海企业目前有 7000 多家，海洋高端装备拥有 160 余家企业，中集来福士海洋工程有限公司建造了目前全球作业水深、钻井深度最深的半潜式钻井平台——"蓝鲸 1 号""蓝鲸 2 号"。深圳电子信息制造产业集群约占全国 17.0%的产值，已涌现出震兑、邦彦技术、海能达、云洲创新、汇川技术等一批战略性新兴产业的"弄潮儿"，在船舶电子、海洋观测和探测、海洋通信、海洋电子元器件等领域掌握自主核心技术。2021 年，深圳港完成货物吞吐量 2.8 亿吨，同比增长 5.0%；集装箱吞吐量 2876.8 万标箱，同比增长 8.4%。前海中船智慧海洋基金已设立，中国海洋经济博览会永久落户深圳。目前，深圳海洋产业向高附加值延伸，产业集群"航母编队"式出海共赢，海陆统筹推动海洋经济高质量发展，海洋新城、前海海洋战略性新兴产业科技集聚区、蛇口国际海洋城、盐田河临港产业带、坝光国际生物谷、深汕海洋智慧港等，正在加紧前期建设，未来将在深圳海岸带上，形成数个千亿级海洋产业集群。

深圳正在就《深圳市促进海洋经济高质量发展的若干措施》征求意见，若干措施提出十大举措，即支持产业高端资源集聚、支持海洋企业发展壮大、推动陆海优势产业合作、降低新产品试验成本、推进渔业高质量发展、对国家和省级海洋项目给予奖励、保障新兴产业项目用海、制定海洋领域地方标准、深化海洋领域职称评审改革、保障资金和完善流程，推动深圳海洋经济再上新台阶。

四、深圳民生事业现状

民生无小事，深圳作为新兴城市，不断补齐民生事业发展"短板"，朝着幼有善育、学有优教、劳有厚得、病有良医、老有颐养、住有宜居、弱有众扶的目标迈进，奋力打造共建共治共享共同富裕的民生幸福标杆。"十三五"时期深圳九大类民生支出占一般公共预算支出的比重达 68.0%。

2020年年底,深圳市召开基础教育改革发展大会,发布《中共深圳市委　深圳市人民政府关于加快学位建设推进基础教育优质发展的实施意见》,提出到2025年,深圳全市新增公办义务教育学位74万个,新增幼儿园学位14.5万个,加上此前规划新建公办高中阶段学位9.7万个,到2025年,深圳共将新建基础教育学位近百万个。出台《深圳市高中学校建设方案(2020—2025年)》,到2022年,深圳将完成新改扩建30所公办高中,新增学位6万个以上,2023—2025年,将再新增公办普高学位3.7万个,6年共计新增公办普高学位9.7万个以上。根据深圳教育局的统计,截至2021年年底,深圳共有各级各类学校(含幼儿园)2766所,在校学生256.2万人,其中高校在校学生14.5万人,南方科技大学、深圳大学等在高校排名中屡创新高,南方科技大学入选第二轮"双一流"建设高校及建设学科名单,香港中文大学(深圳)、哈尔滨工业大学(深圳)等的高考录取分不断创佳绩。

深圳将深化医改和推进卫生健康事业发展、健康深圳建设有机结合起来,不断优化资源布局,完善医疗服务体系。截至2020年年底,全市共有医疗卫生机构4686家(不含544家非独立社区健康服务中心),其中医院144家(截至2021年中,三甲医院23家)、妇幼保健院10家、专科疾病防治院7家、门诊部733家、私人诊所3340家、企事业内部医务室243家、其他医疗卫生机构209家、床位62904张、在岗卫生工作人员130324人。香港大学、香港中文大学(深圳)、北京大学、中山大学、南方医科大学、南方科技大学、中国医学科学院肿瘤医院、中国医学科学院阜外医院等一批名校名院在深圳开办医学院、举办医院。

2021年7月,《深圳市政府关于深圳公共住房情况的专项工作报告》公布,深圳共有各类住房1129万套,居住建筑面积共6.2亿平方米,人均住房面积35平方米左右。其中,商品住房约189万套,占比为17.0%;公共住房约55万套,占比为5.0%;私人自建房约577万套,占比为51.0%;宿舍约192万套,占比为17.0%;其他住房(含单位自建房、村集体统建楼、军产房等)约116万套,占比为10.0%。随着人口大力流入和城市快速发展,深圳面临住房供应紧张、房价较高、住房保障不充分等问题,常住人口住房保障覆盖率不足 10.0%，常住人口住房自有率只有 23.0%。2018 年，深圳启动新一轮房改，建立 4∶6 的住房供应结构，明确市场商品住房和公共租赁住房、安居型商品房、人才住房占比为 4∶2∶2∶2，形成多层次、广覆盖的住房供应和保障体系。计划至 2035 年，建设筹集 170 万套住房，其中公共住房不少于 100 万套，探索将部分商业、办公用房转为公共住房，让更多市民通过公共住房解决住房困难。

截至 2020 年年底，深圳共有户籍老年人口 35.9 万人，从"第七次全国人口普查"数据来看，深圳市 60 岁以上常住老年人口 94.1 万人，占深圳市常住人口 5.4%，实际管理服务老年人超百万人，老年人口呈现增长快、密度高、候鸟型、空巢化等特点，养老是民生"新挑战"。根据深圳民政局的统计，截至 2021 年年底，深圳养老机构共有 59 个，养老机构床位 11020 张。深圳不断强化养老服务政策创新，形成了以《深圳经济特区养老服务条例》为纲领、若干中长期规划为核心、系列规范性文件为基础的"1+N+X"的养老服务法规政策体系，全面覆盖土地、财政、金融、保险、税费、医疗、人才、产业等方面，推动深圳养老服务快速发展。深圳组建成立了国有养老服务平台——"深圳市幸福健康产业集团"，具体承担全市"907"幸福康养惠民工程实施任务，搭建智慧养老服务平台，打造辐射家庭的"一中心多站点"的四级服务网络，实现家庭适老、社区养老、科技助老、康养医养合作的养老服务链。根据《深圳市构建高水平"1336"养老服务体系实施方案（2020—2025 年）》的部署，未来深圳每个街道至少建设一家长者服务中心，老龄化社区实现社区长者服务站全覆盖，全市建成以街道、社区、小区、家庭"四级养老服务网络"，让老年人享受"居家养老 15 分钟生活圈"的优质服务。

五、深圳生态产业现状

深圳占地面积 1997.5 平方千米，海域面积 1145.0 平方千米，陆域开发强度已经达到 50.0%，天然淡水资源有限，随着人口的大量涌入和城市的快速发展，生态环境保护压力巨大。深圳始终高度重视生态文明建设和生态环境保护，实现了由经济开发到统筹生态文明等五大文明共同发展的历史性跨越。深圳先后确立可持续发展和生态立市战略、美丽深圳战略、打造人与自然和谐共生的美丽中国典范等目标,首创党政领导干部生态文明建设考核、基本生态控制线等制度改革,制定出台《深圳经济特区生态环境保护条例》《深圳经济特区环境噪声污染防治条例》等20余部生态环保法规和40余部地方标准,形成政府主导、企业主体、社会组织和公众共同参与的生态环境治理体系,通过污染防治攻坚战,实现"蓝天白云、水清岸绿"新面貌。

深圳获批全国首批可持续发展议程创新示范区,形成低消耗、低排放的产业体系。公交车、出租车率先实现100%纯电动化,绿色建筑面积超1.2亿平方米,PM$_{2.5}$年均浓度降至19微克/立方米,率先实现全市域消除黑臭水体,全市污水处理能力达到760万立方米/日。入选国家"无废城市"建设试点,垃圾焚烧处理能力达1.8万吨/日。建成国家森林城市,公园总数达1206个,10个区先后获评"国家生态文明建设示范区",成为全国唯一获评"国家生态文明建设示范市"的副省级城市。率先建立生态系统生产总值(GEP)核算体系,实施生态环境损害赔偿制度,开展环境污染强制责任保险试点。全面实施生活垃圾强制分类。在全国率先开展

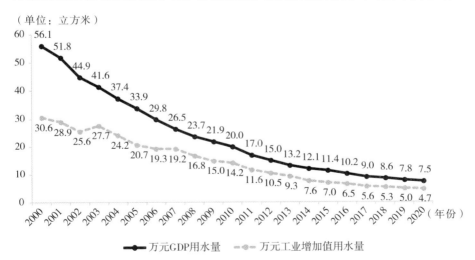

图2-1　2000—2020年深圳万元地区生产总值用水量和万元工业增加值用水量

资料来源:深圳市统计局官网。

生态系统碳通量监测,率先建设碳普惠体系。成立"一带一路"环境技术交流与转移中心(深圳),加强生态领域国际交流与合作。2000 年以来,深圳万元地区生产总值用水量和万元工业增加值用水量呈现明显的下降趋势,万元地区生产总值用水量从 2000 年的 56.1 立方米下降至 2021 年的 7.1 立方米,下降幅度达到 87.4%,万元工业增加值用水量从 2000 年的 30.6 立方米下降至 2020 年的 4.7 立方米,下降幅度达到 84.6%,充分反映出深圳资源集约型的经济和产业发展特征。

第三节　香港与深圳两地产业合作的切入点

一、香港与深圳金融业合作的切入点

(一)共同集聚创新资本

香港是亚太地区最具规模的私募基金枢纽。2020 年年底管理资本总额约 1700 亿美元,并有约 580 家私募基金公司选择在香港运营,全球规模最大的 20 家私募基金当中有 15 家在香港设置分支机构,其中不少是地区总部。同时,私募投资基金落户香港的兴趣日益浓厚,自 2020 年 8 月香港引入私募行业常用的有限合伙基金法律框架后,仅 5 个月便有 90 多只有限合伙基金在香港注册。

深圳具有全国领先的创新资源和最具活力的资本市场,正在着力建设全球创新资本集聚中心。深交所交易量多年位居全球第三。作为全国重要影响力的风投、创投中心城市,深圳已形成梯度分布格局和老中新层次体系,成为推动经济转型升级、提质增效的"新引擎"。截至 2021 年年底,深圳已备案私募基金管理人 4318 家,位居全国第二。5 家创投机构位列全国创投前 20 名,其中,深圳市创新投资集团有限公司 2021 年首次公开发行股票数量列全国第二位。因此,香港与深圳两地可以集合创新资本优势,共建全球创新资本集聚的优质生态,尤其是积极探讨港交所与深交所交叉持股等创新性举措,推动两地交易所进行深度合作。

（二）共同推动人民币国际化

在过去的 10 多年时间里,香港把握住人民币国际化和与内地市场合作加强加深的机遇,全力发展各项离岸人民币业务,建成了全球首个离岸人民币清算体系,一举成为规模庞大、效率极高的离岸人民币枢纽。《中华人民共和国国民经济和社会发展第十四个五年规划和 2035 年远景目标纲要》中明确支持香港强化全球离岸人民币业务枢纽、国际资产管理中心及风险管理中心功能,深化两地互联互通,并清晰地提出了开放市场和稳慎推进人民币国际化的方向。在政策利好下,加上境外投资者配置人民币资产需求趋升,香港离岸人民币市场将有更大的发展空间。香港将会通过提高离岸人民币流动性、推动离岸市场的人民币产品发展及进一步完善离岸市场的人民币金融基建等方式,巩固香港离岸人民币业务枢纽的地位。

表 2-1　香港是全球最大的离岸人民币业务中心

特征	具体表现
最庞大的离岸人民币资金池	香港拥有内地以外最庞大的人民币资金池,规模超过 6000 亿元人民币,支持蓬勃的离岸人民币业务
最重要的离岸人民币清算中心	根据国际资金清算系统(SWIFT)的统计数字,全球 70% 以上的人民币支付通过香港进行结算
主要的人民币外币中心	香港的人民币外汇和衍生品交易量,在全球离岸市场居首位
最大的离岸人民币债券市场	香港是重要的人民币融资中心,拥有全球最大的离岸人民币债券市场。债券发行人包括财政部,以及来自世界各地的金融机构和企业

资料来源:香港金融管理局官网。

相比较而言,港元在香港乃至全球货币体系中的地位、作用远不及人民币。港元汇率自 1983 年 10 月开始采用现代联系汇率机制与美元挂钩,终结了此前困扰香港的汇率不稳定问题。此机制自实施以来运行良好,使金融机构和企业都有稳定的预期,从而降低交易成本,减少了投机活动引发的汇率波动。然而,随着美债规模急剧上升和美元波动加剧,与美元挂钩的港元也受到巨大的波动冲击,进而引发香港资产价格的波动,不利于香港经济的平稳增长。与此同时,港元在香港金融体系中更多的是充当交易职能,并不具备国际货币的属性。1997 年,国际金融危机时,面对国际资本的冲击,香港保持币值稳定的外汇储备能力有限,中央政府曾给予大力支持。

因此,在全球货币体系面临大变局的当下,香港更应当将推动人民币国际化作为货币体系建设的核心。在此过程中,深圳扎实的外贸基础、高度活跃的市场和领先的金融科技应用能力,既具有参与人民币交易、支付、结算的巨大需求,能够为跨境人民币的风险防范提供技术支撑,同时为香港巩固离岸人民币中心地位创造有利条件。在对外贸易方面,深圳出口总值连续 29 年居全国各大外贸城市首位;在法定数字货币研发和应用方面,深圳已经开拓了诸多应用场景。因此,香港与深圳两地可以集合人民币的结算、技术和市场优势,共同助力人民币投融资和资产配置中心的打造。

(三)共同打造国际顶尖机构

香港聚集了大量的国际化顶尖大型机构,但大型本土机构极其缺乏。以金融行业为例,香港代表性本地金融机构以银行业为主,主要包括汇丰银行、中银香港、恒生银行、渣打银行(香港)、中国工商银行(亚洲)、东亚银行、中国建设银行(亚洲)、星展银行(香港)、南洋商业银行等,且多数为中资或外资持股银行。香港本地机构规模偏小、盈利能力有限,导致香港面临发展根基不牢和抗外部风险能力较弱的突出问题。香港国际金融中心更多的是为境外机构和国际资本服务,对大湾区的支持辐射作用有限。

相比较而言,深圳已经孕育了一批大型本地机构。在世界 500 强企业方面,2021 年,深圳以 8 席位居中国城市第四名。与此同时,深圳在新能源、智能制造等领域已拥有一批规模大、创新力强、具备冲击世界 500 强的千亿级或是接近千亿级的领军企业。因此,香港机构需要通过与深圳机构的深度合作,从根本上解决自身产业根基不足的突出问题,而深圳机构也需要借助香港国际化平台走向世界,提升国际竞争力和话语权。

(四)推动金融基础设施共享

目前香港已形成先进、稳健的支付清算系统。一是支付系统,主要用于完成银行同业之间的支付交易。香港的支付系统由香港银行同业结算有限公司运营,可进行港元、美元、欧元及人民币的银行同业结算及交收服务。此外,香港为了保证外汇交易涉及的两种货币的支付于同一时间完成,采用了外汇交易同步交收机制。香港的港元、美元、欧元及人民币实时全额支付系统(RTGS)系统互为相连,两两货币之间的交易都能实现同步交收,大大提高了交收效率,消除因时差引起的交收风险。

二是债务工具中央结算系统(CMU 系统),用于托管和交收各类债券。香港金管局于 1990 年推出债务工具中央结算系统,为外汇基金票据及债券提供结算交收服务,随后结算交收服务的产品范围不断拓展,并陆续与国际托管结算系统联网。为了发展一套高质高效的跨境债券投资和交收基础设施,促进亚洲债券市场的发展,香港金管局联合欧洲清算银行及亚洲区多个央行及中央证券托管机构组成亚洲中央结算系统联盟旗下的专责小组,并于 2012 年 3 月推出跨境债券投资及交收试行平台。该平台可以为全球及境内投资者提供包括环球证券数据库、国际及境内债券资料、单一接入等服务,让投资者可以通过其在境内系统的账户买卖国际债券。在试行平台的基础上,2012 年 6 月推出跨境跨币抵押品管理服务,金融机构可以将存放在某参与地区系统内的证券作为抵押品,在另一参与地区借取资金。该服务促进了香港回购协议市场的发展。未来该试行平台还将推出企业行动等其他附加服务。

三是系统间的联网,可以完成本地和境外间的外汇交易同步交收和货银两讫(DVP)交收服务。香港一直以满足经济活动需要为指导,发展各类金融基础设施。为了处理跨境经济及金融交易,香港实现了与其他地区的支付和债券系统的联网,形成了方便的支付和交收网络。

相比较而言,境内的金融基础设施主要集中在上海和北京,深圳在全国性金融基础设施的建设上明显滞后(见表 2-2),因此,深圳通过与香港金融基础设施的共享共建,既能够提升香港金融基础设施的使用效率,又能够快速补齐深圳金融基础设施的“短板”。尤其是可以探索香港与深圳共建知识产权交易中心、共同设立中国碳银行等方式,推动新型金融基础设施的创设。

表 2-2　内地金融基础设施建设概况

类别	名称	设立日期	所在地
交易系统	郑州商品交易所	1990 年 10 月 12 日	郑州
	上海证券交易所	1990 年 11 月 26 日	上海
	深圳证券交易所	1990 年 12 月 1 日	深圳
	大连商品交易所	1993 年 2 月 28 日	大连
	中国外汇交易中心（全国银行间同业拆借中心）	1994 年 4 月 18 日	总部设在上海张江,在上海外滩和北京建有数据备份中心和异地灾备中心
	上海期货交易所	1999 年 12 月	上海,由上海金属交易所、上海粮油商品交易所、上海商品交易所合并而成
	上海黄金交易所	2002 年 10 月	上海,在深圳设有备份交易中心
	中国金融期货交易所股份有限公司	2006 年 9 月 8 日	上海
	全国中小企业股份转让系统有限责任公司	2012 年 9 月 20 日	北京
	机构间私募产品报价与服务系统（中证机构间报价系统股份有限公司）	2013 年 2 月 27 日	北京
	上海国际能源交易中心股份有限公司	2013 年 11 月 6 日	上海自贸区
	银行业信贷资产登记流转中心有限公司	2014 年 6 月 10 日	北京
	贵阳大数据交易所有限责任公司	2014 年 12 月 31 日	总部位于贵阳,已建成北京、上海、深圳和成都四大运营中心
	上海石油天然气交易中心有限公司	2015 年 3 月 4 日	上海自贸区
	上海保险交易所股份有限公司	2016 年 6 月 6 日	上海自贸区
	上海票据交易所股份有限公司	2016 年 12 月 5 日	上海
	广州期货交易所	2021 年 4 月 19 日	广州
	北京证券交易所	2021 年 11 月 15 日	北京

续表

类别	名称	设立日期	所在地
支付系统	中国人民银行清算总中心（中国国家现代化支付系统,CNAPS）	20 世纪 90 年代初期开始起步	总部位于北京,在全国设有 32 个清算中心
	中国银联股份有限公司	2002 年 3 月 26 日	上海
	城市商业银行资金清算中心	2002 年 9 月 25 日	上海
	农信银资金清算中心	2006 年 5 月 18 日	北京
	跨境银行间支付清算（上海）有限责任公司（人民币跨境支付系统,CIPS）	2015 年 7 月 31 日	上海
	网联清算有限公司	2017 年 8 月 29 日	北京
登记托管结算系统	中央国债登记结算有限责任公司	1996 年	北京,设有上海总部和深圳客户服务中心
	中国证券登记结算有限公司	2001 年 3 月 30 日	总部位于北京,在上海、深圳、北京、香港设有分公司
	银行间市场清算所股份有限公司（上海清算所）	2009 年 11 月 28 日	上海
	中国银行保险信息技术管理有限公司	2013 年 7 月	北京
	银行业理财登记托管中心有限公司	2016 年 1 月 20 日	北京
	中国信托登记有限责任公司	2016 年 12 月 19 日	上海自贸区
	中保保险资产登记交易系统有限公司	2017 年 3 月	上海

资料来源:根据各金融基础设施资料整理所得。

二、香港与深圳科技产业合作的切入点

香港科技产业的核心优势在于其拥有一批世界领先的科研平台,包括科研院校、国家重点实验室、大型科技研发中心和创新平台等,能够为前沿科技的基础研究提供坚实基础。同时,香港高度开放的环境有利于吸引全球高端人才来港发展。然而,香港由于缺乏核心科技企业,导致其在专利储备、技术成果转化、应用场景等方面面临"短板"。

深圳在应用型研究方面处于全球前列,在数字化、智能化等领域,与国际标杆城市基本处于同一起跑线,甚至处于全球的"领跑"地位。在企业结构方面,既拥有华为、大疆等一批国际科技巨头,也拥有一大批中小民营创新主体。截至 2021 年年底,深圳商事主体达 380.4 万户,每千人拥有商事主体 215.7 户,拥有企业 136.7 户,创业密度全国最高。在企业数量增长方面,2015—2021 年,深圳商事主体总量的年均增长率达到 20.0%以上,为深圳经济的增长提供了源源不断的动力。然而,在基础研究方面,深圳与全球基础研究的标杆——硅谷仍然存在一定差距。硅谷在 20 世纪 80 年代引领第三次工业革命,诞生了一批世界领先的企业。正是得益于第三次工业革命确立的先发优势,其他地区通常只能享有硅谷核心技术的使用权,而无法享受核心技术的共同开发权,因此,硅谷至今仍然通过成本壁垒和技术壁垒在部分核心技术研发和使用上占据主动。中国由于在核心技术的研发上起步较晚,易于受到其他境外企业的技术掣肘,这是深圳乃至中国急需补齐的"短板"。在以信息化、智能化、数字化和新能源、新材料为主的"第四次工业革命"渐行渐近的当下,更加应当集合香港与深圳两地科技优势,在新一轮工业革命中实现研发和科技的"弯道超车"。

三、香港与深圳海洋产业合作的切入点

海洋是潜力巨大的资源宝库,也是支撑未来发展的战略空间。当今世界新技术不断取得重大突破,孕育和催生新的海洋产业,为解决人类社会发展面临的食物、健康、能源等重大问题开辟了崭新的路径。世界沿海各国高度重视发展海洋产业,力争抢占海洋科技和产业发展的制高点。海洋资源分布于海底或海水中,决定了海洋资源的开发难度大,需要大量资金和高新科学技术。同时,随着海洋开发的力度不断加大,海洋生态环境也面临越来越大的压力,海洋污染造成部分近岸海洋生态系统退化,濒危珍稀海洋生物持续减少,海洋生态灾害时有发生,影响海洋经济的可持续发展。因此,在海洋资源开发与海洋环境保护并举的过程中,必须加强区域合作,共同促进海洋产业的现代化与生态化发展。

香港与深圳都是海滨城市,地理上毗邻,在海洋产业合作方面具有巨大潜力和基础。按照三次产业分类标准,海洋第一产业主要包括海洋捕捞业和海水养殖业;第二产业主要包括海洋盐业、海洋油气业、海洋船舶工业、海洋高科技产业等;第三产业主要包括海洋交通运输业、滨海旅游业、海洋金融、海洋服务业等。香港在海洋第三产业发展上独具优势,深圳在海洋第二产业方面具有相当基础,具备产业互补的基础。与此同时,香港与深圳两地海洋产业都面临产业总体规模有待进一步拓展、海洋新兴产业的比重需大幅提高、海洋科技支撑能力亟待不断加强、海洋生态环境压力较大等问题,需要加快产业合作步伐,将海洋产业做大做强。香港与深圳可以通过海洋科技联合开发、海洋服务业(贸易、金融等)合作,共同为广东乃至全国的海洋产业发展提供技术和模式参考。此外,香港与深圳可共同探索海洋环境监测和保护,发挥香港国际化优势,积极参与国际海洋治理,共建全球海洋文化中心和城市群。

四、香港与深圳民生事业合作的切入点

坚持人民至上是中国共产党百年奋斗的重要历史经验,实现高质量发展必须坚持以人民为中心,增强人民幸福感、获得感,把促进社会和谐,实现全体人民共同富裕摆在更加重要位置上。因此,香港人均地区生产总值达到发达经济体水平,民生事业具有较长时间积累,总体处于全球领先水平,但随着经济增长速度放缓和人口老龄化,民生事业的持续发展面临较大压力。改革开放以来,深圳由于人口增长迅速,民生事业发展速度难以适应日益增长的民生需求,必须进一步加大民生投入,在先行示范区战略引领下朝着"幼有善育、学有优教、劳有厚得、病有良医、老有颐养、住有宜居、弱有众扶"民生七大目标迈进。

因此,随着香港与深圳经贸往来日益密切,人员流动日益频繁,香港与深圳两地产业合作需要着眼于共同推进民生事业,分享民生福利,打造民生幸福标杆,促进香港人心回归。一是推动香港与深圳两地人员便利流动,为民生资源共享创造前提条件。二是通过技术手段实现教育、医疗等民生服务资源的共享,提高资源使用效率。三是为香港与深圳两地人

员在长居地享受与户籍地同等的民生服务提供便利化举措。四是通过挖潜增效、发展民生科技、培养专业服务人员,提高民生服务供给质量。

五、香港与深圳生态产业合作的切入点

气候变化是全球共同面临的挑战,国家提出 2030 年碳达峰、2060 年碳中和目标,对生态产业发展提出了更高要求。香港因为发展时间较长,目前以服务业为主,已实现碳达峰,有望率先实现碳中和;深圳提出率先打造人与自然和谐共生的美丽中国典范,到 2025 年生态环境质量达到国际先进水平,香港与深圳在生态产业发展方面目标一致。香港科研基础扎实,深圳科技产业发达,未来应进一步推动在生态环境保护、生态技术研发和应用、低碳生活方式推广、环境金融等方面的合作。

一是共同做好生态环境的监测和保护,利用物联网、卫星等新技术,对生态环境和碳排放等指标进行实时监测,保护好山水林田湖草。二是共同研发低碳节能减排技术,发挥香港的技术优势和深圳的产业化优势,推动相关成果产业化。三是大力发展新能源,逐步淘汰传统燃油汽车,发展新能源汽车,发展氢能、海上风电、核能等,降低对化石能源的依赖。四是发展碳金融,建设区域性碳市场,打造全球碳交易中心,发展碳金融相关产品和服务,建立碳金融人才标准,促进金融资源投向低碳节能减排领域。五是发展巨灾金融产品,发挥香港与深圳两地金融业优势,开发巨灾保险、巨灾债券等金融产品应对气候变化风险。

第三章　香港与深圳两地发展关系

改革开放以来,香港与深圳两地的关系经历了多次重大变化。改革开放初期,香港在经济总量上是中国名副其实的第一大城市,而深圳仅为一座冉冉升起的崭新城市,此时的香港是深圳全方位学习的榜样。在随后的近20年改革开放时间里,深圳充分利用香港的资本和经验,通过大刀阔斧的体制机制创新,以举世瞩目的"深圳速度"实现了经济的第一次腾飞,而香港得益于改革开放的巨大红利,在全球发达城市中的地位显著提升。香港自回归后,发展条件更加优越,既享有"一国两制"的高度自治优势,又进一步得到中央和内地城市的全力支持。然而,香港仍未成功实现产业转型,经济增速明显低于部分内地城市,多次经历风险冲击和社会问题,曾经的绝对优势已逐渐丧失。对比深圳,正是在2000年前后,通过大力推动科技产业发展,把握了产业转型的战略机遇,进而打造了金融与科技双轮驱动的第二次黄金增长期。时至今日,香港传统支柱产业的可持续发展面临严峻挑战,而深圳已经在诸多领域实现了对香港的追赶和反超。

基于此,本章通过对香港与深圳两地的经济水平、产业水平、企业发展水平、社会治理水平进行全方位对比,深入思考香港与深圳两地的发展水平和城市竞争力所发生的根本性变化,进而提出以更加理性、客观、平等的姿态看待香港与深圳两地发展关系,明确香港与深圳两地的重大发展使命和显著的优势互补特征,助力香港摆脱发展困境,推动深圳实现更高质量发展。

第一节　香港与深圳的发展对比

一、经济水平比较

（一）生产总值与人均生产总值比较

在改革开放政策的指引下,中国总体经济实力实现了质的飞跃。得益于改革开放后中国经济实力的快速提升,香港和内地主要城市也呈现出良好的发展态势。然而,与深圳等内地城市相比,香港的发展相对滞后,改革开放初期的绝对经济优势已经不复存在,只在局部领域存在比较优势。从 1978 年的地区生产总值来看,香港的地区生产总值达到 180.0 亿美元,根据当年官方公布的人民币兑美元汇率 1.7 换算,香港的地区生产总值为 306.0 亿元人民币,相当于当时上海的 1.1 倍、北京的 2.8 倍。若按照当时中美实际生产力进行汇率折算,预计香港的地区生产总值能够达到上海地区生产总值的 3—5 倍。因此,从经济总量看,香港是当时名副其实的中国第一大城市。正因为如此,邓小平同志在改革开放初期提出要以香港为范例,着力在内地打造几个小香港。然而,随着内地城市的不断崛起,香港在国内的经济地位不断下降,2021 年地区生产总值居全国第六,其地区生产总值占中国生产总值的比重由 1997 年的 18.4% 降低到 2021 年的 2.1%。上海与北京地区生产总值分别于 2009 年和 2011 年超越香港,2021 年,上海和北京的地区生产总值分别达到香港的 1.8 倍和 1.7 倍。2018 年之后,深圳、广州、重庆也已经陆续赶超香港。不久的将来,苏州也具有赶超香港的潜力(见表 3-1)。

表 3-1　1978 年与 2021 年内地主要城市生产总值比较

1978 年			2021 年		
排名	城市	地区生产总值（亿元）	排名	城市	地区生产总值（亿元）
1	上海	272.8	1	上海	43214.9

续表

1978 年			2021 年		
排名	城市	地区生产总值（亿元）	排名	城市	地区生产总值（亿元）
2	北京	108.8	2	北京	40269.6
3	天津	82.7	3	深圳	30664.9
4	重庆	71.7	4	广州	28232.0
5	沈阳	43.6	5	重庆	27894.0
6	广州	43.1	6	苏州	22718.3
7	大连	42.1	7	成都	19917.0
8	武汉	39.9	8	杭州	18109.0
9	哈尔滨	39.3	9	武汉	17716.8
10	青岛	38.4	10	南京	16355.3
11	成都	35.9	11	天津	15695.1
12	南京	34.4	12	宁波	14594.9
13	鞍山	32.8	13	青岛	14136.5
14	大庆	32.5	14	无锡	14003.2
15	苏州	31.9	15	长沙	13270.7
16	南通	29.4	16	郑州	12691.0
17	唐山	29.1	17	佛山	12156.5
18	杭州	28.4	18	济南	11432.2
19	长春	27.9	19	合肥	11412.8
20	烟台	25.8	20	福州	11324.5

资料来源:根据各城市官方公布数据整理所得。

　　深圳在 40 多年改革开放中的表现尤为亮眼,其地区生产总值从 1979 年的 2.0 亿元增长至 2021 年的 3.1 万亿元,实现了 15000 倍的增长,而同期香港仅增长约 20 倍。从 1980—2021 年的地区生产总值增速来看,只有 1986 年和 1994 年两年,香港的地区生产总值增速高于深圳。正因为如此,深圳从改革开放初期的小渔村,一跃成为能与香港比肩的全球和中国一线城市(见图 3-1)。

　　从国际地区生产总值排名来看,2021 年深圳地区生产总值首次跻身

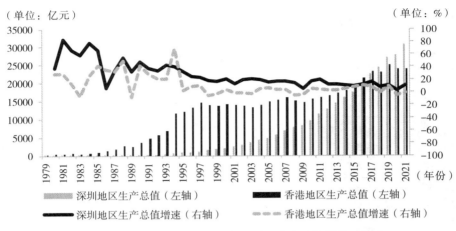

（单位：亿元）
（单位：%）

图 3-1　1979—2021 年深圳与香港地区生产总值及增速对比

资料来源：深圳市统计局官网、香港特别行政区政府统计处官网。

全球前十，相比全球第八的芝加哥还有近 800 亿美元的差距。按照深圳目前的发展势头，预计深圳经济总量在未来 3—5 年能够超越芝加哥，跻身全球第八（见表 3-2）。

表 3-2　2021 年全球城市地区生产总值前 10 强（单位：百亿美元）

排名	城市	生产总值	排名	城市	生产总值
1	美国纽约	112.0	6	法国巴黎	65.8
2	日本东京	102.0	7	中国北京	62.3
3	美国洛杉矶	85.0	8	美国芝加哥	55.1
4	中国上海	67.0	9	美国费城	53.2
5	英国伦敦	66.0	10	中国深圳	47.4

资料来源：万得（Wind）数据库。

从香港与深圳人均地区生产总值来看，深圳的人均地区生产总值总体呈现快速增长的势头，2021 年人均地区生产总值达到 17.5 万元，并不断缩小与香港之间的差距，由 1978 年的 11.2 倍缩小至 2021 年的 1.8 倍。然而，从绝对值来看，香港因其服务业的高度发达以及长期形成的自由贸易政策和地理位置优势，人均地区生产总值一直处于国际领先水平，

2021 年人均地区生产总值达到 31.9 万元,高出深圳 14.5 万元(见图 3-2)。但不可忽视的是,香港的住房成本和其他生活成本高企,且社会阶层相对固化,导致贫富差距相当严重,普通民众幸福感越来越差,进而引发一系列社会问题。

（单位：元）

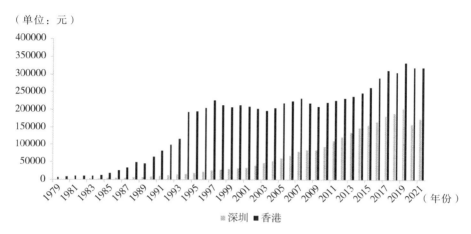

图 3-2　1979—2021 年深圳与香港人均地区生产总值对比
资料来源:深圳市统计局官网、香港特别行政区政府统计处官网。

　　人口红利是支撑深圳经济快速增长的重要因素,深圳已从 1978 年的 3 万人左右,增长到 2021 年常住人口总量 1756 万人、实际管理人口超过 2300 万人、与中国台湾地区人口相当的特大城市,2010—2020 年的 10 年时间里,深圳人口净增 700 多万,稳居全国第一。更为重要的是,深圳平均年龄仅为 33 岁左右,人口红利带来的优势显著,并且将会持续较长一段时间。相比较而言,香港 2021 年人口约为 739.5 万人,相比于 1978 年的 466.8 万人仅增长 58.4%,并未充分享受人口增长的红利,这与香港以资本密集型产业为主而人口密集型产业较弱的结构存在密切的关系。

　　（二）财政收入比较

　　1.财政收入总量对比

　　由于深圳长期以来保持着良好的发展态势,因而地方财政收入也呈现稳步上升趋势,由 1990 年的 21.7 亿元增长至 2021 年的 4257.8 亿元,首次突破 4000 亿元,已接近香港的 4570.2 亿元。香港历史上经历过财政收入的快速增长阶段,但由于经济受到多次冲击,导致财政收入也呈现曲折上行的态势。2018 年以来,香港财政收入已经连续三年出现下滑,累计下滑比例达到 5.9%。2022 年,在严重疫情的影响下,香港的财政收入预计将进一步下滑(见图 3-3)。

（单位：亿元）

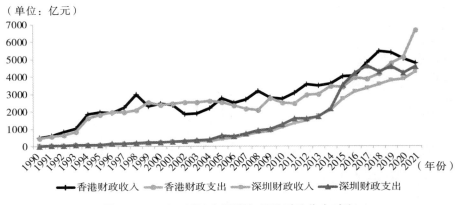

图 3-3　1990—2021 年深圳与香港财政收支对比

资料来源:深圳市统计局官网、香港特别行政区政府统计处官网。

与此同时,2021 年,来源于深圳辖区的一般公共预算收入首次超过万亿元,达到 11110.0 亿元,比 2020 年增长 13.5%。单位面积财政收入和税源密度居全国城市首位,每平方千米产出财政收入超 5.5 亿元(不含深汕特别合作区)。

2. 财政收入质量对比

深圳高质量发展的典型特征之一是地方财政收入质量高,一方面体现在深圳地方政府负债水平较低,另一方面体现在对土地出让收入依赖性最小。

从负债水平来看,深圳量入为出,财政支出增长与财政收入增长基本同步,赤字维持在较低水平,是内地财政最健康的城市之一。2020 年从内地四大一线城市负债情况来看,深圳债务率和负债率分别为 22.8% 和 3.2%,均远低于北京、上海和广州等内地一线城市(见表 3-3)。而根据相关数据,香港财政支出总体呈现上升趋势,近年来增速明显加快,2016 年至今负债率一直维持在 40.0% 以上,2021 年财政赤字近 2000 亿元,财政支出已远高于财政收入。随着香港老龄化的加重,财政支出将有增无减,若不能找到新的经济增长点,不能获得新的财政收入来源,财政赤字可能继续扩大。

表 3-3　2016—2020 年内地四大一线城市负债情况对比　（单位:%）

年份	北京		上海		深圳		广州	
	债务率	负债率	债务率	负债率	债务率	负债率	债务率	负债率
2016	73.7	14.6	70.0	15.9	4.1	0.7	148.9	10.6
2017	71.4	13.8	70.7	15.3	3.5	0.5	143.1	10.2
2018	73.4	12.8	70.8	14.0	4.1	0.6	147.1	10.5
2019	85.3	14.0	79.9	15.0	11.4	1.6	159.8	11.5
2020	110.6	16.8	97.8	17.8	22.8	3.2	181.5	12.5

注:城市债务水平仅统计一般债务与专项债务两项。
资料来源:万得(Wind)数据库。

从土地出让收入来看,深圳无论是过去 5 年还是 2021 年的土地出让收入均排在内地城市的 10 名以后,而上海、杭州、广州、北京等国内一线城市或准一线城市的土地出让收入均明显高于深圳,说明深圳对土地财政的依赖度较小(见表 3-4)。而根据相关数据,香港过去 5 年土地出让收入大致保持在每年 1000 亿港元以上的水平,5 年累计土地出让收入预计超过 4500 亿元人民币,同样高于深圳。

表 3-4　内地部分城市土地出让收入排名　（单位:亿元）

排名	过去 5 年土地出让收入		2021 年土地出让收入	
	城市	土地出让收入	城市	土地出让收入
1	杭州	13056	上海	3323
2	上海	11648	杭州	3084
3	北京	10476	广州	2524
4	广州	9483	北京	2341
5	南京	8561	南京	2114
6	武汉	8489	武汉	1944

续表

排名	过去 5 年土地出让收入		2021 年土地出让收入	
	城市	土地出让收入	城市	土地出让收入
7	成都	6078	成都	1612
8	天津	5793	苏州	1422
9	苏州	5645	重庆	1262
10	重庆	5578	天津	1131
11	佛山	4898	深圳	1121
12	郑州	4412	西安	1090
13	宁波	4360	佛山	937
14	深圳	4115	无锡	934
15	西安	3886	济南	886
16	济南	3795	郑州	857
17	青岛	3258	长沙	823
18	福州	3046	厦门	820
19	无锡	2999	宁波	811
20	昆明	2995	南通	795
21	常州	2822	常州	793
22	厦门	2744	青岛	691
23	温州	2662	合肥	661
24	长沙	2615	东莞	655
25	合肥	2559	贵阳	631
26	南通	2551	温州	598
27	东莞	2358	长春	582
28	贵阳	2211	福州	524
29	长春	2207	徐州	461
30	沈阳	2131	沈阳	447

资料来源：万得（Wind）数据库。

(三)人均收入比较

从人均收入来看,香港在20世纪90年代初经历过一段快速增长,人均收入迈过20万元人民币门槛,达到发达国家水平。受内地和香港加强经贸关系利好影响,香港人均收入在2013年左右迎来又一波增长,迈过30万元人民币大关。但2020年以来,受社会矛盾和新冠肺炎疫情等因素影响,香港人均收入下滑较为明显。深圳的人均收入一直呈稳定增长态势,2021年人均收入达到7.1万元,在内地各大城市中名列前茅,但仍然只有香港的五分之一左右,说明深圳还有很大的提升空间。在注重提升人均收入的同时,也着力解决贫富差距较大的问题,推动共同富裕的进程(见图3-4)。

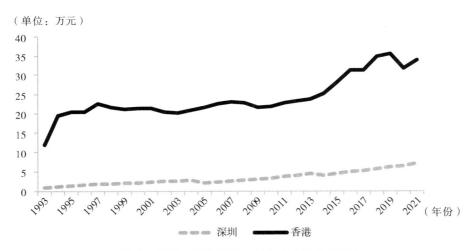

（单位：万元）

图3-4　1993—2021年深圳与香港人均收入对比

资料来源:深圳市统计局官网、香港特别行政区政府统计处官网。

二、产业水平比较

(一)产业结构比较

1978年以来,中国的产业结构发生了重大变化,改革开放初期,第三产业较弱,第一产业占比相对较高,第二产业的支柱地位明显,总体呈现"二一三"的产业格局。第三产业保持较快增长,1985年占比首次超过第一产业,由"二一三"的产业格局转变为"二三一"的格局。2012 年,第三产业占比首次超过第二产业,"二三一"的格局进一步转变为"三二一"的格局,体现出中国迈向现代化强国的转型特征。从占比来看,第一产业占比整体呈现下行趋势,由改革开放初期的 27.7%左右下降到 2021 年的7.3%。相反,第三产业占比上升明显,由改革开放初期的 24.6%上升到2021 年的 53.3%。第二产业占比则大致保持在 40.0%—50.0%之间,符合中国作为全球制造业大国的特征(见图 3-5)。

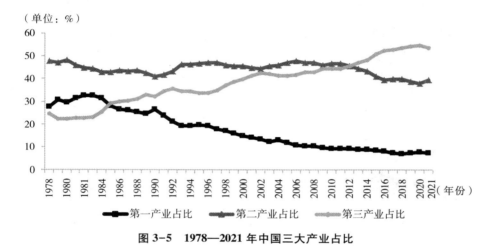

图 3-5　1978—2021 年中国三大产业占比

资料来源:国家统计局官网。

　　深圳三大产业占比与全国具有一定的关联性,同时也有特殊性,其主要特征是第一产业占比逐渐下降至 0 附近,第三产业占比从 42.5%逐步上升到 62.9%以上,第二产业占比在改革开放初期经历快速提升后,总体保持在 40.0%—50.0%,但 2005 年达到 53.8%的峰值后呈现一定的下降趋势,经济存在一定的脱实向虚风险(见图 3-6)。相比较而言,香港第一产业占比接近 0,第二产业占比基本处于 10.0%以下,而第三产业占比长期保持在 90.0%左右,明显高于深圳第三产业占比。尽管较高的第三产业占比是发达经济体的标志,但过度依赖第三产业说明缺乏实体经济的支撑,易造成经济不稳定性和资产泡沫(见图 3-7)。

（单位：%）

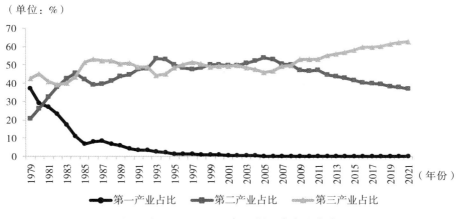

图 3-6　1979—2021 年深圳三大产业占比
资料来源:深圳市统计局官网。

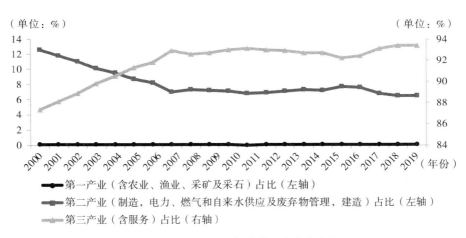

图 3-7　2000—2019 年香港三大产业占比
资料来源:香港特别行政区政府统计处官网。

（二）科技比较

从科技对比来看,深圳作为一座比肩一流的科创之城,其研发支出和研发强度(研发支出占地区生产总值比重)一直保持较快增长,研发支出从 2007 年的 182.6 亿元增长至 2020 年的 1674.3 亿元,增幅达到 8.1 倍,研发强度也由 2007 年的 2.7%提高至 2021 年的 5.5%,未来五年预计将持续保持在 5.5%—6.0% 的高水平。相比较而言,香港的研发支出和研发强度明显偏低,研发支出从 2007 年的 116.2 亿元增长至 2020 年的 222.8 亿元,增幅仅为 0.9 倍,而研发强度从 2007 年的 0.8% 增长至 2020 年的 1.0%,不及深圳的五分之一,反映出香港在科技创新力度尤其是应用研究能力上与深圳仍然存在较大差距(见图 3-8)。

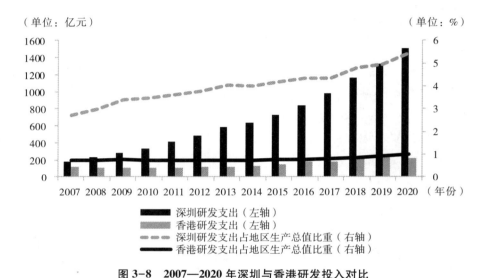

图 3-8 2007—2020 年深圳与香港研发投入对比

资料来源:深圳市统计局官网、香港特别行政区政府统计处官网。

与深圳高强度的科技投入直接相关的是深圳战略性新兴产业增加值的快速增长。深圳 2021 年战略性新兴产业增加值为 1.1 万亿元,是 2009 年的 4.9 倍,占地区生产总值的比重由 2009 年的 27.6% 提高到 2021 年的 38.6%(见图 3-9)。《深圳市科技创新"十四五"规划》明确提出"20+8"技术主攻方向,包括七大战略性新兴产业(20 大产业集群)和八大未来产业。其中,七大战略性新兴产业(20 大产业集群)包括:新一代电子信息、数字与时尚、高端制造装备、绿色低碳、新材料、生物医药与健康以及海洋产业。在深圳产业集群的战略布局下,未来五年预计战略性新兴产业增加值将超过 1.5 万亿元,占地区生产总值比重稳定在 37.0%—38.0%。

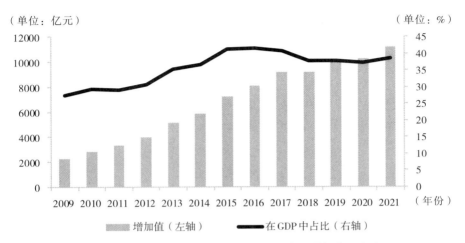

（单位：%）

图 3-9 2009—2021 年深圳战略性新兴产业增加值及占比

资料来源：深圳市统计局官网。

（三）金融比较

1. 金融增加值比较

深圳与香港尽管都将金融业作为支柱产业，但其增长特征和占地区生产总值的比重仍然存在较大差异。2000 年以来，深圳金融增长更加快速和稳健，涌现出一批具有竞争力的本地金融机构，金融增加值从 2000 年的 221.5 亿元增长至 2021 年的 4738.8 亿元，增长 20.4 倍左右，金融增加值与香港的差距明显缩小。2000 年，深圳金融增加值仅为香港的八分之一，而到 2021 年，深圳金融增加值已经达到香港的 92.2% 以上，绝对差距也由 2000 年的 1500 亿元左右缩小至 2020 年的 400 亿元以下。相比较而言，香港金融的增长幅度相对缓慢，且在 2001 年、2008 年出现负增长，说明由于受到香港本地大型金融机构相对缺乏等因素的影响，香港金融业表现出一定的脆弱性，易受到外部风险的冲击。

从金融增加值占地区生产总值比重来看，深圳由 2000 年的 10.1% 小幅上升至 2021 年的 15.4%。在此期间，金融增加值占比经历过一定的波动，在 2005 年一度降至 6.2%。总体而言，2009 年之后，深圳金融增长幅度与经济增长幅度基本保持一致，体现出金融服务实体经济的特性。

《深圳市金融业高质量发展"十四五"规划》提出,2025 年的深圳金融业占地区生产总值比重将达到 16.0% 左右,而香港金融业增长幅度明显快于经济增长,2020 年金融增加值占地区生产总值比重达到 22.7% 的高点,相比于 2000 年增长近 12 个百分点,反映出香港金融业可能存在资本无序扩张的特征,且在缺乏实体经济支撑的情况下,对金融业的过度倚重可能不利于经济的平稳运行(见图 3-10)。

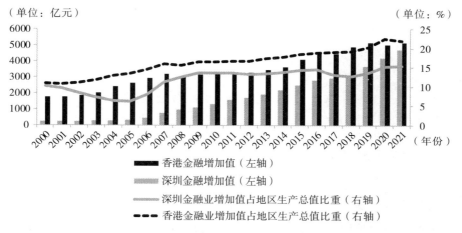

图 3-10　2000—2021 年深圳与香港金融增加值对比

资料来源:深圳市统计局官网、香港特别行政区政府统计处官网。

2. 金融市场比较

港交所与深交所是香港与深圳两地最为核心的金融基础设施。深交所的比较优势在于成交金额。2015—2021 年,深交所的成交金额大致保持在港交所的 3—6 倍,充分说明深圳具有中国最具活力的资本市场。港交所的比较优势在于首次公开发行募资金额,2015—2021 年,港交所的首次公开发行募资金额全面领先深交所,2018 年达到深交所的 4.9 倍。这既是由于深交所主板首次公开发行长期未放开,同时也由于港交所于 2017 年年底允许"同股不同权"的公司在主板上市,吸引了大量内地企业赴港上市。除此之外,香港与深圳两大交易所股票数量大致相当,总市值和首次公开发行数量受到当年市场行情及监管情况等因素的影响而互有领先(见表 3-5)。

表 3-5　2015—2021 年香港与深圳两大交易所对比

年份	交易场所	总市值（亿元人民币）	股票数量	成交金额（亿元人民币）	IPO 企业数量	IPO 募资金额（亿元人民币）
2015	深交所	236110	1746	1361051	130	491
	港交所	206748	1866	218533	138	2203
2016	深交所	223078	1870	934426	124	479
	港交所	222533	1973	147357	126	1752
2017	深交所	235761	2089	814333	222	925
	港交所	283441	2118	180985	174	1071
2018	深交所	165409	2134	735739	48	513
	港交所	331392	2315	232166	218	2517
2019	深交所	237415	2205	1007863	78	646
	港交所	341124	2449	191634	183	2809
2020	深交所	341917	2354	1622197	161	1265
	港交所	398783	2538	269448	154	3358
2021	深交所	396390	2578	1953794	232	1697
	港交所	345940	2572	336155	98	2684

资料来源：深圳证券交易所官网、香港证券交易所官网。

值得关注的是，近几年，内地企业已经在香港资本市场发挥了主导作用，而香港本地企业对资本市场的贡献日渐式微。2021 年内地企业总市值在港交所中占比达到 79.0%，数量占比达到 53.0%。2021 年赴港上市的首次公开发行企业中，内地企业数量占比 89.0%，募资金额占比 98.0%。

3. 银行存贷比较

银行存贷款数据在一定程度上反映了一个地区的资金规模和资本集聚能力。从规模来看，深圳 2021 年存款和贷款余额分别为 11.3 万亿元和 7.7 万亿元，存贷款规模已经与广州拉开一定距离，与香港的规模逐渐接近，存款与贷款分别达到香港的 91.1% 和 86.5%。与北京、上海相比，深圳存贷款规模仍然有较大差距，存款规模仅为北京的 56.5%、上海的 64.2%，贷款规模为北京的 86.7%、上海的 80.4%。然而，深圳的存贷比相比于北京和上海明显占优。2021 年深圳存贷比达到 68.1%,而北京和上海的存贷比分别为 44.5% 和 54.5%。较高的存贷比反映出深圳银行业的经营效益较好。当然,在存贷比指标上,广州和香港也保持了较高水平。

从存贷款增速来看,深圳相比于其他四大城市表现出明显的优势,2004—2020 年的存款和贷款年平均增速分别达到 17.0% 和 16.0%,而香港在同期的存款和贷款年平均增速分别为 6.9% 和 8.4%,在五大城市中增速垫底,且 2020 年存款和贷款都出现不同程度的下滑。预计在 2022—2023 年,深圳的存款和贷款将实现对香港的超越(见表 3-6)。

表 3-6 2003—2021 年国内一线城市银行存贷款对比

年份	存贷款余额(单位:万亿元)									
	北京		上海		深圳		广州		香港	
	存款	贷款	存款	贷款	存款	贷款	存款	贷款	存款	贷款
2003	2.0	1.2	1.7	1.3	0.7	0.5	—	—	3.8	2.2
2004	2.4	1.4	2.0	1.5	0.8	0.7	—	—	4.1	2.3
2005	2.9	1.5	2.3	1.7	0.9	0.8	—	—	4.2	2.4
2006	3.4	1.8	2.6	1.9	1.1	0.8	—	—	4.8	2.5
2007	3.8	2.0	3.0	2.2	1.3	1.0	—	—	5.5	2.8
2008	4.4	2.3	3.6	2.4	1.4	1.1	1.7	1.1	5.4	2.9
2009	5.7	3.1	4.5	3.0	1.8	1.5	2.1	1.4	5.6	2.9
2010	6.7	3.6	5.2	3.4	2.2	1.7	2.4	1.6	5.8	3.6
2011	7.5	4.0	5.8	3.7	2.5	1.9	2.6	1.8	6.2	4.1
2012	8.5	4.3	6.4	4.1	3.0	2.2	3.0	2.0	6.7	4.5
2013	9.2	4.8	6.9	4.4	3.4	2.5	3.4	2.2	7.2	5.0
2014	10.0	5.4	7.4	4.8	3.7	2.8	3.5	2.4	8.1	5.8
2015	12.9	5.9	10.4	5.3	5.8	3.2	4.3	2.7	9.1	6.4
2016	13.8	6.4	11.1	6.0	6.4	4.1	4.8	3.0	10.6	7.2
2017	14.4	7.0	11.3	6.7	7.0	4.6	5.1	3.4	10.6	7.8
2018	15.7	7.0	12.1	7.3	7.3	5.3	5.5	4.1	11.8	8.5
2019	17.1	7.7	13.3	8.0	8.4	5.9	5.9	4.7	12.3	9.3

续表

年份	存贷款余额(单位:万亿元)									
	北京		上海		深圳		广州		香港	
	存款	贷款	存款	贷款	存款	贷款	存款	贷款	存款	贷款
2020	18.8	8.4	15.6	8.5	10.2	6.8	6.8	5.4	12.2	8.8
2021	20.0	8.9	17.6	9.6	11.3	7.7	7.5	6.1	12.4	8.9

年份	存贷款增速(单位:%)									
	北京		上海		深圳		广州		香港	
	存款	贷款	存款	贷款	存款	贷款	存款	贷款	存款	贷款
2004	16.1	12.6	15.3	13.6	15.1	21.7	—	—	8.1	5.7
2005	21.8	12.9	16.6	12.2	16.6	15.6	—	—	3.0	5.0
2006	16.8	18.6	13.4	10.8	11.9	10.0	—	—	12.8	2.9
2007	11.5	9.3	14.6	16.7	19.9	21.2	—	—	14.4	11.3
2008	16.3	15.4	17.4	11.3	12.0	11.0	—	—	-1.8	5.6
2009	29.8	35.3	25.4	22.8	28.7	31.6	23.7	25.0	4.4	-0.8
2010	16.9	17.5	17.0	15.1	19.5	13.7	14.4	17.6	3.6	23.9
2011	12.6	8.7	11.5	8.9	14.4	14.5	10.5	8.9	6.1	15.2
2012	13.1	8.9	9.2	10.2	18.2	13.3	14.1	12.4	8.1	8.4
2013	8.0	10.9	9.0	8.2	14.4	13.2	12.1	10.4	7.7	12.9
2014	9.2	12.1	6.7	8.0	10.0	13.1	4.8	10.1	12.6	15.6
2015	28.5	9.1	40.4	11.4	54.7	16.2	20.8	12.6	13.2	9.9
2016	7.7	8.8	6.5	12.4	11.5	24.9	10.9	8.7	15.5	12.7
2017	4.1	9.1	1.8	12.0	8.2	14.3	8.1	15.1	0.8	7.6
2018	9.0	1.3	7.7	9.0	4.1	13.4	6.7	19.4	10.5	9.9
2019	8.9	9.1	9.7	9.0	15.7	13.2	7.9	15.6	4.8	8.7
2020	9.9	9.7	17.4	6.0	21.4	14.4	14.7	15.5	-1.2	-5.1
2021	6.2	5.6	12.8	13.5	10.4	13.6	10.6	12.9	1.8	1.0
平均增速	13.7	11.9	14.0	11.7	17.0	16.0	12.2	14.2	6.9	8.4

资料来源:万得(Wind)数据库。

（四）贸易和航运比较

从贸易和航运对比来看，港口集装箱吞吐量在一定程度上反映了外贸和航运能力。香港作为国际贸易和航运中心，在集装箱吞吐量上一度处于世界领先地位，从 1989 年至 2008 年连续保持增长态势，集装箱年吞吐量也由 446.0 万箱增长至 2425.0 万箱，增长 4.4 倍，多年位列全球第一位。但近 10 年香港的国际贸易和航运中心地位受到挑战，下滑态势明显，2021 年已下降至 1779.0 万箱，位列全球第十位。对比而言，深圳港尽管发展较晚，但增长态势明显，由 1994 年的 18.0 万箱增长至 2013 年的 2327.8 万箱，并首次超过香港。在随后几年，深圳不断拉大与香港的差距，2021 年的集装箱年吞吐量达到 2876.0 万箱，位列全球第四，仅次于上海港、新加坡港、宁波舟山港，高于香港近 1100 万箱（见图 3-11）。

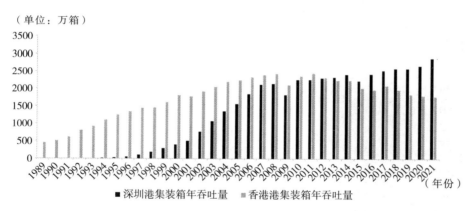

（单位：万箱）

■ 深圳港集装箱年吞吐量　■ 香港港集装箱年吞吐量

图 3-11　1989—2021 年深圳港、香港港集装箱吞吐量对比

资料来源：深圳市统计局官网、香港特别行政区政府统计处官网。

三、企业发展水平比较

一个城市的世界 500 强企业的数量和规模既是衡量城市竞争力的重要指标，也是体现中小企业孵化效率的重要表现。从香港与深圳世界 500 强企业的比较来看，大致呈现以下几大特征。

（一）在世界 500 强企业中的比较

1. 香港与深圳企业数量大致相当

2020 年,深圳进入世界 500 强企业以 8 席之位超过香港,略低于上海的 9 家,位于全国第三名,与硅谷接近,超过洛杉矶、慕尼黑和新加坡等发达地区(见表 3-7)。2021 年,深圳企业数量与 2020 年持平,分别是中国平安保险(集团)股份有限公司、华为投资控股有限公司、正威国际集团有限公司、中国恒大集团、腾讯控股有限公司、万科企业股份有限公司、招商银行股份有限公司、深圳市投资控股有限公司。而香港 2021 年新增华润置地有限公司和万州国际有限公司 2 家企业,以 9 席之位反超深圳,在粤港澳大湾区城市中位列第一,分别是中国华润有限公司、联想集团有限公司、招商局集团有限公司、友邦保险集团有限公司、中国太平保险集团有限责任公司、长江和记实业有限公司、怡和集团、华润置地和万州国际(见表 3-8)。

表 3-7　2020 年深圳、上海、香港进入世界 500 强企业的经营情况

(单位:百万美元)

城市	企业名称	排名	营收	净利润
深圳	中国平安保险(集团)股份有限公司	21	184280.3	21626.7
	华为投资控股有限公司	49	124316.3	9062.1
	正威国际集团有限公司	91	88862.1	1807.3
	中国恒大集团	152	69127.1	2501.3
	招商银行股份有限公司	189	57252.1	13442.5
	腾讯控股有限公司	197	54612.7	13506.6
	万科企业股份有限公司	208	53252.7	5626.7
	深圳市投资控股有限公司	442	28854.5	1593.7
香港	中国华润有限公司	79	94757.8	3571.6
	联想集团有限公司	224	50716.3	665.1
	招商局集团有限公司	235	49126.0	5233.1
	友邦保险集团有限公司	250	47242.0	6648.0
	怡和集团	301	40922.0	2838.0
	长江和记实业有限公司	328	38165.5	5083.7
	中国太平保险集团有限责任公司	392	31912.0	585.8

续表

城市	企业名称	排名	营收	净利润
上海	上海汽车集团股份有限公司	52	122071.4	3706.1
	中国宝武钢铁集团有限公司	111	79932.0	2901.3
	交通银行股份有限公司	162	66564.4	11186.4
	绿地控股集团有限公司	176	61965.1	2134.1
	中国太平洋保险(集团)股份有限公司	193	55799.6	4015.5
	上海浦东发展银行股份有限公司	220	51313.4	8507.1
	中国远洋海运集团有限公司	264	44655.1	1086.6
	上海建工集团股份有限公司	423	29745.7	568.9
	上海医药集团股份有限公司	473	27005.4	590.7

资料来源:2020 年《财富》世界 500 强排行榜

表 3-8   2021 年深圳、上海、香港进入世界 500 强企业的经营情况

(单位:百万美元)

城市	企业名称	排名	营收	利润
深圳	中国平安保险(集团)股份有限公司	16	191509.4	20738.9
	华为投资控股有限公司	44	129183.5	9361.6
	正威国际集团有限公司	68	100280.5	1851.7
	中国恒大集团	122	73514.0	1170.4
	腾讯控股有限公司	132	69864.2	23166.2
	万科企业股份有限公司	160	60740.7	6016.7
	招商银行股份有限公司	162	60433.2	14107.5
	深圳市投资控股有限公司	396	31143.6	1661.0
香港	中国华润有限公司	69	99437.6	4330.2
	联想集团有限公司	159	60742.3	1178.3
	招商局集团有限公司	163	60280.7	5919.4
	友邦保险集团有限公司	213	50359.0	5779.0
	中国太平保险集团有限责任公司	344	35460.5	415.1
	长江和记实业有限公司	353	34347.1	3757.5
	怡和集团	372	32647.0	-394.0
	华润置地有限公司	470	26027.1	4352.2
	万洲国际有限公司	474	25589.0	828.0

续表

城市	企业名称	排名	营收	利润
上海	上海汽车集团股份有限公司	60	107555.2	2961.0
	中国宝武钢铁集团有限公司	72	97643.1	3628.7
	交通银行股份有限公司	137	67605.5	11409.3
	绿地控股集团股份有限公司	142	66095.8	2173.6
	中国太平洋保险(集团)股份有限公司	158	61185.7	3562.9
	上海浦东发展银行股份有限公司	201	52628.3	8443.6
	中国远洋海运集团有限公司	231	47998.3	1471.2
	上海建工集团股份有限公司	363	33525.6	485.6
	上海医药集团股份有限公司	437	27812.9	651.6

注:2021 年《财富》世界 500 强排行榜于 2021 年 8 月 2 日发布,而中国船舶集团有限公司于 2021 年
　　12 月 24 日举行总部迁址上海的仪式,故暂不计入上海 2021 年世界 500 强企业。

资料来源:2021 年《财富》世界 500 强排行榜。

2. 深圳企业的民营和本地化特征更加突出

深圳进入世界 500 强企业除了深圳市投资控股有限公司是国有企业之外,其他都是民营企业,体现出深圳民营经济的发展活力;除了中国恒大集团诞生于广州之外,其他均在深圳成长壮大,展现出深圳在企业孵化上的优势。相比较而言,香港的 9 家企业中,有 4 家是国有企业,包括中国华润有限公司、招商局集团有限公司、中国太平洋保险(集团)股份有限公司、华润置地有限公司,而联想集团有限公司也是从国有企业转为民营企业。除此以外,友邦保险集团有限公司前四大股东均为美国金融机构,持股比例超过 32.0%,是典型的外资持股企业。上海 9 家企业的国有特征更加明显,除绿地控股集团股份有限公司进行了国有企业混合所有制改革外,其余企业均为传统的国有企业。

3. 深圳金融与科技型企业占比更加突出

深圳除 1 家国有企业外,其余企业中金融企业有 2 家、科技相关企业有 3 家、地产企业有 2 家,金融与科技属性较为突出,行业分布相对比较均衡。而香港企业尽管在金融、信息、地产、港口物流等领域均有分布,但主要仍集中在传统领域,高科技特征并不明显,整体缺乏创新活力。与此

同时,香港的大型企业以国企和外资持股企业为主,缺乏本地科技行业和金融行业巨头。

4. 深圳企业的增长潜力更加显著

深圳进入世界 500 强企业上升态势明显。从排名看,深圳 8 家进入世界 500 强企业的 2021 年排名较 2020 年均有所上升。尤其是对于华为而言,尽管遭遇各种外部挑战,仍然保持了上升势头,由 2020 年的第 49 位升至 2021 年的第 44 位。更为重要的是,深圳进入世界 500 强企业后备力量充足。在接下来的十年内,深圳在新能源、智能制造、供应链、金融等领域预计会诞生一批世界 500 强企业,在数量上有望超过旧金山,与纽约相当。相比较而言,香港 2021 年上榜的 9 家企业中有 2 家排名较 2020 年下滑,分别为长江和记实业有限公司和怡和集团。同时,由于香港更多的是依靠传统国有企业,大型科技企业较为缺乏,未来世界 500 强企业的增长潜力有限。上海的 9 家世界 500 强企业主要分布在金融、海洋经济、医药以及汽车、建筑、钢铁、房地产等传统行业,但同样缺乏具有国际竞争力和影响力的科技企业巨头。

5. 深圳企业的经营效益具有明显优势

2021 年,深圳 8 家进入世界 500 强企业的营业收入总和为 7166.7 亿美元,利润总和为 780.7 亿美元,而香港、上海的 9 家企业营业收入总和分别为 4248.9 亿美元、5620.5 亿美元,利润总和分别为 261.7 亿美元、347.0 亿美元。从企业平均营业收入来看,深圳 8 家企业平均营业收入为 895.8 亿美元,平均利润为 97.6 亿美元,而香港、上海的 9 家企业平均营业收入分别为 472.1 亿美元、624.5 亿美元,平均利润分别为 29.1 亿美元、38.7 亿美元。换言之,深圳企业的平均营业收入是香港的 1.9 倍、上海的 1.4 倍,平均利润是香港的 3.4 倍、上海的 2.5 倍。

值得注意的是,若剔除国有企业仅看民营企业,深圳民营企业平均营业收入达到 979.3 亿美元,是香港的 1.7 倍、上海的 1.5 倍,民营企业平均利润达到 109 亿美元,是香港的 3.4 倍、上海的 5.0 倍。由此说明,深圳企业尤其是民营企业的经营效益相比香港、上海具有明显优势(见表 3-9)。

表 3-9　深圳、上海、香港进入世界 500 强企业比较

年份 城市 项目	2021			2020		
	深圳	上海	香港	深圳	上海	香港
数量	8	9	9	8	9	7
总营业收入（亿美元）	7166.7	5620.5	4248.9	6605.6	5390.5	3528.4
总利润（亿美元）	780.7	347.9	261.7	691.7	347.0	246.3
企业平均营业收入（亿美元）	895.8	624.5	472.1	825.7	598.9	504.1
企业平均利润（亿美元）	97.6	38.7	29.1	86.5	38.6	35.2
民营企业数量	7	1	5	7	1	4
民营企业总营业收入（亿美元）	6855.3	661.0	2819.5	6317.0	619.7	1770.5
民营企业总利润（亿美元）	761.4	21.7	162.0	675.7	21.3	152.3
民营企业平均营业收入（亿美元）	979.3	661.0	563.9	902.4	619.7	442.6
民营企业平均利润（亿美元）	109.2	21.7	32.4	96.5	21.3	38.1
排名上升企业占比（%）	100.0	77.8	89.0	—	—	—

注：香港的联想集团已由国有企业转为民营企业，上海的绿地控股集团进行了国有企业混合所有制
　　改革，因此，上述两家企业视为民营企业进行统计。
资料来源：2020 年、2021 年《财富》世界 500 强排行榜。

（二）本地上市公司比较

1. 香港与深圳本地上市公司总体比较

通过对香港与深圳两地的本地上市公司进行统计分析不难发现，深圳本地上市公司尽管数量上仅为香港的三分之一左右，但各项经营指标和市场指标却全面领先，与香港与深圳两地进入世界 500 强企业的对比特征类似。

具体而言，2021 年，深圳 495 家上市公司总营业收入为 7.1 万亿元、

总利润为7886.7亿元、总市值为15.6万亿元,而香港的1379家上市公司总营业收入为5.7万亿元、总利润为6626.6亿元、总市值为11.6万亿元,在总量上全面落后深圳。从企业平均水平来看,香港与深圳的差距更为明显,深圳的企业平均营业收入为143.5亿元,平均利润为16.0亿元,平均市值为315.5亿元,分别是香港的3.5倍、3.3倍和3.7倍,充分说明深圳在企业效益上具有显著优势(见表3-10)。

2. 香港与深圳本地上市金融机构比较

与香港本地上市公司类似,香港本地上市金融机构也呈现数量多、规模小、效益低的特征,导致香港金融业的内在竞争力偏弱,与深圳本地上市金融机构的差距尤其明显。2021年,深圳16家上市公司总营业收入为1.9亿元、总利润为3353.1亿元、总市值为3.1万亿元,分别是香港的2.1倍、3.4倍和1.4倍。而从企业平均水平看,深圳的上市金融机构平均营业收入为1161.1亿元、平均利润为209.6亿元、平均市值为1946.6亿元,分别是香港的20.2倍、32.5倍和13.2倍。

表3-10　2021年香港与深圳上市企业与上市金融机构数据对比

上市企业	香港:1379 家	深圳:493 家	深圳/香港
总营业收入(万亿元)	5.7	7.1	1.3
企业平均营业收入(亿元)	41.0	143.5	3.5
总利润(亿元)	6626.6	7886.7	1.2
企业平均利润(亿元)	4.8	16.0	3.3
总市值(万亿元)	11.6	15.6	1.3
企业平均市值(亿元)	84.3	315.5	3.7
上市金融机构	香港:155 家	深圳:16 家	深圳/香港
总营业收入(万亿元)	0.9	1.9	2.1
企业平均营业收入(亿元)	57.6	1161.1	20.2
总利润(亿元)	998.3	3353.1	3.4
企业平均利润(亿元)	6.4	209.6	32.5
总市值(万亿元)	2.3	3.1	1.4
企业平均市值(亿元)	147.5	1946.6	13.2

资料来源:根据万得(Wind)数据库资料计算整理所得。

四、城市品牌价值比较

从城市品牌价值来看,深圳与香港相比还存在较大差距,其核心原因是深圳的国际化程度和国际影响力仍然存在明显不足。根据全球城市实验室的一项数据,深圳 2021 年的城市品牌价值在中国城市中排名第四,在全球仅排名第 34 位,与全球地区生产总值排名存在较大的不匹配。相比较而言,香港 2021 年的城市品牌价值排名中国城市第二,2020 年排名中国城市第一,在全球排名稳居第 10 位,城市品牌价值绝对值是深圳的 1.8 倍(见表 3-11)。

表 3-11　2021 年全球城市 500 强中国前 10 　　（单位:亿美元）

中国排名	2021 年全球排名	2020 年全球排名	城市	城市品牌价值
1	9	11	上海	7888.2
2	10	10	香港	7674.8
3	13	13	北京	6636.5
4	34	37	深圳	4350.3
5	50	48	广州	3361.1
6	52	51	台北	3229.5
7	57	59	苏州	2949.8
8	81	85	杭州	2187.3
9	86	89	南京	2161.5
10	88	88	高雄	2143.3

资料来源:全球城市实验室(Global Gity Lab)官网。

第二节　香港与深圳的发展定位

一、香港与深圳都具有重大发展使命

(一)香港定位——全球金融中心和双循环重要节点

作为全球领先的国际金融中心之一,香港是全球金融服务的首选地之一,也是众多金融机构的所在地。香港资本市场已有百年历史,其资本市场已发展成为亚洲最具深度和广度的国际资本市场之一;而凭借健全的法制、富有竞争力的税制、高效透明的监管等优势,香港汇聚了大批金融人才,开发管理着丰富的金融产品。在双循环中的作用更加突出,在人民币国际化中将扮演更加重要的角色。

(二)深圳定位——中国特色社会主义先行示范区

对深圳而言,面临双区驱动、双区叠加的历史机遇,承载着全面深化改革、全面扩大开放的先行示范使命。深圳的发展不仅仅关乎一个城市的发展,更是向全世界展现大国改革开放形象和磅礴伟力的窗口。

基于香港与深圳的国家定位,需要将香港与深圳的发展作为整体,进行统一谋划,以提升香港与深圳深化合作需求、扩大香港与深圳深化合作范围、改变过去以各自发展的格局为目标进行香港与深圳深化合作发展布局。

二、香港与深圳优势互补特征明显

香港与深圳深化合作能够充分实现两地的优势互补。对香港而言,其有限的物理空间与狭窄的市场空间既为具有一定垄断性的金融与地产业创造了巨额利润,但同时也导致了产业"空心化"和贫富差距的严重失衡,由此带来一系列严重的社会问题。香港与深圳深化合作,发挥深圳的产业优势和企业优势,促进香港融入粤港澳大湾区,可从根本上解决香港地理空间和市场空间不足的问题,保持香港长期繁荣稳定和产业可持续健康发展。

对深圳而言,其国际影响力与标杆城市仍然存在较大差距,香港与深圳深化合作,充分利用香港在法律、监管、金融、贸易等离岸国际化制度体系和基础设施等方面的优势,打造高度开放的市场,集聚各类国际要素和资源,可助力深圳在短时间内实现国际化发展的"弯道超车",从而把握渐行渐近的第四次工业革命的战略机遇期。

三、以理性、客观、平等的姿态看待香港与深圳发展关系

通过香港与深圳经济发展特征及发展对比不难发现,在 40 多年改革

开放的实践中,香港与深圳之间的综合实力和竞争力已经发生了根本性的变化。香港尽管在国际影响力上仍然具有深圳难以比拟的优势,但在改革开放初期确立的中国经济总量第一大城市的地位已不复存在,在传统的金融、贸易、航运等领域的绝对优势已逐渐丧失,实体产业根基不牢、大型本地企业相对匮乏、社会治理架构难以应对极端风险等"短板"日益突出。尽管在人均地区生产总值、人均收入等方面仍然优势明显,但固化的社会阶层、悬殊的贫富差距以及高企的生活成本并未带来居民幸福感的提升,反而引发了一系列的社会问题。相反,当前的深圳与改革开放前的"小渔村"已经不可同日而语,在诸多领域已实现了对香港的快速追赶甚至反超,经济总量步入全球前十,创新能力处于全球领先地位,产业结构呈现高质量发展的特征,大型本地企业蓬勃发展,金融与科技相得益彰。但由于深圳是一座新兴城市,历史积淀不足,因而在国际影响力和城市品牌上依然面临明显"短板"。香港与深圳城市竞争力的变化充分说明,任何一座城市都面临"逆水行舟,不进则退,慢也是退"的挑战,尤其是在竞争日益激烈的环境下,任何城市都需要居安思危,与时俱进,一往无前,否则曾经的绝对优势可能成为比较优势,甚至变为比较劣势。而通过合作构建城市共同体,无疑是增强竞争力和抵御风险能力的有效途径。

由此可见,必须以理性、客观、平等的姿态看待香港与深圳发展关系。

首先,需要理性看待香港竞争力下降的内在原因,充分意识到香港的产业结构和部分体制机制设计已经难以适应大变局的现实要求;需要理性看待香港与内地城市的竞争关系。中国超大规模的市场足以支撑多个世界级城市群的发展;需要理性看待"一国两制"与香港融入国家发展大局的关系,充分意识到两者并不矛盾,而是相辅相成的关系,香港与深圳深化合作非但不会削弱香港高度自治的根基,反而会巩固香港产业发展的根基;需要理性看待香港在国际制度、城市品牌和软环境上的优势,正视竞争力下降和支柱产业缺乏支撑的严峻挑战,既不对优势领域过度自信,甚至故步自封,又不对问题挑战妄自菲薄,甚至自暴自弃。

其次,需要基于数据和事实,客观看待香港为改革开放作出的突出贡献,充分意识到香港在全球竞争环境和构建双循环新发展格局中将发挥新的更大作用;需要客观看待中央政府、内地城市和全国人民对香港的全方位支持,充分意识到改革开放永远是香港持续发展的巨大红利,伟大祖国永远是香港化解危机的坚强后盾。

最后,需要平等看待香港与深圳之间的合作关系,充分意识到香港与深圳深化合作需要建立在合作共赢的基础上,而非任何一方利益无条件或不符合市场规律和效率优先原则的让渡;香港与深圳深化合作需要建立在没有主次之分的基础上,香港与深圳在双循环中拥有同等重要的发展定位,而不是将深圳作为支持香港发展的"后台";香港与深圳深化合作不能因为两地行政级别的差异而形成不对等的合作关系,有必要通过赋予深圳更高的行政权限和自主权力,甚至考虑将深圳升格为中国第五个直辖市,以方便与香港建立更加平等的沟通协调机制。对于中国的发展格局而言,北京、上海和重庆分别在中国北部、东部和西部发挥着辐射引领作用,唯独南部缺乏一个直辖市对内辐射大湾区乃至泛珠三角,对外联合香港与国际对接。而深圳无论是发展水平、市场化程度还是创新能力,都最适合成为中国南部的直辖市。对于广东而言,其2021年生产总值已经达到12.4万亿元人民币,约合1.9万亿美元,如果放在国家生产总值排名中,广东生产总值已经超越韩国,与加拿大接近,相当于全球第十大经济体。因此,将深圳单独升格为直辖市后,广东仍然是中国第二大经济强省,仅次于江苏。而如果将深圳、东莞、惠州三地合并后升格为直辖市,广东生产总值仍将高于浙江,位列全国第三。

第四章 香港与深圳深化合作的
演变与问题

　　香港与深圳两地的合作经历了"前店后厂"、双向合作以及全面合作阶段,已经在产业合作、要素合作方面取得了可喜进展,为香港与深圳进一步深化合作奠定了良好的基础。与此同时,香港与深圳两地的现有合作模式仍然存在一定问题,合作的广度和深度仍然存在不足,合作的效率亟待提升。必须以问题为导向,以市场为导向,以效率为导向,以创新、高效的方式补齐合作发展的"短板"。

　　因此,本章从香港与深圳深化合作的演变与问题入手,重点选择金融、科技、海洋、民生、生态五大重点领域,以及资本、人才、技术、数据、土地五大核心要素,系统总结相关合作进展,系统梳理相关合作不足,为香港与深圳深化合作的总体思路和实施路径提供经验和数据支撑。

第一节　香港与深圳深化合作的演变

一、香港与深圳合作模式演变

(一)"前店后厂"的合作模式

　　香港与深圳深化合作始于改革开放,得天独厚的地缘因素形成了珠三角著名的"前店后厂"模式,即"香港接单、深圳(珠三角)制造、香港转口贸易"的产业模式。由于成本相对于内地没有优势,香港由制造业为主转型发展服务业,加上深圳(珠三角)推出各种吸引外资优惠政策,于是香港的劳动密集型企业纷纷北迁至珠三角地区,其中大多迁落到地理位置最近的深圳和东莞。20世纪90年代,香港在珠三角地区的贸易总量占比高达70%,港商在珠三角地区总计有5万多家企业,其中大部分位于深圳。这一阶段,港商在深圳主要投资电子、纺织服装、玩具等轻工业,大多是劳动密集型企业,香港负责出资金和设备,深圳出土地和厂房,采用"三来一补"(来料加工、来件装配、来样加工和补偿贸易)形式。

据统计,1979—1985年,深圳批准的外资项目(4696项)中,"三来一补"占比为76.0%(3576项)。20世纪90年代以后,港商在深圳的投资逐步转向资金和技术密集型项目。1979—1996年,香港在深圳的实际累计投资76.4亿元,占深圳同期利用外资的66.0%。深圳通过承接香港制造业转移开启工业化进程,在港商帮助下建设了盐田、蛇口、赤湾等重大基础设施,逐步形成计算机软件、电子元器件、通信设备等产业,香港的资金和技术为深圳经济腾飞打下了基础。这一阶段香港与深圳深化合作主要由民间推动,以港资单项流入为主,集中在制造业,范围和体量未完全铺开。

(二)双向合作模式

香港回归以后,香港与深圳以民间推动为主的合作模式遇到"瓶颈",需要政府协调一些事项,例如两地人员和货物的频繁往来需要更高效便捷的边检、海关查验和通关模式;随着香港制造业北移,香港的服务业需要就近落地为香港企业服务。1998年3月,首次粤港合作联席会议召开,以后每年召开,探讨包括口岸、环保、基建、经贸等多方面的合作内容,深圳是粤港合作的前沿阵地,香港与深圳合作发展也由之前民间主推的单向合作模式向双向合作模式转变。

这一时期,港资在深圳的投资进一步扩大,据统计,1999—2003年,深圳源自香港的外商直接投资占比在80.0%以上。与此同时,深圳本地企业在承接香港产业转移过程中不断发展壮大,开始以香港为窗口拓展海外业务,在香港开办贸易、地产、服务及工业相关企业,尤其是随着20世纪90年代深圳顺应时代发展趋势开始转型发展高科技产业,深圳企业赴香港投资愈发频繁。与此同时,香港与深圳两地在基础设施建设、生态环境治理等领域展开合作,实现双城良性互动。综合来看,此阶段香港与深圳之间的合作发展从制造业延伸到服务业,合作范围不断扩大,但仍集中在经贸领域,在制度、规则及城市功能等方面的合作尚未破题。

(三)全面合作模式

2003 年 6 月,内地与香港特区政府签署《内地与香港关于建立更紧密经贸关系的安排》(CEPA 协议),涵盖货物贸易、服务贸易、贸易便利化等领域,后续又不断签署补充协议,香港与深圳之间的经济要素流动日益便利,香港与深圳拉开全面合作序幕。2004 年 6 月,第一次香港与深圳合作会议在香港举行,香港与深圳双方签署《关于加强深港合作的备忘录》及其他八份合作协议,合作内容包括口岸、基建、规划、实施、科技、环保、食物安全及教育等,香港与深圳合作会议此后每年召开,就两地合作事项进行磋商。2007 年 5 月,香港与深圳签署《深港创新圈合作协议》,后续出台《深港创新圈三年行动计划(2009—2011)》,加强香港与深圳科技创新领域的合作。2007 年 12 月,香港与深圳签署"1+6"合作协议,达成五项共识,推动两地之间全方位、多领域、深层次的合作。

香港自由行于 2003 年 7 月推行,2009 年 4 月,深圳户籍居民一年多次往返香港个人旅游试点启动,香港与深圳人员往来日益便利。广深港高速铁路于 2005 年 12 月开工,香港段于 2018 年 9 月开通,对香港与深圳之间经济协作和人员往来发挥了重要作用。2007 年 7 月,深圳湾口岸开通并在全国第一个采用"一地两检"的通关模式。2009 年 7 月,香港与深圳之间启动跨境贸易人民币结算试点。2010 年 8 月,前海深港现代服务业合作区成立,提出"依托香港、服务内地、面向世界"的目标,为香港拓展发展空间。2015 年 3 月,中央批准设立中国(广东)自由贸易试验区深圳前海蛇口片区,致力于打造香港与深圳深度合作平台。深港通于 2016 年 12 月开通,探索香港与深圳金融市场互联互通模式。2017 年 1 月,香港与深圳签署《关于港深推进落马洲河套地区共同发展的合作备忘录》,探索功能区合作。

2019 年 2 月,《粤港澳大湾区发展规划纲要》发布,提出支持香港融入国家发展大局,打造国际一流湾区和世界级城市群,意味着香港与深圳全面合作迈入新阶段。香港与深圳务实推进科技创新、金融服务、专业服务、青年交流、前海发展、跨境基建、旅游、教育、文化创意、环保、民生、医疗等领域的合作。2019 年 8 月，《中共中央　国务院关于支持深圳建设中国特色社会主义先行示范区的意见》发布，与香港深度合作是深圳建设中国特色社会主义先行示范区的重要内容。2020 年 10 月，《深圳建设中国特色社会主义先行示范区综合改革试点实施方案(2020—2025 年)》及首批授权事项清单发布，探索香港与深圳制度、规则对接是改革的重要方向。2021 年 9 月，中共中央、国务院印发《全面深化前海深港现代服务业合作区改革开放方案》，致力于打造港澳规则衔接、机制对接载体。香港《行政长官 2021 年施政报告》提出建设北部都会区，与深圳提出的发展深港口岸经济带不谋而合。

2020 年 8 月，莲塘/香园围口岸开通，香港与深圳跨境物流更畅顺。河套深港科技创新合作区建设稳步推进。香港与深圳持续扩大金融市场互联互通，研究扩大深港通标的范围，推动在深圳设立香港保险售后服务中心，深圳市政府于 2021 年 10 月在香港发行离岸人民币地方政府债券。深圳积极为香港专业人士和青年在深圳发展提供平台和空间。香港与深圳两地政府共同成立 19 个工作专班推进香港与深圳合作。

二、香港与深圳产业合作演变

(一)金融业合作演变

香港与深圳金融合作始于深圳改革开放，在香港回归后进一步深化，目前已在机构互设、金融市场互联互通、金融监管合作等领域取得积极进展。

1.香港与深圳金融合作历程

1981 年，香港的南洋商业银行在深圳设立分行，成为新中国引进的第一家外资银行。1982 年，中国人民银行批准香港民安保险公司在深圳设立分公司，成为第一家进入内地保险市场的境外保险公司。1993 年 8 月 20 日，渣打证券有限公司、法国里昂证券有限公司、高城证券有限公司、新鸿基投资服务有限公司和柏毅证券有限公司的代表，首次以深交所

B 股特别经销商的身份,进入深交所交易大厅,直接为客户买卖股票。1994 年 9 月 22 日,深圳国际信托投资公司发行 1.5 亿亚洲美元债券承销协议签字仪式在香港举行,这是深圳首次向境外发行债券。1997 年 2 月 18 日,"深业控股"上市国际推介会在伦敦举行,21 日在香港正式发售,26 日招股获得超 300 倍认购,上市集资额 5.3 亿港元,深业控股也因此成为深圳第一家在境外上市的企业。1997 年 2 月 24 日,深圳第一个在港上市的 H 股——深圳高速公路正式向境外推介,3 月 9 日全球发行,募集 17.6 亿元。1998 年和 2002 年,深港港币支票单向、双向联合结算机制相继开通,香港与深圳两地相互签发的票据可在对方流通使用。2002 年年末,深圳外币实时全额支付系统上线,并成功与香港港币即时支付系统实现对接,香港与深圳之间资金汇划实现实时到账。2003 年两地又启动了美元实施全额支付系统的联合结算。

2004 年,经中国人民银行批准,香港人民币业务正式开通,中国人民银行深圳市中心支行就开始为香港银行办理的个人人民币存款、汇款、兑换以及银行卡业务提供具体清算,两地成功开通了香港与深圳美元支票双向交换业务,使两地清算系统的合作迈上了新的台阶。2004 年 2 月,香港永隆银行深圳分行正式开业,成为在《内地与香港关于建立更紧密经贸关系》框架下香港银行首家内地分行。《关于加强深港合作的备忘录》第四条第七款中明确指出,要"加强双方在金融业和金融产品创新方面的交流与合作,加强双方金融监管部门的合作和监管信息交换,促进两地资本市场合作"。2007 年发布的《深圳市金融产业布局规划》《深圳市金融产业服务基地规划》,明确深圳将承接香港国际金融中心的部分前、后台职能,为香港的金融机构提供新发展空间,巩固和提升深圳区域性金融中心地位。2007 年 12 月 13 日,中国人民银行深圳市中心支行人民币发行基金中心香港代保管库在香港中银大厦正式启用。2008 年 7 月,南方基金公司获批在香港设立资产管理合资公司——南方东英资产管理有限公司,成为内地唯一一家获批在香港设立分公司的基金公司。2009 年 6 月 18 日,香港按揭证券公司与深圳金融电子结算中心合资设立深圳经纬盈富担保有限公司。2009 年 7 月,央行及有关部门出台了《跨境贸易人民币结算试点管理办法》,决定在深圳、上海、广州、珠海、东莞等5个内地城市开展跨境贸易人民币结算试点工作,境外则定为港澳地区和东盟国家。

2010年8月26日,《前海深港现代服务业合作区总体发展规划》获国务院批复,提出研究探讨推进香港与深圳金融合作,研究适当降低香港金融机构和金融业务准入门槛,支持金融改革创新项目在前海先行先试,营造良好的金融生态环境,吸引各类金融机构在前海集聚发展,增强金融辐射服务能力,努力将前海建设成为国家金融业对外开放试验示范窗口。前海先后落户港资控股合资基金管理公司——恒生前海基金管理有限公司、招联消费金融、香港交易所在内地筹备的大宗商品现货交易中心——"前海联合交易中心(QME)"、华南地区首家外商独资私募证券投资基金管理人——东亚联丰投资、港资控股多牌照证券公司——汇丰前海证券和东亚前海证券等。

近年来,香港与深圳两地加快推进金融开放创新,有序推进金融市场互联互通,巩固提升香港国际金融中心地位。内地与香港基金互认自2015年7月1日起施行。为配合内地与香港基金互认业务的落地,深圳证券交易所、中国证券登记结算公司、深圳证券通信公司与香港金融管理局合作,在两地证监会和深圳市政府的支持下,共同推出了基金互认服务平台,平台与香港金管局债务工具中央结算系统平台(CMU)连接,两地相关机构只需单点接入平台,就可实现跨境基金销售的数据交换、次级登记托管和资金交收,该平台于2015年12月5日正式上线。深港通于2016年12月5日正式运行,债券通(北向通)于2017年7月3日上线试运行。2017年6月2日及10月25日,深圳市金融办与香港金管局分别签署金融科技合作备忘录和落地软协议,双方在金融科技发展研究、人才培训、经验交流、产业应用等多方面进行紧密合作,这是香港金管局与内地首次就金融科技发展达成合作共识。2017年10月,《深圳市金融创新奖和金融科技专项奖评选办法》印发,每年安排单独6个名额,奖励香港与深圳金融创新合作优秀项目,并将申报主体拓展至香港机构。2018年9月4日,"湾区贸易金融区块链平台"在深圳正式上线试运行。2020年

11月3日,中国人民银行数字货币研究所下属机构深圳金融科技研究院与香港银行同业结算有限公司旗下香港贸易融资平台有限公司联合宣布,湾区贸易金融区块链平台和香港贸易联动平台已完成第一期对接项目。2019年4月10日,深圳与多家香港与深圳两地银行推出"深港通注册易"服务,联手为有意在深圳开办企业的香港投资者提供工商注册服务,实现香港投资者"足不出港",便可"一站式"注册深圳企业。2020年10月,香港与内地交易所买卖基金(ETF)互挂计划下首批产品在香港与深圳两地同时上市,香港交易所与深交所亦签署合作备忘录,共同推广交易所买卖基金互通。2021年9月,债券通(南向通)正式开通。2021年10月,深圳在港发行离岸人民币地方政府债券,粤港澳大湾区"跨境理财通"正式开通。

综合来看,香港与深圳金融合作已从过去局部、微观的机构设立和业务技术层面的交流合作,逐步上升并拓宽至运行机制的衔接、金融市场的对接和资金流动的合作等深层次合作。

2.香港与深圳金融机构互设情况

综合来看,香港与深圳两地金融机构互设普遍,金融业务交往密切。深圳的外资金融机构中,华商银行、大新银行(中国)有限公司、玉山银行(中国)有限公司、中信银行国际(中国)有限公司、上海商业银行有限公司深圳分行、汇丰银行(中国)有限公司深圳分行、渣打银行(中国)有限公司深圳分行、招商永隆银行有限公司深圳分行、南洋商业银行(中国)有限公司深圳分行、东亚银行(中国)有限公司深圳分行、恒生银行(中国)有限公司深圳分行、大众银行(香港)有限公司深圳分行、大华银行(中国)有限公司深圳分行、华侨永亨银行(中国)有限公司深圳分行、国泰世华银行(中国)有限公司深圳分行、创兴银行有限公司深圳分行、集友银行有限公司深圳分行、汇丰前海证券有限责任公司、东亚前海证券有限责任公司、恒生前海基金有限公司、太平财产保险有限公司深圳分公司、前海联合交易中心的母公司/控股股东位于香港。

深圳的法人金融机构在香港设立了招商银行股份有限公司香港分

行、招商永隆银行有限公司、平安银行股份有限公司香港分行、招商永隆资产管理有限公司、混沌天成国际有限公司、中信期货国际有限公司、南方东英资产管理有限公司、招商证券国际有限公司、国信证券(香港)金融控股有限公司、招银国际金融有限公司、安信国际金融控股有限公司、中国平安证券(香港)有限公司、博时基金(国际)有限公司、招商资产管理(香港)有限公司、中国平安资产管理(香港)有限公司、安信国际金融控股有限公司、国信证券(香港)资产管理有限公司等分支机构。深圳法人金融机构通过在香港设立分支机构,搭建内地和世界联通的桥梁,作为企业国际化的跳板。客户以中资背景企业、有内地和香港乃至全球资产配置需求的企业和个人为主,从事的业务以证券承销、资产管理为主。

3. 香港与深圳金融市场互联互通情况

香港与深圳两地形成了票据交换以及实时支付系统方面的合作,两地的美元、港币票据等均可以互相流通,资金汇划可以实时到账,信用卡也可以在对方城市、对方银行自由提款与消费。香港与深圳两地还建立了"票据清分系统相互备份机制",一旦一方出现异常可以利用对方设备清分票据。持续开展跨境代理,开立个人银行账户试点以及跨境电子钱包试点,提升港澳居民跨境支付服务便利化水平。深港通、基金互认、债券通、ETF通、跨境理财通运行平稳。

2021年,深圳跨境人民币结算量达到23.1万亿元,同比增长25.6%,再创历史新高,收付规模继续保持全国第三。人民币占深圳跨境本外币收支的47.8%,其中香港与深圳两地跨境本外币收支中人民币占比超过五成,人民币已成为香港与深圳间第一大跨境支付货币。深股通2021年全年交易额14.9万亿元,较2020年同比增长24.0%;港股通2021年全年交易额4.9万亿港元,较2020年同比增长89.8%。截至2022年1月27日,粤港澳大湾区"跨境理财通"内地已完成报备试点银行27家,截至2022年2月16日,跨境理财通北向通净流入22840.7万元,跨境理财通南向通净流出12815.0万元。

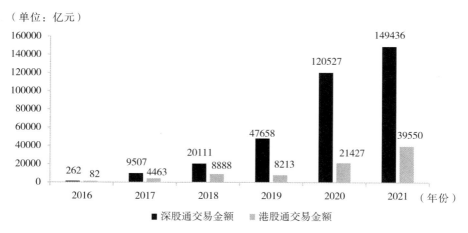

（单位：亿元）

图 4-1　2016—2021 年深港通交易金额

资料来源：深圳证券交易所官网、香港证券交易所官网。

4. 香港与深圳金融监管合作情况

香港与深圳两地的金融合作主要体现在两地政府部门建立起合作机制，确保两地间的金融交流逐渐形成制度化、常态化，为此，香港与深圳两地政府早在 2006 年、2007 年连续在香港召开了"深港金融合作恳谈会"。两地金融监管机构围绕"两地金融基础设施以及香港人民币业务等方面建立定期沟通机制"，有效促进两地金融合作与发展。香港与深圳两地金融监管机构先后就两地金融基础设施建设、两地金融市场的准入、金融市场的运作以及金融市场的退出等方面的监管进行研讨，并建立起两地金融监管领域深层次合作定期沟通机制，有效促进两地金融监管领域内的合作。2006 年 4 月人民银行深圳市中心支行与香港金管局签署了《关于深港金融基础设施建设合作》和《关于金融领域的合作安排》等文件。其后，深圳银监局根据中国银监会的要求出台了《深港银行监管协作实施方案》和《深港银行监管协作运行机制》，加强了日常协作与沟通。在保险监管交流合作方面，建立了粤港澳深四地保险监管定期联席会议制度。深圳证监局也加强了与香港证监会、证券业协会的交流往来。2006年 10 月，深圳证监局稽查局赴香港证监会法规执行部参加案件调查执法培训，探索加强跨境协查和联合执法。2008 年 10 月 17 日，中国证监会、香港证监会、公安部经济犯罪侦查局、香港警察商业罪案调查科四方案例研讨班在深圳举办。2009 年 2 月,深圳证监局组织监管干部赴香港参加由香港证监会组织的金融从业人员操守及投资产品销售监管培训研讨会。深圳、香港、澳门金融合作创新座谈会已连续举办多次,已形成深圳、香港、澳门三地政府金融工作部门、金融监管部门和业界高层的定期会晤机制,为深圳、香港、澳门三地全方位深化在金融市场及其基础设施建设等领域的交流合作提供了平台与桥梁。香港与深圳两地金融监管部门在日常工作中保持着密切沟通和联系。

(二)科技产业合作演变

改革开放初期,香港与深圳两地产业水平悬殊,来自香港的"三来一补"启动了深圳工业化进程,成为深圳科技发展的起点。早期香港与深圳科技合作主要采用技术引进、成果转让、合作发展、委托开发等模式,大多由民间自发,具有产业档次和合作层次低、零星分散缺乏系统规划和组织等特点。20 世纪 90 年代中期以后,深圳大力发展高新技术产业,香港由于自身高新技术产业薄弱,加上香港回归前后的复杂因素,香港与深圳科技合作相对停滞,由早期的单向技术转移向双方互补转型,其间一大亮点是 1999 年 8 月,深圳市政府、北京大学、香港科技大学三方携手,在深圳高新区共同创建香港与深圳产学研基地,探索和实践官、产、学、研相结合的新路子。

2004 年 9 月,香港推出粤港科技合作资助计划,旨在加强香港与广东/深圳的大学、研究机构和科技企业之间的科研合作。2007 年 5 月,香港与深圳正式签订《香港特别行政区政府、深圳市人民政府关于"深港创新圈"合作协议》,香港与深圳科技合作形成政府主导和民间互动的格局。香港与深圳官方建立了创新及科技合作(深港创新圈)督导会议工作机制,建立了共同资助、项目管理及联合招商制度,实现了科研项目双方"共同评审、共同资助、共同验收、共同跟踪评估"。2009 年 3 月,香港与深圳政府共同制定的《深港创新圈三年行动计划(2009—2011)》发布,规划了 8 个创新基地、12 个服务平台、4 个重大专项。2009 年 11 月,香港与深圳两地签订《深化"深港创新圈"建设合作安排》。2013 年 1 月,香港与深圳两地签订《关于共同推进深港青年创新创业基地建设合作协议》。前海合作区成立以来,科技产业也是香港与深圳合作的重点之一。

2017 年 1 月,香港与深圳签署《关于港深推进落马洲河套地区共同发展的合作备忘录》,合作建设"港深创新及科技园"。河套深港科技创新合作区深圳园区先期整备的 37 万平方米优质科研空间已投入使用,建成深港协同创新中心、深港国际科技园、国际量子研究院、国际生物医药产业园四个创新载体,率先承载香港及海外高端科创资源;首批 5 条先行先试政策稳步实施,促进人员、物资、信息等创新要素便捷流动的体制机制取得突破,国家药监局药品和医疗器械技术审评检查大湾区分中心、未来网络试验设施(深圳中心)等国家级重大科研项目、平台实现落户。2018 年,深圳出台《深圳市"深港创新圈"计划项目管理办法(试行)》,支持深圳高校、科研机构、企业与香港高校和科研机构开展科技合作。2019 年 2 月发布的《粤港澳大湾区发展规划纲要》提出将粤港澳大湾区打造成为"具有全球影响力的国际科技创新中心"。2019 年 8 月,《中共中央 国务院关于支持深圳建设中国特色社会主义先行示范区的意见》专门提出加快深港科技创新合作区建设。2020 年,《深圳市人民政府关于支持深港科技创新合作区深圳园区建设国际开放创新中心的若干意见》《深港科技创新合作区深圳园区科研及创新创业若干支持措施》出台,推动形成"人流、物流、资金流、信息流、商流和法制、税制、科研体制、园区管理体制"等"五流四制"先行先试政策框架体系,进一步打通香港与深圳科创资源流动的体制机制壁垒。2021 年 9 月,香港与深圳双方签署《关于推进河套深港科技创新合作区"一区两园"建设的合作安排》,河套深港科技创新合作区打造深港科技创新开放合作先导区、国际先进创新规则试验区,粤港澳大湾区中试转化集聚区的步伐加快。2021 年 9 月中共中央、国务院印发的《全面深化前海深港现代服务业合作区改革开放方案》提出"聚焦人工智能、健康医疗、金融科技、智慧城市、物联网、能源新材料等港澳优势领域,大力发展粤港澳合作的新型研发机构,创新科技合作管理体制,促进港澳和内地创新链对接联通,推动科技成果向技术标准转化"。2021 年 10 月,《行政长官 2021 年施政报告》提出联合深圳建设北部都会区,加速推动粤港澳大湾区国际科技创新中心的建设。

目前,香港中文大学在深圳设有香港中文大学(深圳),香港大学和深圳市人民政府签订在深圳合作办学备忘录,香港大学、香港科技大学、香港浸会大学、香港理工大学、香港城市大学、香港中文大学落户深圳虚拟大学园。香港著名高校在深圳设立了数十个创新载体和科研机构,承担国家和省、市科研项目过千项,一批香港与深圳合作的科技创新企业在深圳成长壮大,部分深圳科技企业在香港设立平台,深圳的科技企业也和香港的高校、科研机构保持紧密合作。

(三)海洋产业合作演变

香港是深圳建设全球海洋中心城市的重要参与力量。香港与深圳在港口、物流、航运等多方面已有很多合作,香港很多货代、航运公司的主要客户来自深圳,并在深圳设有分支机构或办事处,深圳部分物流公司以香港散货拼箱业务起家。盐田国际集装箱码头由香港和记黄埔控股,和记黄埔计划在深圳盐田国际集装箱码头东侧开发一个新码头。总部位于香港的招商局旗下的招商局港口占据了深圳港集装箱吞吐量近半的业务。和记黄埔和招商局港口成为深圳港口运营的关键力量,香港九龙仓公司也是深圳大铲湾港的大股东,香港资本、管理和港口技术等在某种程度上成为推动深圳海洋产业飞跃发展的引擎。深圳涉海企业中集集团同时在香港与深圳上市。

香港与深圳滨海旅游往来密切,总部位于香港的港中旅集团与深圳市政府 2010 年签订全面战略合作框架协议,重点推进深圳大鹏半岛滨海旅游休闲度假区开发建设。香港海洋公园、迪士尼、维多利亚港、麦理浩径、海岛,深圳的大鹏半岛、盐田、海上世界、欢乐海岸、欢乐港湾等滨海旅游景点都是两地游客的热门旅游目的地。蛇口码头推出了可观看香港景色的海上游路线。2017 年 12 月,"中国广东自由贸易试验区粤港澳游艇自由行深圳首航"仪式举办,粤港澳游艇自由行在深圳率先落地。香港天文台计划在河套设立香港与深圳气象预警预报中心,开展海洋气象、海事灾害预报。

（四）民生事业合作演变

香港与深圳之间 2004 年建立合作会议机制,不断推动民生事业合作,在教育、医疗、住房、养老等方面也取得了许多合作成果。

在教育方面,2001 年深圳市罗湖港人子弟学校成立,便利在深圳的香港学生就读,香港学生在深圳还有深圳市东方香港人子弟学校(东方英文书院港台部)、深圳市耀华实验学校、深圳香港培侨书院龙华信义学校等私立学校可以选择。深圳有超过 3 万名跨境学童,2012 年在罗湖成立跨境学童服务中心,并在南山、福田开设分点。2017 年,香港儿童在深圳积分入学政策正式实施。深圳市哈罗外籍人员子女学校、深圳市前海礼德学校与香港共建港人子弟学校。深圳很多中小学和香港的中小学、教育机构结成姊妹学校、签订战略合作协议,加强教育友好交流合作。2012 年 10 月成立的香港中文大学(深圳)发展势头良好。香港大学和深圳市人民政府签订在深圳合作办学备忘录,共建香港大学(深圳)。罗湖区人民政府与香港中文大学商学院签署合作备忘录。香港职业训练局(职训局)与深圳职业技术学院共同推出合办课程和实训实习机会。

在医疗方面,香港大学深圳医院 2012 年 10 月正式营业,全面引进香港大学具有国际一流水平之优势学科,提供具有国际先进水平的高端医疗服务,2015 年 9 月通过澳大利亚医疗服务标准委员会(ACHS)全机构认证,2017 年 11 月正式成为国家三级甲等综合医院,并成为香港长者医疗券内地首个使用点,是香港与深圳医疗合作的典范。除了港大医院,深圳希玛林顺潮眼科医院是香港与深圳医疗合作项目的代表,是内地首家香港独资眼科专科医院,另有多家港资独资医疗机构在深圳执业注册和营业。香港中文大学(深圳)医学院已正式成立,深圳吉华医院、龙岗区中心医院、龙岗区人民医院成为香港中文大学(深圳)附属医院。2021 年4 月,深圳发布《关于加快推动医疗服务跨境衔接的若干措施》,促进优质医疗卫生资源更自由地跨境流通,让深圳人看香港名医、用境外新药,港澳居民在内地就医,病人的跨境转运都更便捷。目前,已有九种药品和两种医疗仪器可在"港澳药械通"下于港大深圳医院使用,37 位香港医生在深圳直接获评正高级职称。

在住房方面,早在 2009 年,根据香港与深圳两地政府的一项调查数据显示,约有 61900 香港人在深圳居住。而根据 2020 年香港特区政府统计处进行的一项香港人在大湾区生活意向的调查,有意到大湾区生活的香港人超过 26 万人。以罗湖区为例,据不完全统计,2021 年在罗湖工作、生活、学习的香港居民 4 万多人,已经成为罗湖建设的重要力量。因此,香港人在深圳有巨大的购房和租房需求,不少香港人出于居住、投资、养老等目的在深圳购置房产,香港部分银行也推出了湾区置业相关贷款产品。2018 年 9 月 1 日起,根据《港澳台居民居住证申领发放办法》,在深圳的香港居民办理了"居住证",就能在深圳享有子女义务教育、基本公共卫生服务、基本公共就业服务、法律服务、公积金及社会保险等权益。2019 年 11 月,中央政府公布了 16 项支持香港居民到大湾区发展的新措施,香港居民在大湾区内地城市购买房屋,豁免在本地居住、学习或工作的年限证明,以及缴纳个人所得税及社保。深圳也有相当数量居民在香港工作、生活,衍生了在香港置业、租房的需求。

在养老方面,香港特区政府在 1997 年推出了综援长者自愿回乡养老计划,受助者可选择在广东定居,领取按月发放的标准金额和每年发放一次的长期个案辅助金。2013 年 10 月,香港特区政府允许居住在广东省内符合资格的香港长者无须返港即可继续领取高龄津贴(俗称"生果金")。香港特区政府自 2014 年 6 月起推行"广东院舍住宿照顾服务试验计划",允许在特区政府轮候册上轮候入住资助安老院舍宿位的符合资格的香港长者选择入住两家由香港非政府机构在广东营办的安老院舍,其中一家为香港赛马会深圳复康会颐康院。2015 年,香港特区政府颁布了长者医疗券香港大学深圳医院试点计划,允许符合资格的香港长者在香港大学深圳医院使用长者医疗券支付该医院指定门诊服务的费用。深圳居民在香港养老大多因为子女在香港定居,暂未形成普遍趋势。

(五)生态产业合作演变

香港与深圳毗邻,以深圳河分隔,共享后海湾(深圳湾)和大鹏湾水体,生态环境一荣俱荣、一损俱损。香港与深圳之间生态产业合作以深圳河联合治理最具代表性。早在 1981 年 12 月,深圳市政府就深圳河防洪问题与当时的港英政府进行谈判,并成立联合工作小组,于 1985 年 3 月基本确定治河方案,分四期开展深圳河治理。1995 年 5 月,深圳河治理一期工程正式动工,2017 年 7 月四期工程完工,先后经过 22 年,香港与深圳两地共同治理河段长约 18 千米,采取了拓宽挖深、裁弯取直、桥梁与河堤重建、生态治理、滞洪削峰等措施,香港与深圳两地政府分摊了约 25 亿元治理费用。2003 年起,香港与深圳两地联合开展深圳河河道水面保洁项目,持续对河道水面漂浮物及各类垃圾进行打捞、清理和处置。

　　香港特区政府与广东政府于 2000 年在"粤港持续发展与环保合作小组"下设立了"大鹏湾及后海湾(深圳湾)区域环境管理专题小组",香港环境署与深圳政府分别于 2007 年 12 月及 2008 年 11 月签署协议,加强环保合作和推动清洁生产,保护大鹏湾和后海湾的水环境。香港与深圳之间还开展了深圳湾及大鹏湾海域污染控制联合研究并制定了中长期控制策略和近期联合实施方案。2016 年 12 月,香港特别行政区环境局与交通运输部海事局在深圳签订《内地与香港船舶大气污染防治合作协议》,加强香港和内地在控制船舶大气污染方面的交流与合作。2017 年 12 月,香港环境保护署与深圳海事局、深圳市人居环境委、深圳市交通运输委签订《深港船舶大气污染防治工作室合作协议》,落实珠三角水域船舶排放控制区。

　　香港与深圳之间湿地保护合作始于 20 世纪 80 年代,深圳红树林自然保护区和香港米埔自然保护区成立,香港与深圳划定了湿地保护红线。成立于 2009 年 12 月的阿拉善 SEE① 生态协会吸纳了香港与深圳两地关心湿地保护的人士,并发起成立"深圳市红树林湿地保护基金会",负责运营福田红树林生态公园。红树林基金会与香港开展清淤还湖、红树林补植、鸟类保护等一系列生态修复和保护措施。香港与深圳民间对海洋的合作保护成为常态,香港与深圳爱海志愿者连续十多年共同开展大规模海滩、海面、海底、海岸线清理活动。此外,香港与深圳联合开展开发落

---

　　①　阿拉善 SEE 生态协会是中国首家以社会责任(Society)为己任,以企业家(Entrepreneur)为主体,以保护生态(Ecology)为目标的社会团体。

马洲河套地区前期环境研究及综合研究,共同落实粤港大气污染物减排计划并加快实施减排措施,加强环境管理技术经验以及信息交流,联合开展深圳河湾地区环境质量监测并建立了定期数据交换制度等。香港与深圳产学研基地也孵化了深圳市香港与深圳产学研环保工程技术股份有限公司等环保技术专业公司。

三、香港与深圳要素合作演变

(一)资本要素合作演变

改革开放初期,香港是深圳最重要的资本来源地。香港客商纷纷在深圳投资电子、纺织服装、玩具等劳动密集型企业,为深圳带来资金、设备,形成"三来一补"业态,开启了深圳工业化进程。同时,香港的资本还大量参与深圳基础设施的建设。香港回归以后,香港与深圳资本双向流动趋势越发明显,一方面港资加大在深圳的投资,另一方面深圳本地企业不断发展壮大,不少深圳本地企业以香港为窗口扩展海外业务,到香港投资。随着《内地与香港关于建立更紧密经贸关系的安排》、金融开放和人民币国际化等国家战略的推进,香港与深圳以金融市场为纽带的资本要素合作越发普遍。

根据《深圳统计年鉴(2021)》的数据,截至 2020 年年底,在深圳登记的外商投资企业中,源自香港的共 31227 家,投资总额 2120.1 亿美元,分别占比为 53.7%、44.7%。根据《深圳市 2020 年国民经济和社会发展统计公报》,2020 年深圳向香港出口 6031.2 亿元,占深圳全年出口额的 35.5%。2009 年,香港与深圳之间启动货物贸易跨境人民币结算,根据中国人民银行发布的《2021 年人民币国际化报告》,2020 年深圳人民币跨境收付金额 24610.6 亿元,占全国 8.7%(排名第三),内地与香港的人民币跨境收付金额占到跨境收付总额的 46.0%,内地与香港货物贸易中使用人民币结算占全部货物贸易跨境人民币结算的 42.2%。2016—2021 年深港通累计交易金额 43.1 万亿元,其中深股通累计交易金额 34.8 万亿元,深股通下港股通累计交易金额 8.3 万亿元,深股通在深市 A 股交易金额的占比为 4.5%,深股通下港股通在香港股票市场交易金额的占比达到 6.8%,国际投资者通过深股通累计净买入 7932.1 亿元,持股市值 1.3 万亿元,占深市 A 股流通市值的 4.2%,内地投资者通过深股通下港股通累计净买入 9469.0 亿港元,持股市值 1.0 万亿港元。

（二）人才要素合作演变

改革开放以来,港商在深圳投资兴业,既为深圳引进了资本、技术,也为深圳引入和培养了大量人才。随着香港与深圳经贸往来越来越密切,两地人才交流频繁,一地人才在另一地求学、工作、创业十分普遍。数据表明,2012—2021 年,港澳同胞来深圳旅游的人数保持在 1000 万人左右,占境外到深圳游客总数的比例保持在 80% 左右,在一定程度上反映出香港与深圳之间的人才互动日益频繁。香港于 1990 年 9 月起实施海外中国专业人才来港工作的政策;于 2003 年 7 月推出"输入内地人才计划",吸引内地优秀人才和专业人才赴港工作;于 2003 年 10 月推出资本投资者入境计划;于 2006 年 6 月实施优秀人才入境计划;于 2008 年 5 月推出非本地毕业生留港/回港就业政策。

前海深港现代服务业合作区成立以来,颁布了一系列政策吸引香港居民来前海就业和创业。2012 年 12 月,《深圳前海深港现代服务业合作区境外高端人才和紧缺人才个人所得税财政补贴暂行办法》发布,2013 年 1 月,配套的《前海深港现代服务业合作区境外高端人才和紧缺人才认定暂行办法》正式实施,"前海境外人才个税 15%"优惠政策落地。2021 年 11 月,《深圳前海深港现代服务业合作区支持人才发展专项资金管理暂行办法》发布,对在前海合作区实习和全职工作的青年给予不同额度的生活补贴,对聘用香港青年达到 30 人以上的用人机构,一次性叠加奖励 20 万元。截至 2021 年 6 月,前海已累计注册港资企业 1.2 万家,注册资本 1.3 万亿元,实际利用港资占前海实际利用外资的 92.4%。认定的前海境外高端人才和紧缺人才中,香港居民占 50.0% 以上。前海深港青年梦工场累计孵化创业团队 524 家,其中香港团队 245 家。前海累计实现香港注册建筑师、澳门核数师等 14 类港澳人才仅需备案即可执业,382 名港澳专业人士完成执业登记备案。

深圳的人才政策一直走在全国前列,2007 年以来推出"鹏城学者计划""海外高层次人才计划"等人才计划,吸引了不少香港人才。《粤港澳大湾区发展规划纲要》颁布以来,深圳进一步出台政策,便利香港人才来深圳工作、创业和生活。为便利港澳居民在深圳创业,2019年开始,深圳将法定劳动年龄内的港澳居民纳入深圳自主创业和创业担保贷款重点扶持范围,并在各区设立港澳青年创业基地。深圳积极为港澳青年到大湾区内地城市创新创业和实习就业搭台、搭梯,助力港澳青年更好地融入国家发展大局。深圳在香港居民集聚的地区设立"港人服务中心"。3名香港青年通过广东2020年度选调生和急需紧缺专业公务员招录,成为深圳首批香港公务员;深圳2020年7月的事业单位招考完全向港澳青年放开;2020年12月,在服务"双区"建设专项招录公务员考试中,深圳首次设置定向港澳选拔职位。2021年3月,深圳公布《关于进一步便利港澳居民在深发展的若干措施》,涵盖港澳居民在深圳发展的全过程、各方面,通过打造全方位、多层次、"一站式"的综合服务体系,推动港澳居民融入"双区"建设。据深圳市人社局统计,截至2021年5月,共有33569名港澳居民在深圳参加职工养老保险,45名港澳居民参加城乡居民养老保险。香港与深圳跨境社保服务通已启动,符合条件的港澳居民可在中国银行香港地区的指定网点申请灵活就业和城乡居民养老保险参保登记业务。

(三)技术要素合作演变

香港为深圳早期"三来一补"业态输出了大量设备和技术。随着深圳转型发展高新技术产业,对技术的渴求越发迫切,香港在研发方面全球领先,香港与深圳技术合作成为必然。1999年8月,深圳、北京大学、香港科技大学在深圳高新区共建香港与深圳产学研基地,探索与市场经济相符的技术创新机制。深圳虚拟大学园吸引了6所香港高校入驻,鼓励香港高校在深圳设立研发机构,开展技术研究。深圳本地高校和企业聘请香港高校教授、专家担任兼职教授、顾问,指导人才培养和技术研发。成立于2012年的香港中文大学(深圳)是香港与深圳技术要素合作的典型代表,该校在人工智能与机器人、大数据与数据科学、信号与信息处理、类脑研究、生物医药、生物信息、先进材料、新型电子元器件、智能电网等技术领域已取得诸多科研成果。

香港与深圳知名高校、科研机构和企业纷纷在两地设立分支机构,拓展合作空间,例如华为在香港设立诺亚方舟实验室,中兴与香港移动通信合作4G业务,腾讯与香港科技大学合作设立人工智能联合实验室等。技术成果转化也是香港与深圳技术要素合作的一大特点,大疆等科技公司的技术始于香港,产业化在深圳完成。随着深圳科技创新水平的提升,深圳也开始向香港输出技术。根据深圳市科创委的统计,2021年上半年,深圳输出到大湾区的技术合同达715项,占全市技术合同总量的11.8%;成交额130.1亿元,占全市技术合同成交总额的11.7%,其中广州、香港、东莞等地区是深圳输出到大湾区技术合同的主要承接地。知识产权也是香港与深圳技术合作的重要内容。2021年4月,大湾区国际仲裁中心交流合作平台暨中国(深圳)知识产权仲裁中心落户河套,探索健全知识产权多元化纠纷解决机制;2021年10月,深圳知识产权业务受理窗口面向公众提供在香港特区申请商标注册、批予专利、外观设计注册相关业务的一般咨询服务。

(四)数据要素合作演变

香港与深圳之间经贸往来离不开数据交换,离不开相应的基础设施。中国移动、中国联通、中国电信均建立覆盖香港与深圳的通信网络和数据中心,可以提供各类数据存储、数据传输服务。前海建成我国首个直达国际互联网出入口局的国际数据专用通道,将前海联通境外的互联网传输延时降低至100毫秒以内(到香港80毫秒以内)。香港与深圳之间贸易往来、人员通关、金融市场互联互通、跨境见证开户、监管合作等业务场景的背后都是数据的跨境传输。为支持内地与香港基金互认,中国证券登记结算有限责任公司、深圳证券交易所、香港金融管理局设立基金互认基础设施服务,推出《跨境业务数据交换协议》,提供基金跨境销售数据传输等服务。深圳市信用促进会、境内信用机构联合香港诺华诚信等境外信用机构发布《基于跨境活动的企业信用报告格式规范》,形成共性数据项分类和个性数据项分类,便于不同国家和地区信用报告的快速转换。

《粤港澳大湾区发展规划纲要》指出,探索有利于人才、资本、信息、技术等创新要素跨境流动和区域融通的政策举措,共建粤港澳大湾区大数据中心和国际化创新平台;对科研合作项目需要的医疗数据和血液等生物样品跨境在大湾区内限定的高校、科研机构和实验室使用进行优化管理;探索建立统一标准,开放数据端口,建设互通的公共应用平台。《中共中央　国务院关于支持深圳建设中国特色社会主义先行示范区的意见》提出,支持深圳建设粤港澳大湾区大数据中心。香港的数据保护规则与国际接轨,深圳在数据要素利用方面具有先行先试政策优势,香港与深圳两地数据要素合作迎来重要发展机遇。

（五）土地要素合作演变

由于土地不能移动,所以香港与深圳土地要素合作从提高土地产出着手。深圳经济特区成立以来,大量港资在深圳投资设立工厂、产业园,推动深圳由农业经济为主向工业经济转型,参与深圳商品住宅开发。东湖丽苑由深圳经济特区房地产公司（深深房）与香港妙丽集团合作开发,是中国改革开放以来内地第一个商品房小区,也是当时第一个物业管理小区。深圳通过学习香港,开展了全国第一宗土地公开拍卖,直接促成了宪法的修改,建立起房地产市场化制度。20世纪70年代末,总部位于香港的招商局在深圳创办蛇口工业区,是香港与深圳合作提高土地利用效率的生动案例。1992年,香港和记黄埔介入盐田港一、二期码头,为深圳港口经济的发展作出了贡献。

随着深圳经济的崛起,香港与深圳企业互相在对方投资,香港与深圳居民互相在对方置业成为常态,带动了两地土地市场及房地产市场的繁荣。为深度对接香港所需,前海提出面向香港企业出让不少于1/3的土地。截至2021年9月,前海已累计面向港企出让土地19宗,面积39.6公顷,占新供应经营性土地出让面积的约40.0%。香港科学园在河套深港科技创新合作区科创园区设立深圳分园。深圳部分物业的权益也通过房地产信托投资基金（REITs）在香港交易,例如领展房地产信托投资基金持有深圳中心城商场,招商局商业房托基金持有五项位于深圳蛇口的物业。

第二节　香港与深圳深化合作的主要问题

一、香港与深圳产业合作发展的主要问题

（一）香港与深圳金融合作发展的主要问题

1. 香港与深圳在推动人民币国际化上的主要问题

第一，人民币存在离岸市场与在岸市场发展不均衡问题。人民币双向流动存在阻力。香港离岸金融市场主要为境内流向境外的人民币资产提供投融资渠道，但人民币回流却缺乏有效途径。其中的重要原因在于在岸金融市场的开放不足。长期以来，国内资本账户尚未完全开放，境外投资者参与国内金融市场、外资持股境内金融机构仍受到范围、额度和严格的比例限制。

第二，离岸人民币市场难以满足境外投资者多样性需求。对于境外流通的人民币，目前还缺乏充足且多样的渠道用于投资人民币资产。提供给境外投资者的人民币资产在规模、种类、流动性等方面都与其他国际货币存在差距。近年来，尽管金融基础设施建设不断加快，但仍存在总量不足、分布不均衡等问题，难以充分满足境外人民币交易清算的需求。

第三，境内外人民币利差易于滋生投机套利活动。由于境内利率市场化改革尚未完成，使在岸和离岸人民币市场可能存在利差和套利机会。在人民币跨境流动依然受到额度限制的情况下，部分资金可能通过地下钱庄或虚假贸易的形式进行跨境流通，进而可能扰乱境内经济金融秩序，加剧资产价格波动，对境内市场产生负面冲击。

2. 香港与深圳在发展特色金融上的主要问题

第一，当前特色金融创新大多为基于产品的"管道式"互联互通，市场主体体验感和获得感不强。为解决此问题，香港与深圳正按照"从易到难"的顺序推进"单一通行证"跨境金融监管沙盒试点，致力于打造一条跨境金融创新的"高速公路"，但该试点工作的实际效果仍有待观望。

第二，复合型人才面临严重供不应求的困境。特色金融领域通常属

于跨学科领域,对既懂金融又懂专业技术的复合型人才需求持续增长。复合型人才需兼具专业知识、实践能力和对金融业的洞悉,通常培养周期较长,且开设特色金融专业的高校尚不普遍,短期内面临的复合型人才供给缺口较为突出。

第三,缺乏标准体系和法律支撑。对于金融科技合作而言,由于缺乏规范性和标准化的技术体系,进而可能导致金融过度创新和风险外溢。因此,亟须探索如何将科技领域的相关技术标准与金融业务的应用场景有机结合,为金融科技创新划定技术边界。对于绿色金融而言,由于香港与深圳两地金融市场规则、产品认定还难以做到协同一致,无法以统一的绿色金融标准进行绿色金融产品的认定。在知识产权等科技领域,目前我国尚未出台专门的法律法规对知识产权证券化进行规范和指引,一旦在实际产品运行过程中出现纠纷和诉讼,只能参照证券法、合同法、公司法等相关法律条文进行处理,而无法针对知识产权的特殊性进行有针对性的处理,包括知识产权证券化的界定、产品交易、信息披露等,进而为具体实践带来困难。

(二)香港与深圳科技合作发展的主要问题

第一,科研管理制度差异制约香港与深圳科技高效协同。目前,香港与深圳两地的科研管理制度仍然存在差异,具体体现在管理机构、立项评审、执行管理、经费管理、知识产权归属等方面。香港科研人员参与内地项目尚未获得全面准入,相关科研人员或机构必须与内地机构合作,才有条件申请国家科研资金。因此,必须建立符合科研规律、适用于两地科研管理办法的协同模式。

第二,高成本对香港与深圳科创人才"挤出"效应显著。近几年,深圳的生产、生活要素成本不断上涨,而香港的土地价格和生产生活成本也长期处于全球高位。高成本势必会提高城市人才创业和定居门槛,增大企业入驻难度,降低城市吸引力。企业在劳动力、地租、营商等成本快速上涨的影响下,可能倾向于将生产基地迁至周边地区,进而导致众多企业的研发环节与生产环节在地理位置上存在割裂。企业的流失意味着大量人才的流失,将对香港与深圳创新协同产生不利影响。

第三,两地产业对接协作的战略和机制相对不足。深圳对科技成果的转化支撑能力相对薄弱,知识密集服务业发展仍是创新环节中的"短板",而香港拥有国际领先的研发创新等知识密集型服务业可以很好地补齐深圳的短板。然而,香港面临创新成本高、产业基础与市场需求缺乏、科研成果应用转化缓慢等"瓶颈",并且由于两地产学研之间的协作并未打通,中间缺乏共性技术和产业化技术对接环节,香港与深圳协同研发和成果转化的潜力还未得到充分释放。由此造成当前香港与深圳产业协同集聚效率不够高,生产性服务业与制造业还存在空间错配和脱节化风险,以产业集聚驱动香港与深圳协同创新集约发展有待提升等问题。

(三)香港与深圳海洋合作发展的主要问题

第一,香港与深圳海洋经济产业体系发展不足从而导致金融服务延伸范围有限。海洋金融作为新兴金融模式,在香港与深圳两地均处于起步发展阶段。信贷投放的海洋产业承载体主要集中在传统海洋渔业和服务业中,新兴海洋产业承载体除了海洋风电等可再生能源利用业,海洋生物医药业规模较小,几乎没有涉及海洋电子信息、天然气水合物产业等新兴产业。

第二,面临较大潜在风险的海洋产业对金融机构的吸引力不足。频繁的海洋灾害、外向型的企业汇率风险是香港、深圳两地的海洋经济发展必须面对的现实问题。在缺乏针对性风险缓释机制的情况下,以银行为主的金融机构为海洋企业融资时,不得不面临较大的风险。

第三,缺少专业化的海洋金融机构。海洋经济的发展,需要许多专业化的综合金融机构来提供专业化的金融服务。为最大化地提升金融服务海洋经济的能力,必须要有一个适应海洋经济发展的综合金融服务提供商的出现,而目前香港、深圳两地还没有建立诸如海洋合作开发银行这样的综合性金融机构,只有个别银行在初步涉水,其相关职能不够成熟,因此无法做到充分整合各种资源和渠道,以及投资、融资、保险等业务平台,很难开展更为广泛的涉海业务。

(四)香港与深圳民生合作发展的主要问题

1.香港与深圳医疗合作发展的主要问题

第一,医师人才定级考试和资质认可难以衔接。香港与内地医师职级评定处于不同体系,难以对接。内地医师分为主任医师和副主任医师等职称级别,与相应的人才待遇、诊费标准等对应,而香港和海外医师没有对应的职级制度,意味着不能享受相关待遇及优惠政策,这在一定程度上影响了港澳医师在内地的发展。虽然香港医师可以通过参加内地职称定级考试进行认定,但是职级考试的模式、内容都与香港体系不相适应,通过率极低。此外,内地医院在培养医师人才方面,规定毕业生必须经三年规范化培训后才能上岗,而目前只有公立医院具备"规培"资格,香港医疗机构难以培养内地的医学专业应届毕业生人才。

第二,境外药品、器械进口限制较严。药品和医疗设备对医疗行业的发展至关重要,内地对境外药品及医疗设备配备一直实行严格的管制,这也是制约香港医疗机构在内地发展的重要因素。医疗器械主要受制于"配额",大型医疗设备进口需要申请国家配额,审批手续繁杂,医院自行筹资购买尚不允许。此外,境外药品进口也受到严格管制。虽然粤港澳大湾区领导小组于 2019 年 11 月 6 日公布十六项普及惠民及便利香港专业界别到大湾区发展的政策措施,包括,"容许在大湾区内地城市的指定港资医疗机构使用已在香港注册的药物和常用的医疗仪器",但是仅仅限于"香港注册的药物和常用的医疗仪器",比起海南将国外医疗药物、器械的审批权下放至地方的医疗政策,大湾区的医疗政策开放程度仍有一定的差距。

第三,医疗机构市场准入存在隐形门槛。虽然《内地与香港关于建立更紧密经贸关系的安排》补充协议允许香港医疗机构进入内地,但是其条件要求较高。如 2017 年国家卫计委颁布的《医疗机构基本标准(试行)》对医院、门诊部、诊所的设置、在科室设置、人员、房屋面积、设备等方面都有明确的限定,综合门诊部的设置也规定至少设有 5 个临床科室、至少有 5 名医师,其中 1 名具有副主任医师以上职称的医师、建筑面积不少于 400 平方米等。而在香港,医疗机构在开办门诊方面可以自由选择规模。由此可见,香港医疗机构进入内地市场的准入条件较严格。

第四,医疗规则的衔接有待加强。由于香港与内地医院管理体制和医疗服务规范、服务标准及药品使用范围、社会保障体制等均存在差异,双方的规则、法律难以衔接。香港与深圳医疗机构跨境转诊合作试点推进效果并不理想,主要是因为香港医疗服务标准、药品使用范围有别于内地,医疗保险体系与内地社会保障体系未能实现充分对接,跨境转诊医疗费用异地结算和报销难以实施。从欧盟的医疗保险跨国转接经验来看,已实现一定条件下的跨境医疗服务,通过发挥欧盟委员会、欧洲议会、欧盟理事会等机构的协调作用,对于跨国工作就医、短期旅居国外就医、退休人员异国居住就医等医疗服务等,符合条件都可以进行费用报销。香港与内地的跨境医疗服务长期受制于双方截然不同的规则、法律体系,相关转化、接轨的政策几乎处于"真空"状态,因此,在短期内难以有效衔接。

2. 香港与深圳教育合作发展的主要问题

第一,合作方式单一。由于内地与香港法律法规的限制,高等教育合作主要以商业存在和境外消费为主,自然人流动和跨境交付还未形成规模。办学专业具有一定的局限,合作内容主要集中在经济、法律、管理等领域。合作办学参差不齐,部分教学质量不高,而且个别采取自主招生,缺乏质量监督,进而影响就业。

第二,合作法规欠缺。《内地与香港关于建立更紧密经贸关系的安排》第六十二条规定:"外国教育机构、其他组织或者个人不得在中国境内单独设立以中国公民为主要招生对象的学校及其他教育机构";第五十九条规定:"香港特别行政区、澳门特别行政区和台湾地区的教育机构与内地教育机构合作办学的,参照本条例的规定执行"。这两项法律规定排除了香港高校在内地独立办学的可能性。此外,对合作方式、学生权益、教育投资和知识产权的保护也缺乏相应的立法。

第三,缺乏推进两地高等教育合作的机构和组织。高等教育的合作经常性夹杂在经贸合作中,教育部门就推进香港与深圳教育合作的参与性不高。此外,合作办学层次主要集中在硕士及以上,本科所占比例较小;合作方式以合作项目为主,合作机构为辅;合作办学专业以经济社会发展所急需的应用型专业为主。

（五）香港与深圳生态合作发展的主要问题

1. 生态类金融产品与实际需求不相适应

当前,中国正在致力于实现二氧化碳排放于 2030 年前达到峰值、于 2060 年前实现碳中和的目标。根据相关研究,预计未来十年,中国每年需要的绿色资金量在 10 万亿元以上。而从渗透率来看,目前绿色金融在中国金融体系中的占比约为 4.0%。作为绿色金融中占比最大的绿色信贷,截至 2020 年年末,中国绿色贷款余额达 12.0 万亿元人民币,位居世界第一,但占中国银行总资产的比例也仅为 4.0%—5.0%。除绿色贷款外,绿色基金、绿色保险、绿色信托、绿色 PPP、绿色租赁等新产品、新服务和新业态也正在不断涌现,但总体规模仍然偏小,针对各领域的绿色金融产品仍然有待丰富。香港与深圳两地绿色金融虽然走在全国前列,但也远远无法满足当前社会对绿色资金的巨大需求。与此同时,当前深圳绿色金融跨境业务和产品仍然处于试点阶段,尚未形成规模效应。

例如,截至 2021 年 12 月末,3 家绿色跨国企业集团完成跨境双向人民币资金池的备案手续;兴业银行深圳分行以融资租赁公司的长期应收租赁款作为担保物向其发放贷款或保理款;华泰联合证券成功承销境内首单非金融企业气候债券等。

2. 缺乏重大基础设施

深圳碳排放权交易市场是全国首家成交额突破亿元及全国首个向境外投资者开放的碳排放权交易市场。然而深圳碳排放权交易市场缺乏强有力的政策支持。一方面,上海碳交易市场已被确定为全国性交易市场,使深圳排放权交易所打造成为全国性交易平台的难度加大。另一方面,随着广州期货交易所的设立并大力发展碳期货市场,深圳碳排放权交易市场的发展空间进一步受限,因此,香港与深圳两地开展碳金融合作缺乏国家级的交易平台。

在此背景下,通过探索设立碳银行或气候银行等全国性乃至国际性金融机构,以此集聚生态产业基金,引导社会资本流向生态领域,可以作为香港与深圳补齐生态合作"短板"的重要尝试。然而,由于碳银行或气候银行类似于国际海洋银行,都属于新兴领域,无论是机构性质、资本金来源还是业务与经营范围,都缺乏可供借鉴的案例,且全国性乃至国际性银行的设立需要中央各部委的积极推动和充分协调,在实际设立和运行过程中存在诸多需要突破的难点。

3.缺乏国家级绿色产业基金

近年来,各地政府纷纷通过设立产业引导基金,对本地产业发展进行引导,而绿色产业逐渐成为产业引导基金的重要投向。2016年以来,政府产业引导基金作为有限合作人(LP)投向清洁技术(环保、新材料、新能源、其他清洁技术)的比重总规模占比超过10.0%,远高于市场化基金投向绿色行业的比例。由此可见,政府绿色产业基金是促进可持续发展的重要力量。2020年7月,由国家绿色发展基金牵头设立上海绿色发展基金,基金首期规模达885亿元人民币,将重点投资污染治理、生态修复和国土空间绿化、能源资源节约利用、绿色交通和清洁能源等领域。然而,香港与深圳两地目前还缺乏国家级的绿色产业基金,必须利用好国家拟设立各类绿色产业基金的契机,积极争取相关基金落地深圳,从而与香港共同开展跨境生态产业投融资业务。

二、香港与深圳要素合作发展的主要问题

尽管香港与深圳近年来受益于《内地与香港关于建立更紧密经贸关系的安排》及其补充协议,两地服务贸易开放程度一再扩大,跨境要素流通逐步便利化,但由于在资金、数据、技术等要素跨境流动过程中仍然存在一定管制,高技术和新兴服务业领域双向联动开放格局尚未形成,导致香港与深圳要素的全面合作仍然存在"瓶颈"。

(一)资金要素合作发展的主要问题

在资金要素方面,由于香港与深圳涉及不同的货币、利率、汇率体系,内地法定货币为人民币,实行有管理的浮动汇率制度,香港特别行政区的法定货币为港元,实行挂钩美元的联系汇率制度,使人民币与港币的汇率可能存在较大波动。同时,内地资本项目尚未完全开放,跨境账户体系建设仍有待完善,导致跨境资金仍然无法高效便利流动。虽然深圳正探索区块链技术与数字货币(DCEP)相结合的应用模式,以此满足符合粤港

澳三地对数字货币和跨境支付的需求,但由于相关技术和创新监管还存在一定"瓶颈",数字货币的跨境应用仍任重道远。

(二)人才要素合作发展的主要问题

在人才要素方面,一是交通基础设施条件在一定程度上限制了香港与深圳人员要素的流通。从口岸客流量来看,客流分布不均衡性特征较为明显,跨境客流的时空分布不均衡,导致部分口岸高峰期旅客通关压力较大。沙头角口岸、皇岗口岸、文锦渡口岸、罗湖口岸均采用传统"两地两检"模式,降低了两地通关效率。二是香港与深圳人才流动意愿有限。除内地税负过重降低了深圳对香港人才的吸引力之外,根据香港大学的《香港与珠江三角洲:经济互动》研究报告结果,香港与珠三角地区合作多年,始终未能进一步跨越磨合期,其根本障碍为两地缺乏地区认同感,由此导致两地生活、工作共同体的格局尚未形成。

(三)技术要素合作发展的主要问题

在技术要素方面,一是科研物资流动受限,香港与深圳两地药品、医疗器械、设备进口、科研材料等审评审批手续、标准不一致,与市场深化合作不匹配。二是科研资金流动受限,中央科研拨款仍处于试水阶段,拨款规模比较小,适用主体仅限于港澳高校及科研机构,在港科技企业无法受惠。科研、风投创投等资金跨境流动管理不够灵活,科技项目退出机制复杂。"惠港十六条"等一系列政策发布后,内地至香港的科研经费得到进一步疏通,但香港到内地的科研资金跨境仍未得到有效突破。

(四)数据要素合作发展的主要问题

在数据要素方面,一是尚未搭建高效完备的数据交易、流通的基础设施和市场,香港与深圳现有的数据通道难以满足企业和居民的数据跨境需求,而数据要素的交易仍然缺乏统一的市场;二是数据要素的跨境监管体系尚不完备,关于数据安全、数据监控、数据保护等相关的法律和技术仍然相对缺失;三是香港与深圳数据信息尚未实现充分共享,从而在跨境监管协同和风险防范方面仍然存在障碍。

(五)土地要素合作发展的主要问题

在土地要素方面,一是香港与深圳两地的土地资源相对稀缺,在共建大面积合作区上存在空间限制;二是当前已有的合作区建设进度相对滞后,缺乏统筹规划,各自为政的特征依然明显,功能区的产业、要素、规则尚未实现充分合作,进而影响了土地要素合作的效率和经济效益。

第五章　香港与深圳深化合作的机遇与挑战

在世界经济、政治发生复杂深刻变化的外部环境下,在中国推进高质量发展和经济结构转型的关键时期,香港与深圳深化合作的战略意义得到显著提升,需求场景得到极大丰富,同时也面临前所未有的挑战。只有系统总结香港与深圳深化合作的重大机遇,才能充分体现香港与深圳深化合作的必要性、迫切性与可行性,也只有厘清香港与深圳深化合作的主要挑战,才能找准香港与深圳深化合作的突破口。

因此,本章从香港与深圳深化合作的机遇与挑战入手,重点研究了百年变局下香港与深圳深化合作的战略意义以及新发展理念下香港与深圳深化合作的巨大需求,以此彰显香港与深圳深化合作的重大机遇。同时,从统筹协调机制、发展定位、制度差异、产业结构差异、利益分配、土地空间等角度提出香港与深圳深化合作的主要制约因素。

第一节　香港与深圳深化合作的重大机遇

一、百年变局提升香港与深圳深化合作的战略意义

(一)香港与深圳合作格局发生根本性变化

习近平总书记 2018 年 6 月在中央外事工作会议上提出:"当前,我国处于近代以来最好的发展时期,世界处于百年未有之大变局,两者同步交织、相互激荡。"[1]这是习近平总书记近年来对国际形势的一个重要论断。

---

[1]　《习近平谈治国理政》第三卷,外文出版社 2020 年版,第 428 页。

这一论断表明,必须深刻认识世界经济、政治以及中国与世界的关系发生重大变化的大环境,结合当前新冠肺炎疫情加速全球格局重塑的大背景,全面把握大变局对中国发展带来的机遇与挑战。

世界百年未有之大变局,意味着世界正在发生着的事情是近百年来未发生过的带有"破局"和"立局"性质的大变化,也意味着香港与深圳过去的合作模式可能已经无法适应当前大变局的环境,必须探索香港与深圳深化合作的新模式,以此把握大变局中的战略机遇。由于大变局涉及许多方面,包括世界格局之变、国际政治之变、中国经济之变、全球金融之变,这说明香港与深圳深化合作也必须建立全方位、多层次的新发展格局。

1. 世界格局之变——世界发展主导权由西向东转移

世界格局之变的核心在于中国的发展和经济产业中心由西向东的转移。中国经过40多年的跨越式发展,社会生产力得到极大解放和发展,人民生活水平显著提高,已成为世界第二大经济体、第一大工业国、第一大货物贸易国、第一大外汇储备国。中国在国际事务中的作用和话语权持续增强,西方国家近五百年来在世界历史进程的主导地位正在加速改变。

2. 中国经济之变——中国进入高质量发展新阶段

尽管中国在2020年也受到新冠肺炎疫情的较大冲击,但整体经济表现出足够的韧性,全国就业形势总体稳定,在民生保障领域和新动能领域仍保持增长甚至较快增长。当前,中国正在深入贯彻新发展理念,中国经济进入由"数量提升"到"质量提升"、由"规模扩张"到"结构升级"、由"要素驱动"到"创新驱动"、由"高碳增长"到"可持续发展"的新发展阶段,意味着中国经济发展模式已经发生根本性变化,也将不断涌现出新的经济增长点。

3. 全球金融之变——疫情下的全球货币大放水

由于新冠肺炎疫情在全球范围内仍然呈现快速蔓延的态势,全球经济的复苏仍然任重道远。在全球经济放缓的大背景下,纽约和伦敦等国际主流金融市场缺乏强有力的经济支撑,具有一定的脆弱性,易于形成较大的金融风险。为了应对新冠肺炎疫情对经济的冲击,全球普遍采用宽松性的货币政策,从降息幅度和密集程度来看都远远超过了2008年的国际金融危机,低利率甚至负利率政策在欧美国家普遍存在。这意味着新冠肺炎疫情下的全球流动性将中长期过剩,可能加剧各国债务负担和偿债风险,进而引发全球货币地位的深刻变革。

(二)香港与深圳深化合作迎来新的更大使命

在世界经历百年变局的背景下,香港无论是金融地位还是战略地位都更加彰显,巩固提升香港地位作用是具有战略眼光和全局性的决策部署。

第一,香港作为我国连接国际资本市场的重要平台和离岸人民币市场,既能够促进国内外资金互联互通,本身又承担着隔离、降低跨境资本冲击的功能,进而对中美贸易摩擦起到一定的缓冲作用。同时,香港采用的英美法律体系符合国际惯例、具有完善的知识产权保护和国际仲裁机制,亦可缓解中美在知识产权方面的争端。

第二,香港将在人民币国际化进程中发挥更重要的作用。香港在跨境人民币贸易结算方面已具备强大优势。根据 2020 年人民币跨境收付金额情况,香港所占比重达到 46.0%,远超第二位新加坡的占比 12.9%(见图 5-1);且香港跨境人民币贸易结算体量和渠道还将进一步拓展,在推动进出口人民币结算、提升以人民币为基础货币的支付体系的过程中发挥核心作用。

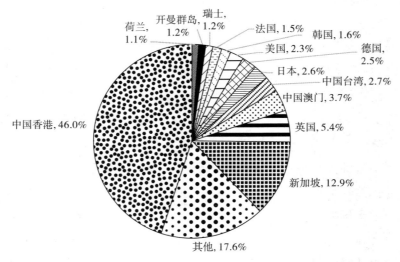

图 5-1 2020 年人民币跨境收付金额国别和地区分布情况

资料来源:中国人民银行官网《2021 年人民币国际化报告》。

第三,香港的对外辐射示范功能将进一步增强。在构建人类命运共同体的引领下,香港将被赋予更大的辐射全球的职责和使命,以此推动"一带一路"高质量发展,以中国的新发展为世界提供新机遇。

因此,为了保持香港长期繁荣稳定,促进香港更好地融入国家发展大局,有必要对香港给予全方位的支持,为香港带来新的发展动能。其中,香港与深圳深化合作无疑将被赋予新的更大使命,这不仅有利于解决香港的深层次发展问题,同时也能够使香港的制度优势更好地向内地辐射,与深圳共建创新能力和营商环境一流的世界级城市群。

(三)香港与深圳成为推动人民币国际化的战略要地

目前,美国所推行的经济政策框架以历史性的扩张性财政计划为主,配合以新冠肺炎疫情后的宽松货币政策,这已导致美元作为全球储备货币的份额出现明显下降。在 2021 年 3 月 11 日,拜登签署了总规模 1.9 万亿美元的"美国经济救济计划",后续预计在 2022 财年会实施约 4.0 万亿美元的"重建更好未来复苏计划",财政刺激计划累计近 6.0 万亿美元,占 2020 年美国名义生产总值之比超过 27.0%。根据国际货币基金组织 2020 年第四季度官方外汇储备货币构成报告,美元储备占比已跌至 60.0%以下(见图 5-2)。

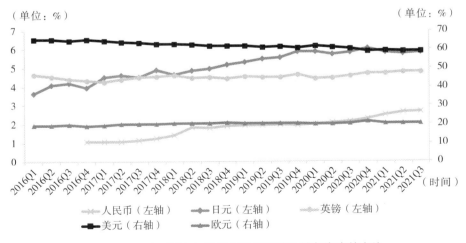

图 5-2　2016—2021 年世界主要货币作为储备资产的占比

资料来源:国际货币基金组织(IMF)官网。

与此同时,中国在控制疫情方面取得重大成就,在全球大国中率先实现经济正增长,对人民币币值稳定形成了强有力支撑,外资直接进入内地市场或通过香港进入内地市场的诉求强烈。未来通过集聚港交所和深交所两大证券交易所优势,以及两地在跨国金融机构和高科技产业的资源,将强有力地推动人民币国际化进程。

二、新发展理念创造香港与深圳深化合作巨大需求

(一)扩大开放促进香港与深圳要素流动和国际对接

过去40多年中国经济发展是在开放条件下取得的,未来中国经济实现高质量发展也必须在更加开放的条件下进行。毫无疑问,中国将加大对外开放的步伐,推动我国对外开放由商品和要素流动型开放向规则等制度型开放转变,加快构建与国际通行规则相衔接的制度体系和监管模式,深度参与国际分工及发达经济体市场竞争,深度融入全球创新网络,推动全球经济体系与国内高质量发展形成正反馈效应。

而京津冀、长三角、粤港澳大湾区、海南自由贸易港等国家级规划作为扩大开放的重要实践,昭示中国改革开放的力度、速度、节奏发生重大变化,吹响了改革开放再出发的号角,充分彰显党中央全面深化改革、全面扩大开放的坚强意志和巨大决心,有利于探索高质量发展新模式、区域协同发展新路径,进而在全国打造多个经济增长极,并以此为基础增强核心区域的辐射带动能力。

在此背景下,北京、上海、海南均以对标全球"最高、最好、最优"为发展主线,并不约而同地将构建开放型经济形态作为重中之重。北京作为中国管理中心和科技创新中心,不断整合和全方位覆盖全国政策资源,加快推进现代服务业对外开放。上海作为国家定位的国际金融中心,依托其完善的国家级交易平台和国际化生态,推动制度设计的创新引领。海南除了积极争取中央各部委的开放政策支持之外,还通过货物进出自由、服务贸易自由、投资便利自由、资金流动自由、人员往来自由、数据流动自由和"零关税"、低税率、简税制原则对标国际最高水平的开放形态。

相比较而言,深圳在部分开放领域与北京、上海、海南仍然存在一定差距。与北京相比,深圳缺乏参与重大开放政策讨论的机会;与上海相比,深圳缺乏高度国际化的业态和国家级基础设施;与海南相比,深圳缺乏具有国际竞争力的贸易税收制度。然而,在全面扩大开放的大背景下,通过加强香港与深圳要素互动,将有效集合两地资源,并实现与国际要素的有机连通,进而在短时间内实现开放水平质的飞跃。

(二)创新驱动激发香港与深圳打造科技高地的强烈意愿

一方面,香港与深圳深化合作有望把握第四次工业革命和全球产业重塑的机会。由于世情、国情发生深刻变化,科技创新对中国来说不仅是发展问题,更是生存问题。成功跨越中等收入陷阱,关键在于能否实现由要素投入驱动向技术创新驱动的跨越。硅谷之所以成为全球基础研究的标杆,诞生了一批世界领先的企业,正是得益于硅谷在第三次工业革命确立了先发优势。其他地区由于只能享有硅谷核心技术的使用权,而无法享受核心技术的共同开发权,因此,硅谷至今仍然通过成本壁垒和技术壁垒在部分核心技术研发和使用上占据主动。中国由于在核心技术的研发上起步较晚,易于受到其他境外企业的技术掣肘,这是香港与深圳深化合作需要重点突破的"瓶颈"。当前,以信息化、智能化、数字化和新能源、新材料为主的"第四次工业革命"的到来已经逐渐成为共识。在数字化、智能化等领域,深圳与国际标杆城市基本处于同一起跑线,甚至成为全球的领跑者,通过集合香港与深圳两地的技术研发与应用优势,有望在新一轮工业革命中抢占技术高地。

另一方面,香港与深圳深化合作有利于产生富有竞争力的创新型企业。将香港的对外平台优势和深圳科技型企业储备优势相结合,将使香港与深圳企业更具国际化视野,更好开拓国际市场、参与国际竞争、提供国际化服务,进而打造具有全球影响力的科技集团。同时,香港与深圳深化合作能使境内科技型企业享受更加优质的金融服务,更好对接国际顶尖的投资银行、评级机构和金融中介机构,进而利用境外机构的资本和管理优势,实现高质量"走出去"。

（三）"五位一体"催生香港与深圳"金融+"发展新模式

"五位一体"是完成社会主义现代化和中华民族伟大复兴的总布局，是对"全面推进经济建设、政治建设、文化建设、社会建设、生态文明建设"的概括表述，是基于历史发展经验和当前深刻复杂环境变化提出的重要理念。从改革开放初期邓小平同志提出的"一手抓精神文明，一手抓物质文明"的"两个文明"建设，到党的十六大报告中的经济、政治、文化建设"三位一体"，到党的十七大报告中提出的经济建设、政治建设、文化建设和社会建设"四位一体"，再到党的十八大报告中的"五位一体"，充分体现出中国特色社会主义理论和实践的与时俱进，意味着中国的经济发展与政治、社会、文明、生态建设处于同等重要的地位，以人为本、全面协调可持续的发展理念被摆在更加突出的位置。正因如此，香港与深圳深化合作不能仅限于经济合作，还需要涉及民生、生态的方方面面。在"五位一体"新发展理念的指引下，香港与深圳深化合作的外延得到极大拓展，跨领域的协同发展也将迎来重大机遇。

其中，金融与产业的深度合作是践行"五位一体"新发展理念的重要内容，为推动香港与深圳高质量、全方位合作创造了大量场景。可以围绕实体经济发展重点领域的金融需求，充分发挥香港与深圳两地金融组织健全、金融创新活跃、金融环境良好的优势，通过"金融+制造""金融+海洋""金融+科技""金融+供应链""金融+民生"等模式，大力探索金融支持科技创新、生产制造、海洋经济、民生保障等重点领域的有效途径和方式，提升金融结构与经济结构匹配度，构建金融有效支持实体经济的体制机制。与此同时，香港与深圳金融领域合作可以成为向上向善的力量。当前，兼顾经济效益、环境效益与社会效益的可持续金融（Sustainable Finance）成为政商学界关注的焦点，并成为全球金融发展的重要共识。社会影响力金融（可持续金融的一种类型）和绿色金融是可持续金融的两大支柱，反映了金融与社会、金融与环境的相辅相成。香港与深圳两地可利用金融手段促进联合国可持续发展目标以及中国碳排放目标的实现，打造金融向上向善的标杆。

（四）需求侧改革丰富香港与深圳深化合作的需求场景

2020年12月11日,中共中央政治局会议提出,要扭住供给侧结构性改革,同时注重需求侧改革,这是中共中央政治局会议首次以"改革"的提法对需求侧提出定位,意味着需求侧在宏观调控中的作用将显著提高。需求侧改革的提出符合当前中国需求的基本特征。一方面,中国拥有扩大内需的巨大潜力,2021年生产总值首次突破110万亿元人民币,已经形成超大规模的经济体,人均生产总值超8万元人民币,首次超过世界人均生产总值水平。在全球经济增长乏力的大环境下,中国需求成为全球经济增长的主要动力和全球创新的重要引擎。由于新业态、新模式不断涌现,需求结构不断变化,对产品和服务的品种、质量提出了更高要求。通过加强香港与深圳深化合作,既能够满足香港与深圳两地不断提升的跨境消费和跨境投资需求,也可以利用国际供给体系为国内提供优质产品和服务,或者激发国内对科技创新型产品的新需求,从而推动消费升级和消费规模的提升。

另一方面,中国面临"内需不畅+外需不稳"的困境,需求侧的结构性问题日益突出,需求侧改革已经迫在眉睫。从消费需求来看,消费增速自2008年国际金融危机以来,整体呈现下行趋势,而新冠肺炎疫情进一步加剧了对消费端的影响。从出口需求来看,受到外部不确定性因素冲击,出口需求波动幅度较大,较难对需求端形成稳定的贡献。从投资需求来看,尽管政府投资仍然是应对经济放缓的稳定器,但同时也可能加大地方债务和去杠杆压力,甚至可能造成产能过剩,从而不利于供给侧结构性改革。通过香港与深圳深化合作,将对消费、投资、出口需求的改善产生积极作用。在消费端方面,由于香港与深圳两地的中高收入人群比例较高,也是全球资本的重要聚集地,能够成为消费型产品和服务的重要创造者和使用者。在出口端方面,香港与深圳两地可以借外需改革之机推动人民币国际化。在投资端方面,香港与深圳两地是"两新一重"(新型基础设施、新型城镇化、交通水利等重大工程和重大项目)的重要投资地,尤其是在5G、人工智能、物联网、工业互联网等新基建以及公共交通、生态环保、民生保障等领域具有广阔的投资需求。

第二节　香港与深圳深化合作的主要挑战

近年来,香港与深圳合作不断深入,合作的内容和方式愈加丰富,取得了诸多成效。但与此同时,两地合作也存在一些体制、机制问题和政策障碍,对于两地进一步深化合作提出了挑战。

一、缺乏统筹协调机制

香港与深圳同为粤港澳大湾区的中心城市,均承担着经济金融发展、科技创新、对外贸易、低碳转型等重要使命,不可避免地会在细分领域形成直接竞争关系。必须集合两地优势,实现资源充分共享、优势充分互补、市场充分合作,降低由于内部竞争造成的资源损耗和基础设施的重复建设。尤其是对于一系列重大体制机制创新,如何在中央与地方之间、中央各部委之间、深圳与香港之间达成共识、形成合力,成为影响香港与深圳深化合作效率的关键。然而,当前由于缺乏高效的统筹协调机制,使在香港与深圳深化合作问题的制度设计和顶层推动上仍然存在一定困难。

一是尚未形成相对统一的顶层设计思路。当前,关于香港与深圳深化合作发展的顶层设计思路,政界、学界和业界仍然存在较大分歧,包括如何对香港与深圳的发展进行定位,以此满足香港与深圳各自的发展诉求;如何明确香港与深圳的竞争合作关系,提升两地的深化合作意愿等。

二是尚未建立起与顶层设计相适应的顶层推动模式。顶层推动是顶层设计落地实施的基本保障。通常而言,顶层推动的两大方式是设立顶层领导机构和顶层立法。在顶层领导机构方面,目前,香港与深圳发展问题更多的是放在粤港澳大湾区的范围内进行统筹考虑,由粤港澳大湾区建设领导小组进行顶层推动。毫无疑问,香港与深圳深化合作必须服务于粤港澳大湾区建设。但与此同时,香港与深圳深化合作具有自身的特殊性,尤其是香港与深圳作为跨境体制机制对接的前沿阵地和突破口,深圳作为国家层面的先行示范区,使香港与深圳承担的发展任务相比于大湾区其他城市更加艰巨和复杂,有必要在中央层面单独设立顶层领导机构,保障在香港与深圳深化合作的重大事项推进上具有更快速度、更大力度,同时对香港与深圳两地监管机构进行更好地协调。在顶层立法方面,香港一直以来具有高度自治的立法权,深圳尽管也具有特区立法权,但在法律位阶上与香港存在差距,由此导致香港的重大合作设想可能由于顶层立法的缺失而难以在深圳推行。深圳争取顶层立法权的核心在于借鉴改革开放初期的深圳经济特区立法权,即在上级审批模式上,实现由单个事项的审批式向单类事项的审批式转变,同时赋予深圳对同类项下的具体举措自主决策权,推动集成式、切块式管理。

三是尚未建立起高级别的定期协商机制。香港回归后,各级、各地政府意识到通过协商来加强经济合作的必要性和紧迫性,并且开始了政府层面的商讨和互访活动,但这类活动通常级别较低,难以对香港与深圳深化合作进程中涉及的大量重大举措进行决策,进而影响了取得成效的速度。与此同时,现有活动大多处于随机性、不定期举行的状态,导致部分合作项目的建设进度较难得到保障。

二、缺乏明确发展定位

当前,关于香港与深圳的发展模式还受到传统观念的影响,例如,部分观点认为,香港与深圳深化合作存在主次之分,香港作为"前台",而深圳作为支持香港发展的"后台";香港以支持外循环为主,而深圳以支持内循环为主;香港与深圳之间的发展模式适合采用"双轨制"而非合作。如上文所述,正是由于对香港与深圳两地的地位、作用缺乏统一的认识,导致无论是在顶层设计还是在具体实施路径的选择上,都可能对香港与深圳全面合作的推进产生不利影响。

第一,香港与深圳发展需要将香港与深圳两地放在同等重要的位置,而在利益分配上可实现向香港倾斜,在业务开展上可优先选择与香港企业合作。相比于过去在香港与深圳合作中扮演"后台"和"次要因子",深圳如今在多个领域已经赶超香港,成为香港迅速融入内地市场的牵引力。尤其是在本地大型企业方面,深圳相比于香港具有明显优势。传统的强调香港与深圳两地分别作为"前台"和"后台"的功能划分,而非遵循市场化的合作原则,将降低两地企业开展合作的积极性。

在扩大内需方面,深圳吸引着港资企业建立内销网络。香港中华厂商联合会的研究报告显示,在大湾区广东 9 个城市的港资制造业企业营业额达 9000.0 亿港元,每年缴纳税款 280.0 亿港元,吸纳就业 270 万人。一些以外销为主的港资企业已经把目光投向内地,开始建立内销网络。深圳已经进入消费升级阶段,对"高、新、优、特"产品需求旺盛,电子商贸平台发达,在线支付和物流系统等基础设施完善,为港资企业发展跨境电子商贸提供了机遇。在扩大对内投资方面,内地尤其是深圳的优质营商环境对香港资本有着强烈的吸引力。近年来,内地中来自香港的投资已超过三分之二。在民生和消费方面,香港与深圳共建优质生活圈的需求不断增强。根据国务院港澳事务办公室的资料,截至 2020 年 5 月,已有超过 23 万香港居民申请了内地居住证。目前,在大湾区长期生活、工作、养老的港人已经超过 50 万人。加之大湾区交通基础设施建设全面提速,"1 小时生活圈"加快形成,港人港企在大湾区的投资、消费涉及的各类跨境支付需求将不断增加。

第二,香港与深圳发展需要将香港与深圳支持双循环放在同等重要的位置。内外两大循环是相互促进的有机统一体,因此,香港与深圳在两大循环中的功能也需要统筹考虑。与此同时,香港与深圳需要在中国经济循环中发挥更大功能。香港不仅需要作为"外循环"的通道,更需要融入和辐射内循环;深圳不仅需要作为"内循环"的重要力量,还需要积极融入全球网络。香港经济的定位一直是我国与世界联结的"超级联系人",未来在构建双循环新发展格局中,香港将继续作为我国外循环的一个超级枢纽。然而,由于中美贸易摩擦等外部冲击,我国外循环的四大领域,即与外国的商品贸易、服务贸易、直接投资和金融投资,都遇到重大阻力,香港的外循环枢纽功能将不可避免地受到负面影响。另外,香港过度依赖"外循环"的单向发展模式难以支撑香港经济的可持续性发展,必须以"内"补"外",以融入内循环产生的新效益弥补外循环枢纽功效减弱造成的效益损失。

第三,香港与深圳发展需要将深化合作而非双轨制作为中长期目标。

"双轨制"即允许符合资格的港澳企业或其部门可以在一些经过创新性、系统性、精细化设计的内地试验区内按港澳法律、港澳监管、港澳货币来运作。短期而言,双轨制是解决香港空间和市场容量不足问题的有效手段,既有利于发挥香港在"一国两制"框架下的国际化优势,也有利于继续保持港币在人民币和美元之间的"连通器"功能。同时,在深圳推行双轨制,有利于承接香港部分国际金融机构和组织的转移,进而实现国际化水平的提升。然而,从中长期来看,双轨制存在明显的局限性。

一是无法有效促进双循环良性互动。双轨制意味着试验区内外的制度仍然存在明显割裂,既不利于破解制约要素高效流动的障碍和建立统一大市场,也不利于在更大范围内形成示范效应。过去在香港与深圳两地存在的制约产业合作、要素流动的突出问题在试验区内外依然存在。深圳企业在试验区内展业也面临与在香港本地展业相同的障碍。

二是无法巩固香港可持续发展的根基。对于现有香港金融机构和盈利能力而言,双轨制将更多地为外来金融机构在内地展业创造便利,对于提升香港本地机构竞争力的作用有限。主要依靠外来机构的发展模式,将造成香港经济和金融体系易于受到外部风险影响而表现出明显的脆弱性,进而难以从根本上筑牢香港可持续发展的根基。同时,双轨制更多的是为香港拓展空间腹地,但香港当前面临的问题并非仅仅是空间不足的问题,而更多的是缺乏实体产业支撑的问题,其根本解决途径是利用好深圳的产业优势,形成强强联合、优势互补的新格局。

三是无法显著提升深圳国际化水平。双轨制尽管能为深圳注入部分国际化元素,吸引部分企业和机构来深圳的双轨制试验区展业,但深圳更需要的国际化是通过充分对接国际规则、标准和市场,学习国际先进经验,进而提升国际竞争力、影响力和话语权。

四是无法解决香港与深圳共建功能区面临的利益分配不一致问题。双轨制下的试验区建设同样面临现有香港与深圳合作区建设的利益分配不一致问题,包括香港与深圳两地在试验区建设中扮演的角色,试验区产生的税收如何进行分配,试验区内重点引进的产业和企业类型等。与此同时,双轨制下的试验区类似于香港在深圳的飞地,而深圳的空间利用率接近饱和,产业空间不足问题相比于香港更加突出,不具备为香港提供大量"飞地"的条件。数据表明,深圳全市每平方千米人数与香港基本相当,且深圳实际管理人口远超户籍人口,导致深圳空间不足问题更为严峻(见表5-1)。

表5-1　2020年深圳与香港人口密度对比

（单位:每平方千米人数）

深圳 2020 年常住总人口	1756.0 万人	香港 2020 年总人口	742.8 万人
深圳面积	1997.5 平方千米	香港面积	1106.7 平方千米
深圳全市	6484	香港全市	6890
福田区	20769	香港岛	15320
罗湖区	13205	九龙	49060
盐田区	3239	新界及离岛	4120
南山区	7965		
宝安区	8214		
龙岗区	6147		
龙华区	9527		
坪山区	2684		
光明区	4021		
大鹏新区	518		

资料来源:深圳市统计局政府官网、香港特别行政区统计处政府官网。

三、法制制度差异

"一国两制"是香港与深圳深化合作的最大制度优势,但由于两地制度的差异,也可能成为制约香港与深圳全方位合作的主要障碍,集中体现为两地监管机构和标准不统一,涉及人民币、港币两种货币体系,存在英美法系和中国特色社会主义法律两种法律体系,极大地增加了两地深化合作的复杂性。除此之外,香港与深圳在经济自由度、市场开放度、营商便利度以及社会福利水平等方面都存在较大差异。

在法律制度方面,香港与深圳法律设计的路径存在显著不同。香港受殖民统治影响,经过100多年甚至更长时间发展,形成了一套相对完备的英美法框架下的法律制度体系。我国法律体系的形成较英、美、葡等国家较晚。新中国成立以来特别是改革开放以来,经过长期努力,我国形成了中国特色社会主义法律体系,国家生活和社会生活各方面总体上实现了有法可依。由于香港与深圳两地涉及英美法系和中国特色社会主义法律体系,缺乏统一的立法机制和司法审判,导致无法高效率、高质量、高标准处理跨境法律事务,使开展跨境业务等合作时容易面临法律冲突问题。

在财税制度方面,香港与深圳两地的税制结构、税收负担及征管模式方面都存在较大差异。一方面,深圳与香港的税负及税种结构存在差异。与深圳相比,香港特别行政区的税率低、税负轻、税种少。在个人所得税方面,香港实行累进税率或标准税率计算,以缴税较少者为准,其中标准税率为15%;深圳实行最高为45%的超额累进税率,税率较高。流转税方面,香港没有设置增值税。在关税方面,与香港相比,深圳对大部分货物及物品征收进口关税,税率较高。得益于零关税优势,香港成为全球重要的自由贸易港,对全球资本产生了明显的"虹吸效应"。另一方面,由于代表性税种结构存在显著差异,香港与深圳在税收征管和服务方式上也存在明显差异。内地在税收征管与服务领域的创新举措甚多,而在税收政策本身的调整方面缺乏地方决策空间。相比较而言,香港在税收政策本身的调整上具有较大的自主决策权,而在征管与服务方面相对稳定。税收征管和服务方式上的差异,增加了香港与深圳两地税收制度对接的复杂性。因此,通过港澳两地税收结构和征管服务的互鉴与协同,对推动香港与深圳深化合作、促进国家税制改革,具有重要和长远的意义。

在会计规则方面,内地属独立型会计立法模式,将会计核算的具体规定集中形成专门会计立法;而在其他立法中,只对该法律规范物件有直接影响的会计工作进行准则规定。香港承袭英国做法没有专门的会计立法,属混合型会计立法模式,会计法律散见于有关法律之中,在《公司法》以及《证券法》等法律中对会计工作进行规范。就会计准则而言,由于会计准则要求有专业技术制定,又有强制力保证实施,因此会在不同程度上受政府和职业会计师两方面的影响。内地会计准则较多地受政府影响,而香港会计准则较多地受职业会计师的影响。两地会计准则的差异会影响两地公司财务报表信息的可比性,因此也会对香港与深圳两地企业的合作交流造成不便。

在市场经营规则方面,以金融业为例,我国内地对金融行业采取分业经营、分业监管的思路,将银行、保险、证券业务隔离开来,而香港是目前世界上少数实行混业经营、分业监管的地区之一,从而吸引了全球各大综合性金融巨头争相在香港设立区域总部或分支机构。不同的经营规则对香港与深圳两地机构的合作和展业造成了一定的阻力。

四、产业结构差异

香港与深圳两地产业结构面临巨大差异。深圳民营经济发达,产业基础雄厚,优质企业储备丰富,四大支柱产业为高新技术产业、现代物流业、金融业、文化创意产业;香港本地实体企业储备有限,金融业呈现一定的"空心化"特征,四大支柱产业包括贸易及物流业、金融服务业、专业及工商业支持服务业和旅游业。无论是支柱产业组成,还是产业发展导向,香港与深圳两地都存在较大差异,成为制约两地产业合作尤其是高端产业领域合作的障碍。

一方面,香港与深圳两地尚未构建起完善的产业分工体系,使两地产业合作受限。合理有效的区域产业分工体系既是城市群能否健康发展的关键,也是城市群能否实现整体效益最大化的重点。长期以来,由于受行政区划分割、地区生产总值绩效考核评价等多重因素的影响,我国城市群城市职能定位同化,产业同构、同质化现象比较突出,直接影响和制约着城市群高质量发展。相似的产业定位和产业发展重点,极易引发城市群内部城市间的资源争夺、恶性竞争、区域大战,进而导致区域间的重复建设和资源浪费,影响和破坏城市间的和谐发展与区域合作进程。目前,香港与深圳两地在金融服务、高端物流服务、研发创新服务等部分高端服务业和先进制造业领域的发展路径存在重合,出现了一定程度的重叠和竞争。因此,如何正确处理好香港与深圳两地产业发展的关系,实现产业的对接、互补与合作,仍然是目前推进香港与深圳产业合作的关键和难点所在。

另一方面,由于香港与深圳两地存在制度差异,缺乏统筹协调机制,导致两地在科技管理和产业政策体系上衔接不畅,如在研发资金跨境使用、关键科研设备过境等方面还存在困难,产学研合作的科技研发体系尚未形成,在一定程度上阻碍了两地的创新要素流动与配置、关键技术协同攻关与成果转移转化。

五、利益分配机制存在问题

在香港与深圳共建功能区的过程中,两地利益如何分配成为快速推进功能区建设的主要挑战。香港与深圳共建功能区必然是将深圳的企业优势与香港的软环境优势相结合,但香港与深圳两地对如何衡量功能区的税收贡献,可能存在一定的分歧。虽然香港与深圳正致力于依托前海深港现代服务业合作区、河套深港科技创新合作区等进行突破,但对标国内和国际先进水平,在新产业、新技术、新业态和新模式下,目前合作区还面临政策创新力度不够、高端服务业发展不足等短板,合作平台在衔接效率、高端化发展上还有待提升,产业协同对促进香港与深圳协同创新的作用还需加强。前海的建设已经超过 10 年,形成了"六个跨境"创新举措,新设和引进了一批外资金融企业。然而,"六个跨境"举措更多的是实现了从无到有的突破,示范效应明显,但产生的经济效益尚不显著。新设和引进的外资金融企业总体规模偏小,较难对内地形成强有力的辐射带动效果。与此同时,前海当前面临土地价格和租金价格昂贵的突出问题,导致前海的企业入驻率较低、楼宇空置率高,进而不利于前海的可持续发展。河套深港科技创新合作区作为国家高度关注的内地与香港重大合作平台,目前深圳侧建设推进较快,已经集聚了超过 140 个高端科技项目。然而香港侧一直被香港社会各界诟病建设进度过慢。

前海和河套地区的建设进度和实际效果明显低于预期,其重要原因就是香港与深圳两地各自为政的现象依然存在,尚未形成良好的香港与深圳利益分配机制。香港北部都会区的提出,虽然为推动香港与深圳合作奠定了重要的空间基础,然而,香港北部都会区更多的是聚焦香港的产业发展和住房问题,尚未谋划与深圳的功能区共建、产业互补和利益共享问题,因而在实际建设过程中仍然可能面临诸多障碍。总之,如何通过合理地进行利益分配机制设计,实现香港与深圳在空间规划和产业协同上的格局突破,成为影响香港与深圳深化合作效能的关键。

六、土地空间有限

土地不足是香港社会的最大痛点,造成了交通拥堵、住房紧缺、就业不足等急需解决的民生问题,在阻碍香港发展的同时也使香港与深圳发展受限。对此,香港提出重点打造占地面积约 300 平方千米的北部都会区,为香港提供新的发展空间,解决长期困扰北部发展不平衡不充分的问题,再造新的地区增长拉动点。不难发现,香港除面临土地空间不足的硬约束外,存在大量闲置土地也是香港空间规划的重要问题。香港北部都会区与深圳只有一河之隔,毗邻的是深圳建设最成熟、最发达的福田、南山、罗湖等区。当深圳大踏步发展的时候,香港北部地区却纹丝不动,基本上保持了回归前的边界地带、乡村地带的基本风貌,形成了香港与深圳两边极大的空间视觉和经济差异,从而也极大地限制了香港的发展空间。

对于深圳而言,可以开发利用的土地空间更加稀缺。随着深圳经济飞速发展、城市实际人口的快速增加、环境保护意识的增强,深圳土地供需矛盾日益突出。在四大一线城市中,深圳土地面积最小,仅为上海的三分之一、广州的四分之一和北京的八分之一。深圳作为全国第一座百分百实现城镇化的城市,几乎全市所有区域都得到了开发,土地开发强度达到 48.8%(国际上将 20% 作为宜居水平、30% 作为警戒线),空间基本饱和。此外,深圳的增量用地主要来源于填海和旧改项目,较高的成本对政府财政带来一定压力,使增量土地空间受到一定限制,进而对香港与深圳产业合作产生重大的空间制约。

第六章　香港与深圳深化合作的
　　　　　总体思路

　　香港与深圳深化合作涉及"一国两制"和先行示范区建设等国家战略,是关乎国家发展大局的重要内容,具有典型的"先行"与"示范"的特征,同时也对制度设计、政策设计提出了极高的要求。为了把握香港与深圳深化合作的总体方向,更好地推动香港与深圳深化合作的重大体制机制创新,必须以更深层次的思考和更具前瞻性的布局,为香港与深圳深化合作的实施提供总体思路。

　　因此,本章从香港与深圳深化合作的顶层设计、香港与深圳重点领域的深化合作、香港与深圳深化合作的辐射示范效应、香港与深圳深化合作的跨境风险防范四个角度入手,重点研究了顶层设计的必要性、基本遵循和核心内容,并在此基础上,提出香港与深圳经济、市场、法制、监管协同深化合作的大胆设想,以及香港与深圳在推动大湾区、泛珠三角、南方区域市场建设和"一带一路"沿线国家和地区合作中的辐射示范作用。

第一节　香港与深圳深化合作的顶层设计

一、顶层设计的必要性

　　顶层设计是保障改革开放系统性、总体性、协调性的基础。对于香港与深圳深化合作而言,由于涉及"一国两制"的重大体制机制差异,相比于京津冀、长三角一体化更具复杂性。必须通过顶层设计,明确香港与深圳深化合作的原则性问题,着眼于推动对构建新发展格局具有重大影响的深化合作举措,促使香港与深圳的"两制"特征在服务国家发展大局中发挥更大效能。

第一,由于香港与深圳深化合作涉及体制机制的大破大立和对现行法律法规的重大修订,而任何一项创新都会同时带来促进作用和潜在风险,尤其是涉及香港与深圳跨境合作的创新,具有的内外部不确定性更加显著,以至于在实际推行过程中往往存在较大阻力。(1)决策者关于重大创新的效用和风险可能缺乏统一的认识和评估,既影响政策的时效性,也可能在局部环节形成障碍;(2)部分决策者较难站在全局性的角度思考创新的价值,可能人为地造成政策资源分配的不均衡和不公平;(3)部分决策者倾向于相对稳健的改革政策和循序渐进的推广方式,而对具有重要意义的重大创新政策可能偏于保守,影响了政策创新的力度和成果。因此,在重大创新政策上,必须通过顶层设计的系统性规划,将自上而下的顶层推动的方式与传统的自下而上的政策推动方式相结合。第二,由于香港与深圳深化合作包含由点到面、"五位一体"的改革,需要通过顶层设计的总体性规划,推动集成式创新,实现短期项目与长期目标的有效衔接。第三,由于香港与深圳深化合作的事项大多属于中央事权,涉及中央和地方的协调、中央各部门的协调以及深圳与香港的协调,需要通过顶层设计,处理好各类主体之间的权责关系,建立良好的沟通协调机制,充分发挥改革政策之间、产业之间、区域之间的协同效应。

二、顶层设计的基本遵循

(一)服务于改革开放发展大局

当前,中国改革开放进入"深水区",意味着开放创新的重大体制机制设计已经"无石头可摸""无轨迹可循",意味着继续深化改革和扩大开放必然涉及牵动全局的敏感问题和重大问题,必然涉及经济、政治、社会、文化、生态等全方位领域的重大利益关系调整,意味着必须以新理念、新思路处理改革开放中的新问题、新挑战。只有以更大的政治勇气和智慧,开创前所未有的发展格局,才可能在"深水区"中探出一条行之有效的新路。

1. 改革开放必须处理好内循环与外循环的关系

从内循环与外循环的定位来看,国内大循环是主体,是国内国际双循环的坚实基础,这与我国超大规模市场优势密不可分。国际市场是国内市场的延伸,吸引全球商品、技术和资源要素,深度参与国际分工与合作,是巩固内循环主体地位的重要内容。在香港与深圳深化合作过程中,既需要明确香港与深圳在内循环与外循环中的功能,又需要建立内循环与外循环高效连通的机制。香港是连接境外市场的重要桥梁,但对于内地辐射作用已经较难适应内地超大需求的要求;深圳在先行先试中为内地提供了大量经验,建立了内地最具活力和创新力的市场,但在国际化进程方面仍然相对滞后,可见香港与深圳当前的功能仍然体现在单循环上。与此同时,尽管香港与深圳在推动内外双循环良性互动上已经走在全国前列,但两地产业和要素流通仍然面临突出障碍,两地在单循环上的优势无法充分对接。因此,只有进行香港与深圳深化合作,才能建立内外循环有效衔接的发展格局。

2. 改革开放必须处理好供给侧结构性改革与需求侧改革的关系

从供给侧结构性改革与需求侧改革的定位来看,我国经济运行面临的主要矛盾仍然在供给侧,坚持深化供给侧结构性改革仍然是未来一段时间的主线,同时需要将扩大内需作为战略基点。在香港与深圳深化合作过程中,制度供给、产品供给、服务供给难以满足香港与深圳两地企业、居民日益增长跨境需求的问题更加突出,而当下单点、单线式的供给侧结构性改革难以适应香港与深圳深化合作的需要,必须探索更宽领域、更大范围的供给侧结构性改革创新举措。

3. 改革开放必须处理好公平与效率的关系

公平与效率是经济发展过程中涉及的两大基本问题。当前,实现全体人民共同富裕已经上升到更加重要的位置,但对于个人而言,共同富裕不是倡导平均主义和福利主义,而是强调为个人享受公共服务、提升专业技能、实现自我发展创造公平竞争的机会,以共同艰苦奋斗促进共同富裕。对于城市而言,同样需要为城市发展创造更加公平竞争的环境,在具有原则性、方向性、框架性的国家政策和重大规划上,确保同等定位的发展区域享有同等力度的政策支持。而在具体实施举措上,应当遵循效率优先的原则,因地制宜,注重政策的梯度,鼓励各大区域在总体定位下,充分发挥主观能动性和创造力,大力弘扬敢闯敢试、敢为人先的开拓创新精神。只有强调效率的重要性,才能在国际竞争中立于不败之地,而一味地强调公平而限制创新,就可能意味着科技、产业、金融的全面落后。

4. 改革开放必须处理好稳定与发展的关系

优化经济结构是提升经济稳定性的必由之路,但在经济发展模式转变的过程中,必然面临经济换挡的问题,可能导致宏观经济的不稳定。同样,扩大开放可能加剧外来资本对内地市场的冲击,尤其是在全球经济充满不确定性的条件下,更易于导致外部风险向内地市场的传导。同时,外资企业和技术的引进也可能加剧内地企业的竞争环境。因此,把握改革开放的节奏十分关键,在创新过程中需要加强宏观审慎监管,对接需求侧管理要求,避免冒进式的创新。深圳具有创新的基因和土壤,而香港具有开放自由的特质,通过香港与深圳深化合作,有利于探索一条稳定与发展的长期均衡之路。

(二)全面准确贯彻"一国两制"方针

"一国两制"是中国特色社会主义理论与实践的重要组成部分,习近平总书记强调:"中央贯彻'一国两制'方针坚持两点,一是坚定不移,不会变、不动摇;二是全面准确,确保'一国两制'在香港的实践不走样、不变形,始终沿着正确方向前进。"[①]在《中共中央关于党的百年奋斗重大成就和历史经验的决议》中,把"一国两制"事业作为党百年奋斗重大成就和历史经验的重要组成部分。这是中国共产党关于重大历史问题的决议首次载入港澳问题和"一国两制"内容。2021年12月,国务院新闻办公室发表《"一国两制"下香港的民主发展》白皮书指出,"一国两制"不仅是解决历史遗留的香港问题的最佳方案,也是香港回归后保持长期繁荣稳定的最佳制度,并且是香港特别行政区民主发展的根本保障。

---

① 习近平:《在庆祝香港回归祖国二十周年大会暨香港特别行政区第五届政府就职典礼上的讲话》,人民出版社2017年版,第5页。

因此,"一国两制"是香港与深圳深化合作顶层设计的基本遵循,而中国特色社会主义进入了新时代,意味着"一国两制"也进入了新时代,这既需要坚持"港人治港""澳人治澳"、高度自治的方针不动摇,同时也需要支持香港巩固提升竞争优势,更好融入国家发展大局。

值得强调的是,"一国两制"与香港、深圳深化合作并不矛盾。香港与深圳市场深化合作强调香港与深圳两地各类要素的充分合作,不但不会触及香港的制度根基,反而会激发香港的市场活力,使香港的优势更加充分地发挥,是跨境需求不断增长后的必然结果和最优状态;而香港与深圳经济深化合作发展更多的是强调利用香港的国际化优势,实现深圳制度规则与香港乃至国际市场接轨,使深圳在仲裁、评级、信息披露等领域更加符合国际标准。

(三)贯彻新发展理念,推动高质量发展

实现高质量发展是当前顶层设计的重要出发点,党的十九届六中全会通过的《中共中央关于党的百年奋斗重大成就和历史经验的决议》强调,必须实现创新成为第一动力、协调成为内生特点、绿色成为普遍形态、开放成为必由之路、共享成为根本目的的高质量发展,推动经济发展质量变革、效率变革、动力变革,而通过香港与深圳深化合作贯彻高质量发展理念的关键在于推动"科技—产业—金融"的高水平循环。

1. 加强金融服务科技强国战略的担当作为

一方面,需要以金融力量推动科技产业发展。通过重点依托深交所和港交所两大交易所,共建优质创新资本形成中心,为科技发展集聚创新资源,为科技型企业提供世界一流的融资平台;同时,需要促进高科技企业更好地对接多层次资本市场,构建全面高效的创新创业金融服务体系。另一方面,需要以金融力量推动供应链创新链合作。科技与金融的深度合作能够产生高效率的金融模式和融资工具,作用于以科技创新为显著特征的产业领域后,将加快产业转型升级的速度,体现为金融转型升级和产业转型升级的双螺旋上升过程,从而不断优化经济结构,助推经济高质量增长。

2.着眼于产业协同和民生服务

一方面,高质量发展需要以坚实的产业基础为支撑。纵观世界级城市群,均具备强大的产业集群带和多元化的产业结构。因此,香港与深圳深化合作必须着眼于产业协同发展,既发挥金融与科技的优势,又依托大湾区的产业优势,大力打造先进制造业等第二产业,形成第二、第三产业齐头并进的格局。同时,注重产业绿色发展,为推动我国生产生活方式全面绿色低碳转型提供示范。

另一方面,香港与深圳深化合作必须着眼于香港与深圳民生福祉的提高和共同富裕。香港与深圳深化合作需要在民生保障领域重点发力,推动教育、医疗、养老、住房等重点领域的资源共享,着力解决发展不平衡不充分和收入分配差距较大等突出问题,增强香港与深圳民生福祉,实现香港与深圳经济社会健康可持续发展,以此提升民族凝聚力,推动香港人心回归和中华民族伟大复兴。

(四)推动"先行示范区"建设

第一,在香港与深圳深化合作的过程中,需要用好深圳先行示范和香港高度自治的政策红利。深圳是国家层面的先行示范区,承载着开放创新的重要使命。因此,在顶层设计过程中,需要注重深圳的重大发展诉求,为深圳用好香港的优势资源、探索重大体制机制创新、构建市场化法治化国际化生态创造政策条件。

第二,需要进行香港与深圳深化合作的前瞻布局。香港与深圳深化合作不仅需要将传统领域做大做强,更需要贴合现代产业的特征,把握技术前沿,对数据要素市场建设等增量业务进行长期布局。在增量业务的开展过程中,尤其需要建设重大市场和基础设施,完善技术标准和监管标准,有效解决数据确权、定价、隐私保护等现实问题,进而实现新兴领域的跨越式发展。

第三,需要注重香港与深圳深化合作的长期示范效应。香港与深圳深化合作不仅需要注重短期"先行",还需要在长期"示范"中扩大改革开放成果。因此,香港与深圳深化合作的意义不仅在于率先探索全面建设社会主义现代化强国新路径,更重要的是以点带面,使先行先试政策和经验具有一定的可复制性和可推广性,推动中国创新开放新优势、新格局的形成。

(五)处理好与"摸着石头过河"的关系

敢于"摸着石头过河",善于"摸着石头过河",是深圳乃至广东在改革开放过程中形成的基本经验。通过"摸着石头过河"这种渐进式的实践方式,既有利于坚持改革开放的基本方向,深化重要领域和关键环节改革,保证"一揽子"试点政策取得实效。同时,又能够有效规避改革开放过程中的重大失误,降低先行先试面临的政治、经济和社会风险。无论是香港与深圳互联互通,还是深圳综合改革试点,都是"摸着石头过河"的重要体现。然而,在当前时不我待、瞬息万变的复杂环境下,必须拓展"摸着石头过河"的外延,突破传统思维和条条框框的束缚,站在更高维度思考"摸着石头过河"中关于香港与深圳深化合作的重大问题,即在坚持中国共产党领导和中国特色社会主义基本制度的前提下,在顶层设计的牵引下,对于凡是能够促进香港与深圳经济发展和社会进步的重大设想,都可以通过"摸着石头过河"加以尝试,以此推动形成规模化、集成化、效率化的改革创新政策。

三、顶层设计的核心内容

(一)加强顶层领导

鉴于香港与深圳深化合作涉及跨市场、跨区域、跨学科领域众多,专业性强,体制机制多样,风险特征复杂,有必要在中央深改组下设立先行示范区指导机构——先行示范区办公室,进行香港与深圳深化合作的顶层统筹。同时,考虑到香港与深圳深化合作涉及一国两制,建议香港特别行政区政府共同参与先行示范区办公室的设立。通过顶层领导机构,提高先行示范区与中央部委之间的协调效率,更好贯彻中央顶层文件重要精神,促进中央各部委在重大创新决策上达成共识。

在此基础上,建议由香港特区政府和深圳政府共同发起,并联合国家发改委、科技部、司法部、商务部、国务院港澳事务办公室、一行两会等中央部委以及港澳特别行政区政府建立高层级的深港澳议事联席会议机制,并上报先行示范区办公室领导小组授权成立。建议定期(如每季度)举办深港澳议事联席会议,针对金融、科技、生态、民生等领域召开全体会议或专题会议,重点研究香港与深圳深化合作重大问题和新业态、新模式,会商重要监管协作事项,防范重点风险,并初步敲定三地重大合作事项的推进安排。同时,明确地方政府和中央各部委在推动香港与深圳深化合作事项中的职能和主体责任,如何制定相应的配套政策,推动政策方案更高效地落地实施。

与此同时,建议中央赋予深港澳议事联席会议机制一定的决策权,包括一定额度内管理要素跨境自由流动、核准香港与深圳机构开展相关跨境业务创新的权限等。就涉及重大政策层面变动的问题,由联席会议成员协商提出政策变动方案,并上报先行示范区办公室领导小组批准。对存在分歧的政策变动和政策创新,上报先行示范区办公室领导小组给予政策指导。

(二)加强顶层立法

自1992年被正式授予"特区立法权"以来,深圳经济特区通过法规500项左右,有力地推动了深圳在不同时期的发展和转型,同时也为国家立法提供了"深圳经验"。不断探索构建科学完善的法律体系,既保证了深圳金融业重大改革能够做到于法有据,又通过法治力量推动改革深入,为改革开放保驾护航。因此,有必要通过顶层立法的方式,保证香港与深圳深化合作的整体制度设计更加定型和稳定,降低由于中央各部委的意见分歧和认识不统一对改革创新效率的影响,促使中央各部委政策形成合力。

具体而言,可以尝试借鉴海南自由贸易港的顶层立法制度,积极争取全国人大或全国人大授权国务院就先行示范区和香港与深圳深化合作制定专门的法律,致力于破除市场和制度规则合作的障碍,为要素的自由流动和国际制度规则的对接创造基础条件。先行示范区顶层立法与香港基本法并不矛盾,也不会对香港的高度自治权力进行规制,香港特区政府仍然严格依照宪法和基本法办事。先行示范区顶层立法更多的是赋予深圳进行集成式创新、推动重大工程落地以及与香港规制规则对接的法律权限。

（三）加强顶层创新

与传统创新不同,顶层创新更加强调战略性和全局性的创新,强调自上而下的创新,强调突破"深水区"的创新,以此实现香港与深圳体制机制和重点领域深化合作。一方面,积极向中央争取香港与深圳体制机制和重点领域深化合作试点;另一方面,积极在顶层立法中明确顶层创新的法律依据,突破现有制约香港与深圳体制机制深化合作和高效合作的法律障碍。

第二节　香港与深圳重点领域的深化合作

随着香港与深圳两地合作的不断深入,实现香港与深圳两地的全方位合作发展,具有前所未有的必要性和迫切性,也是大势所趋,由此也创造了合作发展的诸多场景。因此,必须重点谋划香港与深圳两地经济、市场合作的实施路径,构建符合两地需求、充分发挥两地制度优势的发展体系。

一、香港与深圳经济合作

香港与深圳经济合作需要重点探索货币、财税制度、会计准则等重点经济形态和规则合作。

在货币合作方面,可以充分利用中央对深圳开展数字货币研究和移动支付创新工作的政策支持,以及深圳在金融科技、区块链等方面的先发优势,探索区块链技术与法定数字货币在香港与深圳货币合作方面的应用情境,创造符合香港与深圳两地对数字货币和跨境支付需求的可复制推广模式,推动人民币国际化进程。与此同时,可探索在香港与深圳两地的金融、贸易等活动优先以人民币计价,并在"一带一路"沿线国家和非洲等区域大力推行人民币交易结算。

在财税制度合作方面,可以尝试依托深圳前海等自贸区平台或深港科技创新合作区、光明科学城等重大开放创新平台,以香港的财税制度为范本,试点全球最具竞争力的统一财税制度,推动国内外金融机构、创新型企业及项目在区域内落地,并尝试将试点成果逐步辐射至粤港澳大湾区,破除粤港澳大湾区税收体制差异的壁垒,为提升粤港澳大湾区的国际竞争力提供更好的税收支持。

在会计准则方面,国际财务报告准则(以下简称 IFRS)作为一套高质量的会计准则体系,是当前国际组织、政府和投资者最为认可的会计准则。因此,可尝试将国际财务报告准则作为香港与深圳两地重点趋同的会计准则,并根据香港与深圳两地发展需求,不断修正趋同过程中产生的不合理规则,逐步实现与国际主流市场所采用会计准则的等效认可。

二、香港与深圳市场合作

香港与深圳市场合作需要探索香港与深圳金融市场、基础设施、要素市场合作。

在金融市场合作方面,以打造国际一流的资本市场生态圈为目的,重点探索原生品与衍生品市场、场内与场外市场、公募与私募市场的合作建设,集聚全球创新资本,做大做强财富与资产管理市场。共同推出更多优质的人民币投资品种,提高人民币贸易和投资结算规模,实现人民币金融产品合作。同时,大力推动本外币合一的跨境资金池业务开展和银行账户体系建设,大幅提升资本要素跨境流动的便利性。

在基础设施合作方面,首先,对区域内的重点基础设施(如港交所、深交所)进行统筹规划,确定发展重点、发展目标和承担的重要功能;其次,在征信平台、清算平台、评级体系等方面规划新建基础设施,同时在数据要素交易平台、私募股权二级市场、知识产权交易平台等新型平台上加大布局;最后,利用好香港基础设施优势,推动香港与深圳两地基础设施的共享共建。

在要素市场合作方面,推动香港与深圳两地人才、资金、技术、数据、土地等要素的深度合作,在人才要素流动方面,需要重点探索为两地人才创造便利化的就业和生活条件,促进两地从业资格互认;在资金要素合作方面,需要重点探索跨境资金自由流动及跨境交易结算的便利化举措;在技术要素合作方面,需要重点探索科研和技术力量共享、基础研究合作、技术成果转化的新路径;在数据要素合作方面,需要重点探索如何推动两地信息共享,以及如何通过数据产业化、产业数字化等模式,推动两地数据的市场化交易和产业数字化转型;在土地要素合作方面,需要重点探索香港与深圳两地共建功能区的新模式,在功能区的产业布局、利益分配等方面进行创新性的制度设计。

三、香港与深圳制度合作

香港与深圳制度合作需要探索香港与深圳法律制度、发行交易与信息披露制度、评级制度、监管制度等重点法制深化合作。

在法律制度合作方面,针对香港与深圳不同法系的重大差异,在遵循宪法和香港基本法的前提下,勇于探索和尝试法律制度体系的创新,精准对标全球先进国家和地区的先进法律制度。可以采用求同、从简、择优等原则以及国际仲裁等途径,充分发挥两地的法律优势,最大限度地发挥两地法律在鼓励金融创新和防范金融风险中的协同作用。同时,可尝试在深圳试点与香港基本法对接的法律体系,包括仲裁、诉讼、投资者保护、债券违约处置等,营造公平透明的国际一流法治生态。

在发行交易与信息披露制度合作方面,以发行注册制改革为契机,推动资本市场发行规则与香港市场对接。同时,加强与注册制相关的配套制度安排,强化对企业信息披露的准确性、完整性、规范性要求,使注册制的制度设计更加符合国际标准。

在评级制度合作方面,尝试构建与国际接轨的债券评级体系,着力完善评级技术与数据体系,打造具有国际公信力的评级标准,同时着力推动深圳与香港的评级互认,做大做强本地债券市场。

在监管制度合作方面,重点探索如何在跨境监管模式、跨境监管标准、跨境监管技术、跨境监管沙盒、跨境监管数据、跨境风险处置等方面实现趋同。

四、香港与深圳空间合作

(一)探索"一区一园"新模式

尽管香港与深圳已经建立了多个合作区,无论是香港北部都会区、深港科技创新合作区还是前海深港现代服务业合作区,都已经在推动香港与深圳合作上产生了一系列示范性成果。然而,现有的合作区仍然采用"分灶做饭、各自发展"的思维模式,强调"一区两园"的建设思路,并未真正发挥出合作区空间合作的优势。因此,有必要在合作区内探索"一区一园"的新模式,坚持"一锅做饭、利益共享"的发展思路。"一锅做饭"意味着需要统筹规划园区发展,采用统一的、国际最优越的税制制度、人才制度、知识产权保护制度体系,将合作区作为推动香港与深圳两地机制充分对接、要素充分互动、机构互设充分便利的重要承载区,同时使合作区内的人流、物流、资金流、信息流能够自由流动,极大地提升两地机构和企业在合作区展业的积极性和效率。利益共享意味着在利益分配上既需要秉承合作共赢的理念,满足香港与深圳两地的基本发展诉求,使合作区的发展成果能够更好地惠及两地企业和居民,同时又需要充分意识到促进香港融入国家发展大局、保持香港长期繁荣稳定的重要意义,辅以合作利益向香港倾斜的制度安排和保障措施,注重长远利益,推动可持续性的合作。为了实现利益的相对公平性,可以探索对香港与深圳合作区进行空间匹配,避免由于合作区内香港与深圳两地土地面积的差异造成的利益分配困难。例如,可以探索进一步扩大深港科技创新合作区的香港片区范围,进而实现香港与深圳两地的空间对等。从更大范围来讲,深圳可进一步统筹土地资源,探索将扩区后的前海(约 120 平方千米)、盐田全区(约 75 平方千米)以及福田、罗湖、龙华部分区域(合计约 100 平方千米)作为香港北部都会区的合作区域,进而实现更大范围的香港与深圳空间合作。

(二)坚持市场化原则和做大增量原则

市场化原则意味着在园区整体产业规划下,两地企业可以综合考虑项目成本、收益和风险等市场化要素,基于自身的规模和竞争能力、业务中心和合作意愿,自主选择园区内的合作企业,而非通过行政手段要求两地企业开展有违市场化原则的合作,进而提升两地企业的合作效率。但与此同时,政府可制定相关政策举措,鼓励两地企业在同等条件下,优先选择与园区内的企业开展合作。

做大增量原则意味着需要注重增量机构和增量业务的引进。鼓励香港与深圳两地优质成熟企业将合作区作为扩大再生产和业务拓展的重点区域,既避免本地企业的核心业务分流对经济总量的影响,又能使合作区快速产生经济效益。

第三节　香港与深圳深化合作的辐射示范效应

香港与深圳深化合作的意义不仅在于探索跨境协调协同发展新模式,同时也需要在"辐射示范"中扩大改革开放成果,使香港与深圳深化合作的经验能够具有一定的可复制性和可推广性。

一、辐射引领区域协同和高质量发展

(一)推动大湾区和泛珠三角区域合作

香港与深圳是粤港澳大湾区和泛珠三角区域的重要组成部分,通过在香港与深圳深化合作的引领下,推动大湾区高标准建设,深化泛珠三角区域合作,有利于深入实施区域发展总体战略,统筹东中西协调联动发展,破除妨碍生产要素市场化配置和商品服务流通的体制机制障碍。

第一,在香港与深圳深化合作的基础上,推动在大湾区乃至泛珠三角区域实施统一的市场规则,进而打破区域壁垒。包括实施统一的市场准入制度和标准,建立统一的市场执法标准和监管协调机制,推动实现市场相关信息互通共享。第二,基于香港与深圳科技合作经验,推动大湾区和泛珠三角区域创新驱动发展。充分发挥香港与深圳创业投资资源,激发大湾区和泛珠三角区域创新创业活力。第三,以香港与深圳制度创新为样板,探索在大湾区乃至泛珠三角区域内推广投资、贸易、金融、综合监管等制度创新。同时,依托香港与深圳两地金融资源,为大湾区和泛珠三角区域提供高标准的金融服务,助力区域内企业实现"走出去"投融资和开展跨境人民币业务。

(二)为福建、台湾合作提供经验借鉴

勇于探索海峡两岸合作新路已经成为国家重大方略,而香港与深圳

在顶层设计、产业协同、市场和要素互联互通、民生事业发展等方面的经验能够为提前谋划闽台合作提供重要参考,有利于使海峡两岸经济发展更加契合新时代要求,促进福建与台湾的共同繁荣。

香港与深圳深化合作发展与闽台合作具有诸多共性。

第一,闽台合作具有国际化的条件和强烈诉求。由于台湾资金成本低,市场高度开放和发达,具备与香港类似的国际化优势,通过闽台合作有利于加快国际资本"引进来"和福建企业"走出去"的步伐。

第二,闽台合作具有科技、金融、海洋产业合作的诉求。无论是对福建还是台湾而言,都面临产业结构相对单一、经济增长相对乏力的困境,必须改变过度依赖低附加值产业的现状,聚焦现代产业和未来产业,探索更具发展潜力、有利于促进新型消费业态的产业发展模式。在高科技领域,可以充分借鉴台湾在芯片等领域的技术优势,重点培育战略性新兴产业和高新技术产业,着力孵化和打造一批具有核心竞争力的企业;在金融领域,可以重点发展金融科技、可持续金融等现代金融业,促成产业创新与金融发展相互促进的态势。在海洋产业领域,可以充分发挥闽台海洋资源丰富的优势,打造海洋经济品牌,实现特色领域的弯道超车。

第三,闽台合作需要依托内地广阔市场。闽台两地必须加大高铁等基础设施的投入力度,打造"3小时经济圈",融入"泛珠"和长三角经济圈,扩大招商引资的范围,大力促进国际贸易,为各类要素的集聚创造基本条件。

二、创造更高层次国际贸易开放格局

(一)推动建设南方区域市场

建设南方区域市场是推动构建新发展格局的重大设想。对内循环而言,形成高效规范、公平竞争、充分开放的国内统一大市场,是巩固内循环主体地位的关键内容。而南方区域市场作为泛珠三角区域的延伸,涵盖了中国几大经济核心圈,可以作为国内统一大市场的承载区。通过借鉴香港与深圳经济、市场、制度合作的经验,打通阻碍要素流动的堵点,使长三角、珠三角、海南等几大区域的资源能够高效流动,将从根本上解决由于区域壁垒造成的效率损失问题。

对外循环而言,全球规模最大的自由贸易协定——《区域全面经济伙伴关系协定》正式达成,将大幅降低区域内贸易成本和产品价格,促进区域内贸易投资活跃,推动中国贸易多元化,是多边贸易体制建设迈入新阶段的重要标志。在《区域全面经济伙伴关系协定》签订的重要机遇下,通过借鉴香港与深圳深化合作对外辐射的经验,推动建立南方区域市场,将全面提升中国金融和贸易的国际化水平,使中国在全球产业链、供应链、创新链中发挥更加重要的作用。

(二)加强对"一带一路"沿线国家和地区的辐射作用

以东盟、南亚为代表的地区具备很高的经济增长潜力,在香港与深圳深化合作的过程中,一方面,需要加强与"一带一路"沿线国家和地区的合作,与"一带一路"沿线国家和地区共享经济增长的红利;加强人民币在"一带一路"沿线国家和地区的推广应用,在"一带一路"沿线国家和地区拓展市场和建设新型基础设施,促进香港、深圳与"一带一路"沿线国家和地区的技术共享和各类要素流通等。另一方面,需要完善与相关国家外部合作与交流的方式,为亚洲国家的经济、金融稳定创造更有利的条件,并积极争取国际政策和市场的支持。

第四节　香港与深圳深化合作的跨境风险防范

香港与深圳深化合作必须坚持底线思维,防范化解各种重大跨境风险特别是系统性、区域性风险,其中,监管协同和合作在促进创新发展与保持经济稳定方面扮演着"双重"角色,在推动香港与深圳深化合作发展上发挥着关键性的作用。通过深化香港与深圳的监管合作,将极大提升跨境风险防范的效率和能力。

就短期而言,需要探索香港与深圳深化监管合作的新模式、新方法。一是需要构建更为顺畅的联席会议机制。通过争取中央各部委在深圳设立专门服务香港与深圳深化合作的高层级机构,加强香港与深圳两地政府工作部门、监管部门的定期沟通和协调,协同推动解决跨境风险防范等重大问题。二是依托区域跨境平台试点统一监管标准。在风险可控的前提下,适当调整监管要求,逐步推进香港与深圳对同类机构、同类产品、同类服务的监管标准趋于统一。三是大力开展跨境监管沙箱(Regulatory Sandbox)试点,提升数字化监管能力。对符合提升区域合作水平和整体竞争力的创新项目进行沙箱测试,丰富探针技术、人工智能、大数据风控等监管科技手段,着力打造监管科技示范区。四是加强信用信息和基础信息共享机制。积极推动香港与深圳两地加强工商、税务、海关等公共数据信息共享,完善区域统计体系、风险监测和预警体系,共同建设风险识别和监控平台。

就中长期而言,需要通过深化香港与深圳的监管合作,为香港与深圳经济、市场、制度合作打下坚实基础。可以探索在香港与深圳开展各类活动适用于同一套监管规则。该规则是对两地监管体制优化整合后形成的规则,既具备了香港国际化的元素和鼓励金融创新的基因,同时又将内地的数字围栏等监管技术应用于风险隔离,进而为香港未来提升其国际超级联系人的地位提供崭新的空间,也为深圳迅速国际化创造机会。

第七章 香港与深圳深化合作的产业合作

产业合作是香港与深圳深化合作的核心内容,是推动香港与深圳高质量发展的重要动力。在当前香港与深圳产业合作取得积极进展的同时也面临一定制约的背景下,必须拓展两地产业合作发展的空间,激发两地产业合作潜力,用创新思维谋划两地产业合作。

基于此,本章围绕香港与深圳金融业、科技产业、海洋产业、民生事业、生态产业五大领域,基于集成式创新与重点领域突破相结合的基本思路以及香港与深圳产业发展的迫切所需,系统分析香港与深圳深化合作的路径,谋划香港与深圳两地深化合作的基本盘。

第一节 香港与深圳金融业合作

一、金融体系全面互联互通

(一)跨境账户体系建设

1.跨境开户全面便利化

一是建议进一步扩大北向见证开户的范围。随着香港与深圳两地居民跨境生活、工作等需求的增加,对于扩大跨境见证开户范围、提升跨境民生金融的便利化程度提出了更高要求。目前已有少数银行试点开展跨境见证开户业务,且只能开设Ⅱ类、Ⅲ类个人银行结算账户。建议扩大试点银行范围和账户类型,为香港居民开设内地账户创造更有利的条件。

二是拓展南向线上开户。目前,大湾区居民已经可以到香港开户,但是在大湾区内南向异地开户仍然未开通。随着内地互联网迅速发展,大湾区内的居民有线上开立香港银行账户的需求。在满足一般监管要求的前提下,建议放宽大湾区深圳居民的开户签证要求,试点开放内地居民线上开户,满足深圳居民基本的账户服务需求,便利香港与深圳居民的日常往来。

2. 畅通跨境电子支付

一是建议使用统一电子支付标准,便利香港居民在境内使用二维码、电子钱包等移动支付工具;推动香港与深圳个人跨境开户进一步便利化和规则趋同,推动两地身份识别和认证信息共享;扩大电子支付工具的应用场景,深入推进移动支付便民工程建设。

二是探索电子钱包的跨境互通,拓展移动支付渠道,如:在一定限度内,境外电子钱包和境内电子钱包支持按实时汇率互相转账,包括同名账户转账和大湾区内部居民点对点(Peer to Peer)的转账。

(二)跨境产品互联互通

1. 提升现有互联互通模式的广度和深度

一是丰富现有互联互通产品。在现有股票互联互通的基础上,积极推进深港通可投资标的扩容,探索将深交所上市的更多股票、债券、基金、指数型产品等纳入互联互通范围。在香港与深圳基金通方面通过丰富基金产品和服务类型,实现基金产品通向基金市场通的转变。除此之外,可探索在现货商品、期权、跨境绿色金融资产交易等新兴领域加强香港与深圳两地的互联互通。

二是完善现有互联互通模式。在两地交易所合作模式上,可以探索香港与深圳两地交易所通过交叉持股的方式建立更加紧密的关系,以此实现境内外交易所在实际运作和管理上的高度接轨。在债券通方面进一步推进"直接入市"方案,鼓励深圳企业"走出去",实现在香港市场发行债券,允许经备案的境外机构投资者直接开户并投资交易所债券市场,推动债券市场国际化。

2. 为互联互通模式搭建服务平台

一是利用前海蛇口自贸片区政策优势,进一步推动深交所在前海设立大湾区债券平台,推动固定收益跨境业务创新,助力人民币国际化发展与"一带一路"建设;二是率先在深圳试点建立大湾区保险服务中心,支持港澳保险公司通过在深圳开立人民币账户,为大湾区内已购买香港跨境保险产品的客户提供便利化续保、保全、理赔等服务,同时,探索内地居民通过大湾区服务中心直接购买香港保险。

3. 以香港与深圳市场互联互通连接全球市场

以香港与深圳市场互联互通为基础,加强与纽约、伦敦、东京、新加坡等境外发达市场的互联互通,充分集聚全球的金融资源,同时吸引更多投资者参与本地市场,扩大自身的国际知名度。

4. 以跨境资金自由流动实现跨境产品全面互联互通

现有的金融市场互联互通模式,大多属于单种资产类别或单一区域点对点的联通,存在效率不高、落地时间较长等实际问题。为了推进香港与深圳跨境产品全面互联互通的进程,需要以实现香港与深圳跨境资金自由流动为目标,鼓励两地跨境资金直接参与两地金融市场,大幅提升跨境产品合作发展水平。

(三)跨境金融机构合作

目前,无论是深圳金融机构在港开展业务,还是香港金融机构在深开展业务,多是"各自为政",相互之间的合作不强。建议探索建立"深港金融机构联盟",以做大做强两地本地金融机构为目标,支持香港中资金融机构和香港本地金融机构联合平安集团、招商银行等龙头金融机构,实现资源、技术、人才、管理制度等要素的全方位共享,为香港与深圳本地金融机构双向跨境展业提供便利化举措,着力打造多家与纽约、伦敦大型金融机构比肩的世界级金融机构。同时,支持在大湾区范围内全面实施准入前国民待遇加负面清单管理制度,支持在港的各类符合条件的外资银行、证券、保险、基金等金融机构以新设法人机构、分支机构、专管机构等方式在大湾区拓展业务。支持香港商业银行在大湾区设立不设外资持股比例上限的金融资产投资公司和理财公司。支持符合条件的在港外资机构在大湾区依法合规获取支付业务许可证,鼓励在港外资投资入股大湾区本地法人金融机构。推动两地监管标准的统一,探索建立香港与深圳之间金融牌照单一通行证机制,允许一地批复的金融机构可在另一地直接执业。

二、助力人民币国际化

(一)需求层面:全面提升人民币投资和交易结算需求

人民币国际化本质,不是单纯需要提升资本项目自由可兑换的水平以及资本跨境投融资的便利化程度,更为重要的是,需要境外资本更多地持有、投资以人民币计价的金融资产。从该层面来看,一方面可以探索在香港与深圳两地金融、贸易、民生等领域全面推行人民币计价,拓展人民币交易的场景;另一方面可以进一步丰富人民币产品类型,将香港与深圳两地打造成人民币投融资中心。

1. 在香港与深圳两地全面推行人民币计价

一是可以探索香港股票、债券、资产管理和财富管理等市场优先以人民币计价,依托辖区银行、资产管理公司(AMC)等金融机构开展信贷资产、贸易融资资产等资产的跨境转让,鼓励跨境资产转让采用人民币计价和结算。同时,鼓励内地政府和企业在香港发行以人民币计价的市政债、企业债,将人民币推向国际。二是可以逐步扩大人民币计价的覆盖面,探索在民生金融、对外贸易等领域逐步推进人民币计价。三是香港可以在畅通中国产业链、供应链、研发链中发挥更大作用,帮助人民币在各类链条的发展中加快全球化步伐。

2. 以人民币产品创新推动人民币投融资中心建设

美元等主流国际货币的背后均有发达的金融市场作为支撑。因此,要进一步提升香港作为离岸人民币金融中心的地位,必须进一步丰富人民币金融产品。香港已有人民币存款、贷款、点心债、人民币股票业务,人民币即期、远期、同业拆借市场步入正轨,未来可考虑推出人民币计价大宗商品,做大做强"点心债"。尤其是通过加快发展人民币衍生品市场,一方面丰富人民币金融工具,完善人民币金融交易功能;另一方面便利境外投资者通过参与衍生品交易对冲汇率风险,增加配置中国金融市场的意愿。香港与深圳可以利用先行政策优势,发展人民币期货、期权等场内衍生品,也可以大力发展远期、互换、场外期权等场外人民币衍生品。

(二)结构层面:促进离岸市场与在岸市场互动

随着我国与全球经贸日益频繁和人民币国际化程度的提高,大量的中资跨国企业,以及与中国投资贸易关系密切、持有大量人民币头寸的跨国公司,都需要对其人民币头寸进行有效管理,在资金成本收益、风险和流动性方面取得合理平衡,而其中的核心在于在离岸市场与在岸市场之间建立良好的连通机制。一是鼓励香港投资者以人民币投资深交所上市的股票、债券、基金、期权等,促进境外人民币回流;二是探索辖区企业和居民以人民币进行境外投资,促进人民币双向流动;三是深化外汇管理改革,探索可监管额度内香港与深圳之间人民币自由兑换。

(三)技术层面:推动数字人民币跨境应用

深圳可发挥央行数字货币研究所下属机构落户和数字人民币试点经验丰富的优势,联合香港建设依托数字人民币的新型跨境支付结算系统,并实现与其他国家和地区央行数字货币系统、支付结算系统、金融交易系统的互联互通。在香港与深圳联合布局数字人民币发行、交易流通、清算结算、数据存储、后台监管等基础设施,便于调节余缺。鼓励"一带一路"沿线国家和地区、非洲、《区域全面经济伙伴关系协定》成员等与中国交好或毗邻的国家和地区率先接入新型跨境支付结算系统,在贸易、对外承包工程、对外直接投资、劳务收入跨境汇款、跨境消费等领域率先使用数字人民币结算,构建境内外联网的数字人民币清算结算网络。在建设、推广新型跨境支付结算系统的同时,在香港与深圳开发以数字人民币计价和交易的金融产品,包括债券、基金、理财、股票等,便利境外主体直接通过新型跨境支付结算系统投资,提升境外持有和使用人民币的意愿。

三、推动特色金融创新发展

(一)推动形成统一的行业标准

金融与技术的结合是特色金融的重要发展方向。因此,香港与深圳特色金融合作需要形成一致的交易安全、算法安全、架构安全、网络安全、数据安全技术标准,为科技创新应用把好安全关,确保科技创新的风险总体可控。

与此同时,统一香港与深圳特色金融的认证标准是避免特色金融"伪创新"、进行监管协同、提升创新效率的重要环节。有必要推动香港与深圳形成统一的特色金融认证目录和认证规则,建立香港与深圳统一的特色金融分类标准、金融产品和服务标准,实现产品和服务认证依据、认证模式、认证流程、获证后监督、认证证书的注销、暂停和撤销、认证标志、认证责任、认证证书的使用等标准的统一。在此基础上,香港与深圳可共建共享特色金融项目库,便利金融机构与项目对接。

(二)推动复合型人才培养合作

充分利用香港与深圳两地学术资源优势,加快推动特色金融领域相关学科设置和两地专业人才的联合培养;依托行业协会、智库,共同探索建立特色金融人才认证标准;大力推广深港澳金融科技师专才计划等资格认证,将香港与深圳打造成为全球特色金融人才标准制定、培养、认证、就业的高地。

(三)推动产品创新与应用场景合作

特色金融有别于传统金融的地方在于改变了金融产品的业态,使金融研究、投资、服务产品逐步实现便利化、智能化、技术化、普惠化、绿色化。而香港作为全球领先的金融中心之一,可利用在金融产品创新上拥有相对自主决策权的优势,创新和提供多样化特色金融产品和服务,并与深圳丰富的应用场景相结合,做大特色金融应用场景。

(四)推动国际化合作

高度国际化是香港的重要优势,香港与深圳特色金融的合作自然也离不开国际化合作,尤其是在金融科技、绿色金融等领域,可以探索香港与深圳共建国际一流的金融中心。一是充分借鉴伦敦证券交易所和卢森堡证券交易所的成熟经验,有针对地发展跨境特色金融,尤其是助力香港与深圳两地企业对接国际特色金融市场,促进国际资本积极投资香港与深圳两地企业发行的特色金融产品。二是鼓励深圳金融企业以香港为窗口和平台,在全球大力引进特色金融发展所需的技术、标准和人才。三是通过香港与深圳联合举办全球性特色金融活动,共同做大特色金融品牌,大力推广香港与深圳金融向绿色化、普惠化转型的社会责任理念。

四、共建全球创新资本集聚中心

(一)用好两大交易所创新资源

一是将香港与深圳交易所建设成为具有国际影响力的创新企业上市高地。推动香港与深圳交易所在板块方面各有分工、各具特色,推进直接公开发行(DPO)、特殊目的收购公司(SPAC)、第二上市、存托凭证(DR)等资本市场制度改革,建设更加包容的创新支持资本市场体系,打造简明高效的多层次股票市场,推动全球优质创新企业进入香港与深圳交易所,将香港与深圳交易所打造成全球创新创业企业首选上市地。

二是提升资本市场服务创新能力。完善香港与深圳交易所产品体系,实现原产品和衍生品同步发展,打造全球一流交易所,满足投资者和融资者多样需求。推进再融资和并购重组制度改革,便利创新型企业利用资本市场发债、再融资、开展并购重组,帮助创新型企业做大做强。

三是探索港交所、深交所交叉持股。港交所目前已经实现公司化运作和股票上市,而深交所仍然是会员制单位,在对外投资和股权转让方面受到严格的限制。因此,为了改变两地交易所局限于产品互通的现状,推动两地交易所管理运营的高度接轨和人才流动的充分互动,可以探索对深交所进行公司化改制,为港交所和深交所交叉持股创造基础条件,推动两地交易所在知识产权交易等科技金融领域开展更大范围的合作。公司制交易所具备上市融资功能,代表了全球交易所的发展趋势。纽交所、纳斯达克、港交所等公司制交易所都已融资上市,而中国金融期货交易所、广州期货交易所、北京证券交易所三个中国后设的国家级交易所均采用公司制运作。因此,深交所应当积极探索公司化、市场化改革路径,并联合港交所继续通过股权收购的方式与境外交易所接轨,吸收更多成功交易所的运行经验。

(二)做好香港与深圳风投创投资本对接

一是依托深圳优质科技型企业储备丰富的优势,推动企业在香港上市或发行点心债。开展深圳高新技术企业外债便利化额度试点,便利因净资产不足,不满足借外债条件的高科技企业,通过跨境贷款、跨境发债等方式牵手香港等境外低成本资金。深化合格境内投资者(QDIE)试点,支持符合条件的境内投资机构申请合格境内投资者资质,投资境外私募股权、创业投资基金领域,并适度提高投资额度,提升境外投资便利化。

二是通过香港市场积极引入创新资本。推进外商独资证券投资基金管理人(WFOE PFM)试点,引入国际知名资产管理机构集聚。探索推动外资创业投资机构用一个主体开展合格境内投资者、外商独资证券投资基金管理人等业务。鼓励各试点机构在深圳设立国际投资中心,开展跨境双向投资。扩大合格境外有限合伙人(QFLP)试点,推进港资背景的合格境外有限合伙人试点机构开展境内非上市公司股权、夹层基金、私募股权、创业投资基金等投资。

三是促进香港与深圳资本双向流动。探索推行河套深港科技创新合作区和前海深港现代服务业合作区内资本项目可兑换,促进科技资金跨境双向流动,鼓励金融机构稳妥推进跨境双向股权投资、跨境双向发债、跨境双向人民币贷款等服务。借鉴香港二手份额转让基金的经验,鼓励二手份额转让基金通过合格境内投资者/合格境内有限合伙人(QDLP)方式在海外开展投资,支持海外二手份额转让基金通过合格境外有限合伙人方式在深圳进行投资和基金重组。

(三)优化创新型金融产品和服务体系

一是香港与深圳共建多层次金融支持体系,包括共同设立融资担保机构、融资租赁机构、科技银行等形式,针对创新型企业提供有针对性的产品和服务,形成差异化的定价模式。二是充分利用香港资源优势,为深圳的科创企业提供资金管理、风险管理、融资咨询等多样化金融服务。开展跨境投贷联动试点,促进香港中资金融机构与境内关联金融机构联合开展投贷联动业务。

第二节　香港与深圳科技产业合作

一、加强基础研究深度合作

基础研究是科技产业的核心,是关乎中国技术领域突破的生存问题。基础研究是深圳的薄弱环节,而香港已经具备了开展基础研究的软硬件优势,因此,必须最大限度地集合香港与深圳两地进行基础研究的优势资源,在关键技术领域打破国际壁垒。

一是共建和共享科学装置。在香港与深圳现有重大科学装置的基础上,争取国家在香港与深圳两地布局更多世界级重大科学装置,为科技产业发展提供高质量源头供给。鼓励企业和社会资本购置、捐赠科学装置给予科研机构和科研人员使用。推动香港与深圳既有科学装置和科学仪器的共享,提高科学装置的使用效率。鼓励以租赁的方式获得和使用科学装置,降低科学装置的支出负担。

二是共建新型基础设施。香港与深圳合作加快建设 5G/6G 基建、特高压、高铁、充电桩、数据中心、人工智能、工业互联网等新型基础设施,打造与未来科技产业相适应的设施环境和制度环境,为人员、数据等要素流动提供便利,满足基础研究需要,为科技产业的培育奠定基础。

三是共建科研机构。香港与深圳共建国际一流大学、科研院所和平台、应用技术开发研究院,强化基础研究。香港与深圳联合争取设立更多国家重点实验室、国家工程技术研究中心、省部级重点实验室等创新载体。鼓励企业设立各类实验室、工程技术研究中心。鼓励各类科研机构争取国家和省部级科技资助。吸引跨国公司在香港与深圳设立研发机构,鼓励香港与深圳企业和科研机构在全球创新活跃的地区设立分支机构,构建全球研发网络,以更加积极的姿态融入全球科技进程。

四是共设科研基金和项目。建立香港与深圳两地科研基金沟通协调机制,避免重复资助和研究,采取揭榜挂帅机制,共设基础研究科研项目,鼓励香港与深圳两地科研机构合作研究。构建政府、企业、社会等多元化基础研究投入机制,推动基础研究成果共享,加强基础研究国际合作,在更高层次、更深领域携手推进一批重大国际科技合作项目,鼓励企业、高校、研究机构合作开展前瞻性基础研究。

五是共同推进原始创新。香港与深圳联合成立科技委员会,联合制定重点领域技术发展路线图,发挥香港的高校和科研机构优势,利用好在香港、深圳乃至粤港澳大湾区布局的重大科研基础设施、重大科技创新平台,发挥新型举国体制优势,努力在原始创新上取得新突破,攻克共性关键核心技术,解决"卡脖子"问题,同时结合香港与深圳两地的科技产业发展规划,在更多科技前沿领域开展联合研究和攻关,取得大量具有全球影响力的研究成果。

六是共引科技人才。发挥香港与深圳高校和科研机构优势,共同培养科技人才。发挥香港"超级联系人"作用以及接轨国际的营商环境优势、专业服务优势、知识产权保护的法治优势和深圳产业优势,设立国际化的科技促进联盟、标准创新联盟、知识产权保护联盟、人才交流联盟等枢纽型组织,按照不求所有、但为所用的原则,采取柔性引才举措,共同吸引海内外顶尖科研人才。

二、大力促进科技成果转化

科技成果转化是促进基础研究产业化、规模化的系统工程。深圳在应用型研究上走在全球前列,具备与香港共同推进科技成果转化的诉求和条件。

一是建立香港与深圳科技成果转化协同机制。成立香港与深圳科技成果转化领导小组,统筹两地科研资源,形成香港与深圳科技成果转化合力。成立香港与深圳科技成果转化联盟,汇聚两地科研机构、科研人员、科技服务机构、金融机构、企业等,提升科技资源供需对接,提升技术转化市场活力。建设香港与深圳科技成果转化资源对接平台,提供相关资讯,便利资源对接。

二是共建聚焦科研成果转化的新型机构。学习借鉴台湾工研院模式,香港与深圳共建基础研究和产业转化并举的新型研发机构,完善成果转化激励机制,以产业需求为导向确定技术研发方向,集合全世界的科研资源集中进行开发,通过信息扩散、技术转移、成立公司、合同开发、创业孵化等举措实现产业化。

三是共建技术转化公共服务平台。引进培育一批生产性服务业公共服务平台,围绕科技企业早期、孵化、加速、产业化等不同阶段的需求,提供共性技术研发、设计、中试、检测、孵化、加速、融资、推广等专业服务,帮助中小科技企业发展壮大。

四是共建科技成果和知识产权交易中心。香港与深圳联合建设或运营科技成果和知识产权交易中心,实现科技成果市场化定价和最优化配置,对接香港知识产权交易所、香港知识产权贸易中心等资源,促进全世界的科技成果和知识产权到香港与深圳交易,通过香港与深圳实现产业化。

三、着力打造科技产业集群

未来科技产业的竞争集中体现为产业集群的竞争,检验香港与深圳科技产业合作成功与否的关键在于能否培育科技产业集群。香港与深圳两地需要在战略性新兴产业和未来产业集群的培育上达成共识,聚焦符合香港与深圳"发展所需、优势所能、未来所向"的重点领域联合打造产业集群。围绕科技产业链关键环节、关键领域、关键产品,实现"建长板"和"补短板"并重,构建上中下游衔接顺畅、大中小微企业协同发展的科技产业生态。

一是共同建设世界级母工厂。鼓励科技企业以香港与深圳为总部,在区内开展研究与开发等高附加值环节,建设传统产业升级示范工厂、新兴技术和设备试验工厂,为创新提供资源支持和服务支撑。支持科技企业在香港与深圳建设高技术和管理水平的世界级母工厂,为其他地区的子工厂提供技术、管理、人才等支持。

二是共同培育科技产业龙头企业。围绕各科技产业的核心环节,香港与深圳共同培育以专精特新"小巨人"企业、制造业单项冠军企业、产业链领航企业为代表的科技龙头企业。鼓励龙头企业在香港与深圳保留高附加值环节,在内地和境外设厂。鼓励龙头企业以香港为窗口,赴发达国家和地区投资,收购具有技术溢出潜力的科技企业。

三是共同打造科技产业园。围绕两地重点发展的科技产业,结合产业特点和需求,选择合适地点建设各类专业化科技产业园,形成产业集聚效应。鼓励科技企业结伴出海,在"一带一路"沿线国家和地区、与中国毗邻或交好的国家和地区建设境外科技产业园,建立覆盖全球的产业网络。

四、优化提升科技服务水平

科技产业从基础研究到成果产业化是一个长期的过程,需要大量的中介服务。香港与深圳科技产业合作发展要从科技服务入手,营造良好生态。

一是完善政府科技投入机制。香港与深圳两地联合为企业技术创新分担风险,为科技公司推出税收减免、研发补贴、融资担保等举措。香港与深圳联合出资设立天使母基金、科技成果产业化引导基金,引导社会资本投资投入科技创新领域,重点投向科技成果产业化项目、战略性新兴产业、未来产业等科技领域。

二是大力发展知识产权金融。香港与深圳联合成立专门的知识产权金融服务公司,推动知识产权评估、交易、法律咨询和调查、担保、处置等的统一,帮助科技企业盘活知识产权。香港与深圳联合设立知识产权投资基金,投资知识产权优势企业,形成投保贷合作的运营模式。鼓励香港与深圳保险公司合作开发知识产权保险。

三是共同建设科技智库。整合香港与深圳现有高校、科研机构、科技企业的资源,吸引全球知名专家,共建高水平科技智库,加强前沿科技动态、科技战略、科技治理、科技产业政策等研究,促进智库研究与政府决策的良性互动。

四是共同发展科技行业组织。香港与深圳联合引进或新设国际科技产业组织和标准组织,积极参与科技产业国际标准制定。通过行业协会密切政府与业界的联系,吸引境外知名企业、科研机构、科研人员加入行业协会,提高协会的国际化水平和影响力。

五是壮大科技服务体系。香港与深圳联合集聚和培育一批具有国际竞争力的研发设计、科技咨询、科技监测、科技信息、科技教育、创业孵化、技术转移、知识产权服务、法律等科技服务企业,推动科技产业创新发展。香港与深圳联合举办高水平科技期刊、科技媒体、科技论坛、科技展会,共同打造全球科技资讯中心。

第三节　香港与深圳海洋产业合作

一、以创新引领作为技术支撑

海洋环境复杂,海洋科技是科学开发海洋资源的根本,也是推动海洋产业高质量发展的引擎。香港与深圳海洋产业合作需要将海洋科技作为重要支撑。

一是共建海洋科技研发机构。香港与深圳合作建设国际一流的海洋大学、深海科考中心、海洋研究院、海洋智库,培养海洋科技人才,推动海洋产业转型升级亟须的核心技术和关键共性技术的研发,提升海洋科技创新能力,支撑海洋渔业、海洋装备制造、海洋资源开采、海洋能源开发、海洋生物医药、海洋新材料等产业发展,提升海洋监测和海洋生态保护技术水平。

二是引入全球海洋科技领先机构。香港与深圳对海洋产业发达的国家和地区进行定点招商,联合引进国际一流海洋科研机构和海洋科技相关企业,推动本地海洋科研机构和国际知名机构联合开展海洋科技研发,成立国际海洋科技联盟,推动全球领先海洋科技诞生在香港与深圳或在香港与深圳完成产业化。

三是培育海洋科技优势领域。以香港与深圳乃至广东海洋产业需求为出发点,着力在海洋牧场、海洋生物繁育、深海勘探、海洋通信、海洋能源开发等技术领域重点攻关,打造全球技术高地。配套建设海洋科技中试基地,打造若干海洋产业集聚区。

二、以金融赋能作为资金支撑

海洋产业天然具有开放性,产业种类丰富、风险大、投资高、投资周期长,需要多样化的金融工具支持。香港在海洋金融方面积累了丰富的经验,香港与深圳可以在海洋金融方面合作,支持海洋产业做大做强。

一是创新海洋保险产品。利用香港的国际化优势,积极引入各类国外海事保险机构,与伦敦劳合社等大型海事保险机构合作,共同搭建海事保险服务平台,支持保险企业在香港、深圳设立海洋保险事业部,创新航运险、海洋环境污染强制责任险、海洋生态损害保险、滨海旅游险、海洋巨灾保险和再保险等产品,建设区域性海洋保险中心和再保险中心,形成有竞争优势的海洋保险产业集群。

二是大力拓展涉海企业融资渠道。香港与深圳联合设立海洋政策性银行或海洋专业银行,采用贴息、担保等方式降低贷款风险,鼓励商业银行发放海洋贷款。通过制度创新发展融资租赁业态,鼓励涉海企业通过融资租赁融资。积极支持港口、码头、岸线等航运基础设施建设企业在香港与深圳两地发行债券,多渠道筹措发展资金。共同发展蓝色债券,率先建立国际认可的蓝色债券标准和认证流程。鼓励利用港交所、深交所等证券市场推动航运资产证券化。

三是共建海洋金融协同平台,推动海洋经济多产业链间的整合交互。打造面向国际市场,集海洋资源、环境和知识产权交易等于一体的湾区海洋产权交易中心,包括海洋资产流转交易平台、海洋项目融资服务平台、海洋科技成果转化交易平台、海洋渔业要素交易平台和海洋企业(产权)交易平台。

四是共同设立海洋基金。香港与深圳可通过联合设立海洋产业投资基金,投资优势海洋企业,缓解涉海企业的资金需求,促进海洋科技进步;通过联合设立海洋基础设施基金,吸引社会资本投入海洋产业,完善海洋基础设施;通过联合设立海洋信托基金,用于海洋科研、海水污染治理、海洋灾难救助、海洋风险补偿以及非经营性的国际合作等。

五是共同开发航运风险对冲工具。香港与深圳通过联合建立航运运价指数体系,探索开发航运运价期货、期权、远期、互换等衍生品交易,为航运、物流企业提供避险工具,打造全球航运定价中心和风险对冲中心。

三、以航运服务作为重点抓手

香港与深圳均是世界级集装箱枢纽港,但也面临其他地区激烈的竞争。深圳航运发展迅速,香港海事服务发达,香港与深圳可通过航运合作,共建国际航运中心。

一是共建香港与深圳自由贸易组合港。争取国家支持,在深圳开展自由贸易港试点,与香港航运相关制度和标准全面对接,实现便利通关和香港与深圳港口物流合作。推动香港与深圳港口交叉持股,实现合作运营。以香港与深圳自由贸易组合港为核心,通过技术和资金合作等方式,强化与广东乃至内地其他港口的合作,建设组合港体系,实现多式联运。推动香港与深圳自由贸易组合港与境外港口建立战略合作关系,构建全球港口网络。

二是共建航运总部集聚区。鼓励国际船舶注册"中国香港""中国深圳""中国前海"船籍港船队,打造全球船舶注册高地。吸引全球航运巨头在香港、深圳设立总部、区域总部,努力培育本地航运巨头。吸引航运要素集聚,鼓励航运经纪、航运代理、船舶管理、邮轮游艇等航运服务企业实现规模化、高端化发展,建设香港与深圳国际船舶综合运营中心和国际海员中心。

三是共同发展航运服务。推动香港与深圳两地航运扶持政策的趋同和共享,共同发展船舶融资、海事保险、海事法律和仲裁服务、船舶管理等航运服务业,加快培养和引进航运相关人才。加强智慧港口、智能航运研发和应用示范、北斗导航系统应用、物联网、节能等技术在航运的集成运用,提升航运业运营效率。

四、以信息服务作为特色领域

海洋产业发展的关键在于营造海洋文化,打造海洋持续健康发展的环境。香港与深圳可在海洋监测、海洋治理、海洋文化等海洋信息服务方面合作发展,打造全球海洋信息资讯中心。

一是共建海洋智慧监测网。整合两地现有海洋环境监测设施,共建集成 5G、卫星和航空遥感、地波雷达、浮标、潮位仪、声层析、光电视频、航次调查等系统的"空—天—地—海(海面—水体—海底)"合作的海洋智慧监测网络,共建自主可控的海洋监测大数据平台,提升海洋管理能力和海洋开发利用能力,实现海洋资源共享、海洋活动协同。

二是共建全球海洋治理服务中心。两地共建海洋气象、海洋灾害预报等信息服务平台,共同开展海上搜救、海洋防灾减灾、海上执法,共同发展海事仲裁业务,共同参与制定国际海洋治理标准,共同打造全球海洋资讯中心。

三是共同建设全球海洋文化交流中心。共同举办海洋相关博览会、论坛、海上体育赛事,共同建设海洋相关文化设施,吸引知名的全球海洋相关组织落户,共同打造具有特色的海洋文化品牌,共建全球海洋文化策源地。

第四节　香港与深圳民生事业合作

一、以跨境交通建设推动居民互动

民生事业合作首先要建设更多互联互通的交通基础设施,解决两地空间的"硬连通"。目前香港与深圳之间有 7 个陆路口岸,铁路通过广深港客运专线连接,深圳蛇口、深圳福永与香港间建立水运航线,但离香港与深圳深化合作后的需求还有很大差距。建议进一步完善联通香港与深圳两地的交通基础设施。一是推动港珠澳大桥深圳支线建设,并且探索允许符合资格的深圳车牌通行及在香港特定地区逗留,提高大桥使用率。二是加快建设广州机场经深圳机场、前海到香港机场并可便利接驳香港轨道交通网的城际轨道,规划更多联通香港与深圳和国家铁路网络的城际轨道线路,适度超前规划建设高速磁悬浮线路,形成香港与深圳之间快速交通网。三是建设连接深圳湾超级总部基地和香港元朗的轨道交通,实现深圳西部与香港北部的联通。四是建设连接深圳福田、罗湖、盐田和香港北区的轨道交通,实现深圳中部与香港北部的联通。五是修建连接香港西贡和深圳大鹏半岛的跨海公铁复合通道,甚至延伸到惠州,辐射深汕特别合作区及粤东地区,实现深圳东部与香港的便捷联通。六是在扩区后的前海合作区、南山、福田、盐田、大鹏新区、深汕特别合作区开设更多的码头、口岸,开通和香港之间的航线,给人员流动提供更多选择。七是大力发展香港与深圳两地通勤的通用航空航线,满足公务、商务人士对便捷流动的需求。

二、民生优质资源共建共享

香港与深圳深化合作需要用好两地的存量民生资源,并在部分领域建设增量资源。一方面,香港与深圳需要推动民生资源共享,包括通过推动香港与深圳间教师流动和课程资源在线共享,实现教育资源共享;利用互联网、人工智能、医疗机器人等技术手段实现跨境诊断、远程手术,推动医疗资源共享等。另一方面,香港与深圳需要推动民生资源共建,包括在教育领域共同建设实习和实训基地,推动两地实习计划,帮助学生提高职业技能,更好适应社会;在住房领域共建公共住房、大型居住社区等,满足两地居民居住和通勤需求,尤其是两地人才和低收入群体的住房需求,便利两地居民集聚;在养老领域合作兴建养老机构和养老社区,提高养老资源供给等。

三、民生基础设施互设

香港与深圳深化合作需要推动学校、医院等民生基础设施在两地互设。在学校互设方面,鼓励在深圳开办更多采用香港教育体系的中小学和国际学校,并给予香港教育的相关福利,便利香港学生就近上学。鼓励更多香港高校在深圳办学,推动香港高校和深圳高校课程互修、学分互认、文凭互授;同时,鼓励深圳有条件的高校在香港办学,做大优质高等教育供给。探索在香港举办低收费的寄宿制学校,便利跨境学童就读和融入香港社会。在医院互设方面,鼓励在深圳兴建更多香港与深圳合作的医院,港人在此类医院就医享受和香港医院同样的待遇,便利港人就近就医。

四、民生体制机制对接

香港与深圳深化合作需要加快两地民生体制机制对接以及相关标准和从业资格的互认,包括在教育领域推动中小学成绩和升学资格互认,推动两地教师资格互认;在医疗领域推动两地医疗机构监管标准互认,实现医护人员执业资格和职称互认,推动两地医保结算、养老金系统的互联互通等;在住房领域推动香港与深圳均实现租售同权等,以此促进两地居民流动的意愿,降低由于体制机制差异对异地居民享受当地民生资源造成的福利影响。

五、民生服务模式创新

香港与深圳深化合作需要加强民生服务模式创新,提升两地居民在异地生活的获得感和归属感。包括在医疗领域建立覆盖香港与深圳两地的分级分类诊疗体制,提升基层医疗机构水平,提高医疗资源使用效率。建立新药和医疗器械同步上市机制,探索一地获批上市的新药和医疗器械同时在另一地上市,提升医疗供给水平;在住房领域共同发展房地产金融业务,降低居民住房支出压力;在养老领域共同发展养老金融,拓宽养老资金投资渠道,提高第三支柱保障水平。

第五节　香港与深圳生态产业合作

一、把握碳金融发展契机

香港已建立比较完整的绿色金融体系,在绿色和可持续金融跨机构督导小组下成立了碳市场专责团队,深圳发布了绿色金融条例,是国家碳排放权交易试点地区,正在推动建设碳普惠体系。香港与深圳可以通过碳金融的合作发展,实现通过金融手段促进资源投向低碳环保领域,促进生态环境改善。

一是共同建设辐射全球的碳排放权交易市场。尽管中国已建立全国性碳排放权交易市场,但目前纳入的企业有限,而且国际化程度较低,粤港澳大湾区市场化程度和对外开放水平高,碳市场经验丰富,最有条件探索与国际接轨的碳排放权交易。香港与深圳可考虑参考欧盟的经验,建立覆盖全球企业和个人、与国际接轨的碳市场,提高碳市场的活跃度。同时,建设碳排放权交易路演中心和线上门户信息网站,打造全国乃至全球碳排放权交易资讯中心。

二是共同开发碳排放相关金融产品和服务。大力发展碳信贷、碳债券、碳指数、碳基金、碳信托、碳保险、碳衍生品等碳金融创新产品和服务。鼓励商业银行将碳排放权纳入质押贷款范围,在碳金融发展初期可以在风险可控的范围内给予较高的质押率,同时进一步创新碳排放权相关融资产品,建立专项审批绿色通道;鼓励资本市场创新碳资产证券化产品,盘活碳资产,实现交易流转,提高碳资产使用效率;鼓励信托公司、保险公司开发挂钩碳排放权的产品;与碳衍生品交易市场合作,开发跨市场联动的金融产品;大力发展场外碳衍生品,帮助企业对冲碳风险。

三是推动境内和境外碳排放权交易市场的互联互通。随着越来越多的国家和地区对碳进行定价(发展碳排放权交易、征收碳税),碳市场未来将有可能超越国际石油市场成为第一大能源和环境权益类衍生品市场。在当前国际和中国国内碳市场还是分割的情况下,香港与深圳可探索联合开发跨境碳金融投资产品,便利境内投资者投资全球的碳市场;探索境外投资者投资中国碳排放权交易市场试点;推动境内节能减排项目获得境外碳市场认可和入市交易;探索境外节能减排项目获得国家核证自愿减排量,在中国碳排放权交易市场交易,推动中国碳排放权交易市场与全球碳市场的互联互通。

四是打造碳金融服务生态。扶持第三方核查机构、碳金融咨询机构、环境风险评估机构、信用评级机构、环境损害鉴定机构、数据服务平台、低碳发展项目评估与论证机构、会计师事务所、律师事务所等中介机构集聚和壮大,打造优质的碳金融服务生态。

五是共同设立中国碳银行。银行是金融政策实施的重要媒介,也是实体经济重要的资金来源,香港与深圳可探索共同设立主要服务于节能减排项目的中国碳银行。其一,为碳排放权交易的正常进行提供交易结算清算、资金托管等基础服务;其二,碳银行通过提供抵(质)押贷款、碳债券等产品,为碳交易市场提供流动性支持;其三,碳银行利用碳排放权这一新交易标的进行各类金融创新,能够丰富碳排放权交易模式,加速碳资产形成,提升碳排放交易市场活跃度;其四,碳银行能够为企业客户提供碳排放交易咨询、代客理财等服务,提升碳排放交易市场规范水平与专业度;其五,碳银行能够有效引导社会资本投向低碳领域,促使金融机构和企业更好履行生态环境保护的社会责任。

二、顺应新能源产业发展导向

能源产业是碳排放的重要部门,发展新能源产业有助于降低碳排放。深圳以核能、太阳能、生物质能、新能源汽车为代表的新能源产业发展迅速,香港一直在不遗余力地推进可再生能源项目,也发布《香港电动车普及化路线图》。香港与深圳可以合作发展新能源产业,获得稳定可靠的能源供给,同时降低对生态环境的压力。

一是做大做强新能源汽车产业。香港与深圳可依托核心企业,联合研发新一代电池、车用芯片、关键零部件等技术,掌握新能源汽车核心技术,做大新能源汽车产业。完善智能网联汽车生态,加强大数据在新能源汽车中的应用,推动新能源汽车的智能化。开发新能源汽车专属金融服务和保险产品,促进新能源汽车消费。

二是加强对新能源的利用和推广。在海上风电的利用方面,顺应海上风电由近海到远海、由浅水到深水、由起步到规模化开发的趋势,香港与深圳可联合开发海上风电,增加清洁电力供应,探索"海上风电+"模式,实现海上风电和制氢、储能、海洋牧场等的合作,综合利用海洋资源。在太阳能的利用方面,香港与深圳可共同推动太阳能热力发电等新技术的开发,提升太阳能利用效率。鼓励在各公共场所建设太阳能发电和应用装置,构建分布式太阳能应用网络。加快建设智能电网,鼓励太阳能电力和其他电力综合使用。在氢能的利用方面,香港与深圳可联合研发低能耗低排放的化石能源制氢技术、氢能与可再生能源耦合技术、电解水制氢技术,不断降低制氢成本。联合研发氢燃料电池技术、氢燃烧技术、储氢技术,发展氢能汽车产业。加强加氢关键零部件和设备的研发,建设加氢站网络。在核能的利用方面,依托核电核心企业,加强先进反应堆的研发,提高核电的安全性和可靠性。选择适合的地区布局安全有保障的核电站,通过特高压输电网实现向香港与深圳输电。鼓励香港与深圳科研机构和科研人员参与可控核聚变大科学装置的研发和试验,推动可控核聚变早日投入商用。

三是共同建设储能体系。香港与深圳联合加强对电化学储能、物理储能、电磁储能等技术的研发,提高能源转化效率;联合建设储能设施示范工程,建设智能电网,实现与新能源电力网络的协调发展;探索共享储能、云储能、储能聚合、电动汽车储能等新模式,实现储能行业的可持续发展。

三、错位发展巨灾金融

全球气候变化剧烈,自然灾害频发,影响生态环境的同时,也为企业和个人带来大量风险。香港与深圳的金融市场比较发达,可合作发展巨灾金融产品和服务,分散气候变化带来的巨灾风险。

一是共同开发巨灾保险。香港与深圳联合成立巨灾保险基金,为巨灾保险提供补贴,鼓励保险公司开发巨灾保险产品,建立覆盖洪水、台风、风暴、地震、林草火灾等多种自然灾害的巨灾保险产品体系。探索成立专业的巨灾再保险公司,打造全球巨灾保险中心。

二是共同做大巨灾债券市场。香港与深圳联合出台税收优惠、财政补贴等政策,鼓励全世界的巨灾保险公司或再保险公司在香港与深圳资本市场发行巨灾债券,将巨灾风险分散给资本市场。鼓励金融机构开展巨灾债券产品创新和制度创新,提升巨灾债券发行和投资的便利性,使投资者获得相对高的收益率,努力打造全球认可度高、发行和成交活跃的巨灾债券市场。

三是发展巨灾衍生品。香港与深圳联合探索开发以巨灾保单的损失赔付率等为标的物的巨灾期货,帮助保险公司、再保险公司对冲灾害风险,吸引全球资本参与。联合探索开发巨灾互换,允许交易双方基于特定触发条件交换巨灾责任,实现与全球巨灾金融体系的互联互通。

四、加强生态保护协同合作

香港与深圳山水相连,生态难以分割,面临类似的生态问题且难以单方解决,尤其是在香港与深圳共建功能区的过程中,共同维护生态环境变得更加迫切。香港与深圳两地对生态问题已达成共识,并做了诸多探索,未来应共同推进生态保护和生态的科学利用,努力构建生态命运共同体,共同打造生态文明样板。

(一)构建生态保护的协同机制

一是共建生态和发展协调机制。香港与深圳共同开展两地生态环境资源的调查和评估,建设生态环境资源台账和生态地图,加强两地生态规划的衔接。二是共建生态环境监测合作机制。香港与深圳共建河流、海湾、大气、噪声、废弃物、光等的监测网络,消除监测死角,实现监测数据交换和共享。三是共建生态灾害应急处置机制。及时沟通突发环境事件信息,共建应急队伍和应急物资储备,强化生态灾害预警和联合处置。

(二)共同开发与保护生态资源

一是共同开发生态旅游资源。推动生态环境保护和科学利用协调发展,开发界河、海湾等的航运功能,通过对环保设施的改造,共建生态友好型康乐设施。二是多渠道解决天然淡水资源短缺问题。通过共建水库、水渠等水利设施,从多源头获取淡水,探索发展海水淡化,增加淡水供给。三是共建废弃物处理设施。推动交界区域堆填区搬迁、改造,共同投资建设、运营、共享堆填区、环境园等环保设施。

(三)共同研发环保技术

一是共同研发、引进、应用低碳新技术、废弃物处理技术,降低工商业消耗和排放;二是共同优化垃圾焚烧发电技术,开展余热、炉渣等资源综合利用。

第八章　香港与深圳深化合作的
要素合作

要素合作是香港与深圳融合发展的微观基础。香港与深圳之间因为制度不同或政策限制,造成两地要素合作还存在诸多掣肘,需要基于各类要素的特征和现实基础,通过制度创新和开放创新推动香港与深圳要素的自由流动和市场化配置。

基于此,本章从与香港与深圳深化合作最密切、决定香港与深圳未来发展的资本、人才、技术、数据、土地五类要素出发,系统分析各类要素的特点,为要素合作提供理论基础;总结香港与深圳各要素合作的政策基础、市场基础,以此论证要素合作的可行性,提出香港与深圳各类要素合作的创新路径。

第一节　香港与深圳资本要素合作

一、香港与深圳资本要素合作基础

我国一直稳妥有序地推进资本项目开放和贸易投资自由化、便利化,在粤港澳大湾区等地区优先进行试点,推动资本流向科技创新领域和可持续发展领域,从中央到地方均推出了相关政策,为香港与深圳资本要素合作奠定基础。

（一）国家层面

《中共中央　国务院关于构建更加完善的要素市场化配置体制机制的意见》《国务院办公厅关于印发要素市场化配置综合改革试点总体方

案的通知》指出,资本要素市场化配置的重点在于完善股票市场基础制度、加快发展债券市场、增加有效金融服务供给、主动有序扩大金融业对外开放。2020 年 5 月,中国人民银行等四部委发布《关于金融支持粤港澳大湾区建设的意见》,从促进粤港澳大湾区跨境贸易和投融资便利化、扩大金融业对外开放、促进金融市场和金融基础设施互联互通、提升粤港澳大湾区金融服务创新水平、切实防范跨境金融风险等方面提出具体措施,便利资本在粤港澳大湾区之间流动。在《2021 年上半年中国国际收支报告》中,国家外汇管理局明确了外汇领域改革方向:一是稳妥有序地推进资本项目高水平开放,完善境外机构境内发行股票、债券资金管理,支持私募股权投资基金开展跨境产业、实业投资,扩大合格境内有限合伙人试点和合格境外有限合伙人试点;推进外债登记管理改革,便利创新型企业跨境融资,开展跨国公司本外币合作资金池业务试点。二是扩大贸易收支便利化试点范围,优化新型离岸国际贸易、跨境电商、市场采购贸易等贸易新业态的金融服务。三是建设开放多元、功能健全的外汇市场,支持金融机构推出更多适应市场需求的外汇衍生品,进一步丰富外汇市场产品和境内外参与主体,不断完善外汇市场基础设施体系。四是支持区域开放创新和特殊区域建设,研究开展跨境贸易投资高水平对外开放试点。

我国正在采取多种手段推动资本流向科技创新领域:一是完善服务科技创新的多元融资体系。加快发展多层次资本市场,进一步加大对科技创新的直接融资支持,在科创板和创业板注册制改革的基础上,全面实行股票发行注册制;新三板改革深入推进,北京证券交易所成立,推出上市公司转板机制,专精特新中小企业融入资本市场更加便利;畅通风险投资市场化退出渠道,实现科技创新、现代金融、产业链良性互动;循序推进金融对外开放,拓宽融资渠道,优化资本市场制度设计,提升资本市场服务科技创新的能力和效率;鼓励发展知识产权金融,促进"知本"变资本。二是提升信贷资金服务科技创新的效率。加大对先进制造业、战略性新兴产业等行业科创企业的信贷支持力度;加大对中小科创企业的金融政策支持力度;引导银行为科创企业提供多种债权与股权相结合的融资产品,逐步形成风险与收益动态均衡的长效融资机制;进一步发展科技信贷业务,建立差别化的监管制度体系,广泛设立科技信贷专营机构,提升科技信贷的可获得性。三是构建科创金融综合服务平台体系。培育"政企联动、银保联动"相结合的科技金融生态圈,实现企业信用风险、融资需求与政策信息的同步衔接,减少金融服务科创企业过程中的信息不对称问题。四是打造支持科技创新的金融保障体系。推动科技保险专营机构建设,完善科技保险产品创新机制,针对科技创新企业研发、生产、经营的特点,创新保险业务模式,开发新型保险产品,有效分散、缓释科创企业面临的多重风险。

自 2020 年第四季度提出构建新发展格局以来,金融领域在多方面逐步落实新发展格局的政策部署。一是大力发展绿色金融,促进碳中和。2021 年 2 月,国务院发布《关于加快建立健全绿色低碳循环发展经济体系的指导意见》,要求大力发展绿色金融。全国性碳排放权交易于 2021 年 7 月 16 日上线交易。二是优化金融资源配置,强化普惠金融服务。党中央、国务院作出关于改进小微企业等实体经济金融服务、推进降低小微企业融资成本的部署,中国人民银行等五部委发布《关于进一步深化小微企业金融服务的意见》,强化考核激励,优化信贷结构,引导金融机构将更多的资金投向小微企业等经济社会重点领域和薄弱环节,支持新动能培育和稳增长、保就业、促转型,加快大众创业万众创新。中国人民银行 2021 年 6 月 30 日印发《关于深入开展中小微企业金融服务能力提升工程的通知》,从大力推动中小微企业融资增量扩面提质增效、持续优化银行内部政策安排、充分运用科技手段、切实提升贷款定价能力、着力完善融资服务和配套机制等方面,对提升中小微企业金融服务能力提出具体要求。

（二）广东层面

2020 年 7 月,广东省金融局联合多部门发布《关于贯彻落实金融支持粤港澳大湾区建设意见的实施方案》,将中央赋予大湾区金融改革探索的使命细化为 80 条具体落实措施,促进资本要素在大湾区流动。

《广东省金融改革发展"十四五"规划》提出,深化资本市场联通。支持粤港澳大湾区内交易所加强合作,优化完善"深港通""债券通"等金融市场互联互通安排,适时研究扩展至"南向通"。支持深圳证券交易所设立大湾区债券平台,吸引符合条件的港澳金融机构和非金融企业发行债券。支持大湾区内地主体到香港、澳门发行债券筹资。推动广州期货交易所上市粤港澳大湾区内现货交易量大的大宗商品期货交易品种,并加强与香港、澳门市场的联动。

《中国(广东)自由贸易试验区发展"十四五"规划》提出,围绕金融开放创新示范窗口建设目标,进一步提升金融业对外开放水平,在人民币资本项目可兑换、人民币跨境使用、外汇管理等重要领域和关键环节先行试验。推进粤港澳金融市场互联互通,支持粤港澳金融机构跨境互设和开展业务,加快跨境金融服务合作创新,为内地和港澳居民提供更加便捷的跨境金融服务。

(三)深圳层面

深圳制定《深圳市贯彻落实〈关于金融支持粤港澳大湾区建设的意见〉行动方案》,将《关于金融支持粤港澳大湾区建设的意见》细化为50条行动措施,共85项细分任务,多措并举促进大湾区跨境贸易和投融资便利化,扩大金融业对外开放、深化深港澳金融合作,推进深港澳金融市场和金融基础设施互联互通,推动资本项目开放落地见实效。

《深圳市金融业高质量发展"十四五"规划》提出先行先试推进人民币国际化,试点深化外汇管理改革,促进与港澳金融市场互联互通,展望2035年,以人民币国际化、资本项目开放和香港与深圳金融合作为动力,进一步打通本外币、境内外、在岸离岸市场的资金互联互通和对接合作路径,有效提升深圳在金融服务创新、金融标准制定、金融风险管理等方面的国际话语权,增强深圳对全球高端金融资源的集聚能力和配置能力,高水平建设全球性创新资本集聚中心、全球性人民币产品创新与投融资中心、全球性财富与资产管理中心。香港与深圳在资本要素合作方面有很大的探索空间。

二、资本要素合作的主要实践

(一)北京

北京作为全国首个服务业扩大开放综合试点城市,近年来持续推进金融开放。吸引亚洲基础设施投资银行、丝路基金、中非基金、亚洲金融合作协会、中拉产能合作投资基金、中俄投资基金等一系列由我国主导的国际金融组织和投资基金在北京落地。推动标普、惠誉、穆迪三大评级机构,万事达、VISA两大银行卡清算机构,高盛、瑞银、瑞信、大和等外资控股证券公司及上田八木货币经纪、橡树资本、环球银行金融电信协会等60余家外资机构落户,为打通境内外资本市场奠定了基础。

此外,北京推出一批首创性跨境金融服务和产品,积极探索资本的跨境流动。跨国公司本外币合作资金池试点、本外币账户合一试点等政策率先在京"破冰";中关村国家自主创新示范区外债便利化改革试点额度提高至1000万美元,合格境内有限合伙人额度增至100亿美元,均为全国最高;修订合格境外有限合伙人管理办法,为境外主体及境外资金来京投资营造更为便利的投资环境和营商环境,吸引更多境外资产管理机构及境外资金来京投资。率先落地对外承包工程类优质诚信企业跨境人民币结算业务便利化试点;实施贸易外汇和资本项目收支便利化试点,业务金额突破770亿美元;探索开展跨境绿色信贷资产证券化,工商银行发行全国首单绿色汽车分期资产支持证券,获得境内外投资人踊跃认购。

(二)上海

上海作为国家定位的国际金融中心,一方面通过发挥金融基础设施的优势,推动金融市场对外开放,吸引境外资本参与境内金融市场;另一方面积极探索金融改革创新,推动境内外资本联动。在金融市场开放方面,沪港通、沪伦通、债券通、基金互认相继启动,银行间债券、外汇、货币等金融市场对外开放步伐加快,原油期货、20号胶期货允许境外投资者直接参与。

在金融改革创新方面,上海证券交易所科创板率先试点注册制,鼓励资本投向硬科技领域。4家外资控股合资券商落地、4家外资控股合资理财公司和6家外资独资公募基金公司均落户上海。截至2020年年底,全球资产管理规模排名前十的资产管理机构均已在上海开展业务,全国33家外资独资私募基金管理人中有29家落户上海。截至2021年9月,上海落地82家合格境外有限合伙人试点企业和51家合格境内有限合伙人试点机构,数量均居全国首位。

《中共中央　国务院关于支持浦东新区高水平改革开放打造社会主义现代化建设引领区的意见》提出,支持浦东率先探索资本项目可兑换的实施路径。创新面向国际的人民币金融产品,扩大境外人民币境内投资金融产品范围,促进人民币资金跨境双向流动。支持浦东在风险可控前提下,发展人民币离岸交易。支持在浦东设立国际金融资产交易平台,试点允许合格境外机构投资者使用人民币参与科创板股票发行交易。上海推动全球资本集聚和实现资本全球配置有了政策支撑。

三、香港与深圳资本要素合作的路径

香港与深圳之间资本流动已建立诸多管道,但还有巨大发展潜力,终极目标是实现资本双向自由流动。合法的资本流动是通过经常项目和资本项目完成的,我国于 1996 年实现了经常项目可兑换,一直以渐进的方式推进资本项目开放,因为资本可能带来负外部性,香港与深圳之间可以探索有限度的资本项目开放,鼓励资本以人民币计价、交易和结算,推动资本要素双向流动,促进资本要素合作。

第一,推动资本市场合作。在金融市场互联互通的基础上,学习借鉴欧盟经验,推动香港与深圳资本市场合作,实现监管标准、上市规则等的统一,发行者可自由选择、投资者可便利参与香港与深圳资本市场,共同做大资本市场规模和影响力,为资本流动提供载体。

第二,推动创新资本的自由流动。人类历史上每一次科技革命都离不开资本的先导和催化,目前全球新一轮科技革命和产业变革正在加速演进,粤港澳大湾区也被定位为国际科技创新中心。香港与深圳之间应发挥证券交易所等金融基础设施的作用,鼓励投资于前沿科技的创新资本的自由流动,探索契合科创企业需求的包容性政策环境,提升创新资本形成效率。

第三,推动可持续资本的自由流动。联合国《2030 年可持续发展议程》提出了 17 项可持续发展目标,在国际社会的共同努力下,以绿色金融、社会影响力投资、ESG①投资为代表的可持续金融正被广泛接受。香港与深圳均把可持续金融作为重要发展方向,可以推动投资于可持续领域的资本在香港与深圳之间自由流动,培育耐心资本,提升资本的社会效益和生态效益,削弱资本的逐利特性。

第四,推动资本的可监控流动。资本造成的负外部性往往源自资本流向未能被有效监控,随着数字经济的发展和央行数字货币的应用,资本的可控流动变成可能。香港与深圳在央行数字货币的应用方面走在全球前列,可探索在资本跨境流动方面应用更多科技手段,推动资本向上向善。

第二节　香港与深圳人才要素合作

一、香港与深圳人才要素合作基础

改革开放以来,随着香港与深圳经贸关系日益紧密,人才交往日益频繁,从中央到地方也不断推出便利人才流动的举措。特别是《粤港澳大湾区发展规划纲要》发布以来,国家、广东、深圳陆续出台相关政策,鼓励香港与深圳两地人才跨区域就业、生活,香港与深圳人才要素合作已有一定基础。

(一)国家层面

专业资格互认是《内地与香港关于建立更紧密经贸关系安排》系列协议的重要内容,目前已在建筑、会计、证券、医疗、法律、保险、信息技术、专利代理等领域取得进展。《粤港澳大湾区发展规划纲要》提出,探索有利于人才、资本、信息、技术等创新要素跨境流动和区域融通的政策举措,完善人才激励机制,健全人才双向流动机制,为人才跨地区、跨行业、跨体制流动提供便利条件,充分激发人才活力;扩大内地与港澳专业资格互认

---

① ESG 是一种关注企业环境(Environmentan)、社会(Social)、治理绩效(Governance)的投资理念和企业评价标准。

范围,拓展"一试三证"(一次考试可获得国家职业资格认证、港澳认证及国际认证)范围,推动内地与港澳人员跨境便利执业。《国家"十四五"期间人才发展规划》要求粤港澳大湾区要坚持高标准,努力打造成创新人才高地示范区,一些高层次人才集中的中心城市要采取有力措施,着力建设吸引和集聚人才的平台,加快形成"战略支点"和"雁阵格局"。

(二)广东层面

为落实《粤港澳大湾区发展规划纲要》,广东于 2019 年 11 月印发《关于推进粤港澳大湾区职称评价和职业资格认可的实施方案》,提出推进职称评价专业领域全覆盖、畅通港澳专业人才职称评价渠道、完善港澳专业人才职称申报评审机制、建立港澳专业人才职称评审绿色通道、支持港澳专业人才参加国家职业资格考试、促进港澳医疗专业技术人员来粤执业、拓宽建筑领域相关专业资格互认、推进港澳居民参加中小学教师资格认定、加大律师专业服务开放力度、推进港澳注册会计师在粤港澳大湾区内地便利执业、支持港澳社会工作者在粤从事专业服务、支持港澳专利代理专业人才备案执业、深化粤港澳大湾区技能人才"一试三证"合作、促进粤港澳大湾区专业人才评价合作发展等主要任务。《广东省人力资源和社会保障事业发展"十四五"规划》提出构建促进大湾区合作发展的高质量人社制度体系,包括推进大湾区"人才通""社保通"、拓展就业创业空间、实施"湾区人才"工程、推动横琴、前海等重大平台项目建设。

(三)深圳层面

2021 年 3 月,深圳公布《关于进一步便利港澳居民在深发展的若干措施》,就便利港澳居民在深学习、就业、创业、生活提出 18 项举措,涵盖港澳居民在深发展的全过程、各方面。《深圳市人力资源和社会保障事业发展"十四五"规划》提出深入实施湾区"人才通""社保通",促进人员、技术等各类要素更加高效便捷流动。推进民生领域深化合作,推动建立港澳专业资格与职称对应关系,提升港澳专业人士跨境执业便利性。开展宜居宜业优质生活圈共建行动,持续实施便利港澳居民在深发展务实举措,推进在深圳工作和生活的港澳居民在社保、就业等方面享有更多"市民待遇"。前海落实港澳及境外高端人才个人所得税率优惠政策,通过推进专业服务领域深化合作,推出了资质认可、合伙联营、项目试点、执业备案等一系列便利化措施,助力香港税务、建筑、规划专业、法律服务等专业领域的人才,在前海实现免试执业,并出台以港澳人才为重点的人才扶持政策《深圳前海深港现代服务业合作区支持人才发展专项资金管理暂行办法》。深圳针对河套地区推出《河套深港科技创新合作区联合政策包》《河套深港科技创新合作区深圳园区技术攻关及产业化创新若干支持措施》《河套深港科技创新合作区深圳园区支持港澳青年实习就业与创新创业资助计划》,吸引香港人才到河套就业、创业、生活。

二、香港与深圳人才要素合作的路径

香港与深圳人才要素合作要切实解决人才关心的教育、就业、医疗、住房、通勤等问题,便利人才双向自由流动。

第一,打造更多干事创业平台,提升对人才的吸引力。一是培育龙头企业和标杆机构,为优秀人才提供更多好的工作机会。二是鼓励两地人才创业交流,打造一流营商环境,共建创业基地,鼓励两地人才交叉创业、合作创业,扶持创新创业企业成长壮大。三是支持香港北部都会区加大开发建设力度,将香港北部都会区和深港口岸经济带打造国际一流的人才集聚地。四是完善远程工作技术解决方案,便利人才特别境外人才远程沟通和协作,汇聚一批远程工作人才。

第二,消除人才要素合作的各种梗阻,促进人才流动。一是推动所有行业职业资格和职称认定标准的统一或互认,便利人才在两地自由执业。二是推动两地公务员交流,推动公务员交叉挂职和业务交流。三是加强人才联合培养,推动学分学历互认、课程互选,加强对两地人才专业知识和技能、国际形势和国情等教育培训,提升人才的向心力。

第三,推动实施香港与深圳人才要素合作的便利化和配套举措。一是实行人员流动的通关便利,推动健康码互认,实现人员常态化通关,为在另一地工作和生活的本地人员发放工作签证或可随时和便利通关证件,探索特定人员通关一地两检甚至免检。二是完善教育、医疗、住房、养老、消费、文娱等配套设施,实现人才在居留地的市民待遇。三是加强粤语、普通话、英语在香港与深圳两地的推广,打造香港与深圳趋同的语言环境。尤其是按照境外人员习惯的思维和表达方式,在深圳各类生活场所提供多语种的服务。

第三节　香港与深圳技术要素合作

一、香港与深圳技术要素合作基础

新一轮科技革命和产业变革正在重塑全球经济结构,百年未有之大变局背景下,技术创新的重要性日益凸显。从国家到地方纷纷出台各类政策、成立各类机构,推动前沿技术攻关,加强知识产权保护和利用,促进技术研发和产业化,为香港与深圳技术要素合作奠定基础。

(一)国家层面

《中华人民共和国国民经济和社会发展第十四个五年规划和2035年远景目标纲要》提出,在事关国家安全和发展全局的基础核心领域,制定实施战略性科学计划和科学工程。瞄准人工智能、量子信息、集成电路、生命健康、脑科学、生物育种、空天科技、深地深海等前沿领域,实施一批具有前瞻性、战略性的国家重大科技项目。从国家急迫需要和长远需求出发,集中优势资源攻关新发突发传染病和生物安全风险防控、医药和医疗设备、关键元器件零部件和基础材料、油气勘探开发等领域关键核心技术。支持北京、上海、粤港澳大湾区形成国际科技创新中心,建设北京怀柔、上海张江、大湾区、安徽合肥综合性国家科学中心。适度超前布局国家重大科技基础设施,提高共享水平和使用效率。完善技术创新市场导向机制,强化企业创新主体地位,促进各类创新要素向企业集聚,形成以企业为主体、市场为导向、产学研用深度合作的技术创新体系。香港的基础研究水平较强,深圳及大湾区布局了大量国家重大科技基础设施,深圳的产业化能力较强,香港与深圳技术合作具有扎实的物质基础。

为推动知识产权保护和利用,国家先后发布《知识产权强国建设纲要(2021—2035年)》和《"十四五"国家知识产权保护和运用规划》,支持开展知识产权资产评估、交易、转化、托管、投融资等增值服务。积极稳妥发展知识产权金融,健全知识产权质押信息平台,鼓励开展各类知识产权混合质押和保险,规范探索知识产权融资模式创新。加强与世界知识产权组织的合作磋商,推动完善知识产权及相关国际贸易、国际投资等国际规则和标准。国家对知识产权的保护和运用的规划,为香港与深圳技术要素合作创造良好外部环境。

(二)广东层面

《广东省科技创新"十四五"规划》提出,进一步推进"广州—深圳—香港—澳门"科技创新走廊建设,更好地发挥港澳开放创新优势和广东产业创新优势,深化粤港澳在产业发展、技术攻关、创业孵化、科技金融、成果转化等领域协同创新,推动粤港澳三地实现更高水平的创新合作发展。立足粤港澳科技创新合作基础和需求,加快建设一批粤港澳联合实验室。加快推动粤港澳大湾区国家技术创新中心建设成为跨区域、跨领域、跨学科、跨产业的综合类国家技术创新中心。香港与深圳可通过技术要素合作,在粤港科技创新合作中发挥先锋作用。

广东全面加强粤港澳大湾区知识产权保护和运用,持续优化区域创新环境。建立健全粤港澳大湾区知识产权合作机制。2003 年和 2012 年,粤港保护知识产权合作专责小组和粤澳知识产权工作小组先后成立,实现了三地知识产权人员交流互信、信息互通和经验共享。在大湾区内地 8 个城市的 12 个知识产权政务服务窗口设立香港特别行政区知识产权问询点,面向公众开展香港知识产权业务一般咨询服务。全面深化粤港澳大湾区知识产权创造和运用。积极打造粤港澳大湾区知识产权创造运用平台,推动大湾区知识产权要素市场蓬勃发展。大力推动粤港澳大湾区知识产权协同保护。持续开展三地知识产权保护执法协作,查处了一大批知识产权典型案件,有效打击跨境知识产权侵权犯罪行为。加强海外知识产权维权援助机制建设,设立国家海外知识产权纠纷应对指导中心广东分中心、深圳分中心,指导成立广东省海外知识产权保护促进会,建设海外维权专家库、海外保护信息服务平台,大力加强海外知识产权纠纷应对指导工作,护航大湾区企业"抱团出海、走向世界"。知识产权保护和运用环境可以助力香港与深圳技术要素合作产生更多成果。

（三）深圳层面

《深圳市科技创新"十四五"规划》明确了"20+8"技术主攻方向，包括七大战略性新兴产业（二十大产业集群）和八大未来产业，建设"四个平台"（光明科学城、河套深港科技创新合作区、前海深港现代服务业合作区、西丽湖国际科教城）、强化"四大支撑"（国家实验室、科研机构、高水平研究型大学、科技领军企业）、实施"十大行动"（基础研究"夯基行动"、关键技术"攻坚行动"、成果产业化"加速行动"、科技金融"合作行动"、创新人才"汇聚行动"、四链衔接"畅通行动"、开放创新"拓展行动"、科学文化"厚植行动"、改革创新"深化行动"、法治建设"保障行动"）、布局11个创新集群区。香港与深圳技术要素合作有了落地抓手。

深圳是国家首批知识产权示范城市、国家知识产权强市创建市、国家知识产权运营服务体系建设试点城市、国家版权创新发展基地，在全国率先开展知识产权保护地方立法工作，出台《深圳经济特区知识产权保护条例》，制定知识产权工作规范文件近30份，落户中国（深圳）知识产权保护中心、深圳技术与创新支持中心（TISC）、中国（深圳）知识产权仲裁中心、国家海外知识产权纠纷应对指导中心深圳分中心、深圳知识产权法庭、中国（南方）知识产权运营中心、国家知识产权培训基地、前海知识产权检察研究院等机构，持续完善知识产权金融公共服务体系，正在筹建知识产权和科技成果交易中心，知识产权保护和利用走在全国前列，《深圳市知识产权保护和运用"十四五"规划》明确了涵盖知识产权创造、运用、保护、管理、服务和人才全链条、各环节的改革举措，为香港与深圳技术要素合作提供制度保障。

二、技术要素合作的主要实践

（一）台湾工研院

台湾工业技术研究院（ITRI）成立于1973年，是台湾最大的产业技术研发机构，开创了台湾半导体产业，不但为台湾开创许多前瞻性、关键性技术,并孕育了台积电、联电、芯片光电等上市公司,培育了无数科技人才。台湾工研院采取以下做法推动技术研发和产业化。一是坚持公益性导向。工研院属于公益性服务组织,注册资金来自政府和企业捐赠,利润不用于分配而只能用于工研院发展,工研院的技术转让收益被用于新技术开发,实现了官产学研合作。二是市场导向的应用技术研发。工研院采取和企业联合技术攻关的逆向创新模式,根据市场需求确定研究方向,开展相关研发,然后帮助企业实现技术产业化,产业界和学界共同参与研究项目的论证,提高科研成果的转化率。三是实现开放式创新。工研院秉承技术来源广泛性、技术开发灵活性、技术应用多样性原则,与全球的创新主体开展合作,在美国、德国、英国、挪威、荷兰、法国、俄罗斯、日本等国家和地区成立数十家合作研究中心,建立了全球合作研发网络,与跨国公司结成战略联盟,共同开展前沿技术研发。

(二)中国技术交易所有限公司

中国技术交易所有限公司(以下简称中技所)是由科技部、国家知识产权局、中国科学院和北京市人民政府联合共建的国家知识产权和科技成果产权交易机构,主要从事知识产权价值评估、交易对接、公开竞价、项目孵化、科技金融、政策研究等专业化服务,北京依托中技所设立北京知识产权交易中心。中技所创建了国内领先的科技成果转化全流程服务平台,汇聚海内外各行业海量技术交易资源信息,依托先进网络平台,为技术转移双方提供网络竞价、洽谈对接、交易鉴证、知识产权保护等全流程服务,将技术交易互联网化推升至新的高度。服务对象包括技术提供方(高校院所、科研机构、开放实验室、权属人)、技术需求方(高科技企业)、科技中介机构(投资机构、技术转移机构)、相关政府部门(科技主管部门、园区管委会)。

中技所和北京中关村中技知识产权服务集团搭建"五位一体"知识产权金融服务体系,提供评估(专利价值分析、股权价值评估、科技人才评估)、担保(基金、担保双重担保,有效增信满足银行核贷要求)、贷款(银行贷款为主体,小贷、保理、信托、融资租赁有效补充)、股权投资(基金从企业获得投资期权,直投、联投适时操作)、交易(高校院所专利转让交易、知识产权转移转化、股权转让）等服务。在国际技术转移方面，中技所和俄罗斯、印度、德国、乌克兰等建立了紧密的合作关系。

三、香港与深圳技术要素合作的路径

科技创新引领高质量发展，新一轮科技革命和产业变革深入发展，粤港澳大湾区是国家定位的国际科技创新中心，香港与深圳技术要素合作迎来重要发展机遇。随着全球化的深入，中国不断融入世界经济，中国科技水平不断提升，各个国家和地区均有和中国发生技术往来的需求，香港与深圳应通过技术合作研发、技术合作保护、技术跨境交易、技术合作转化实现技术要素合作，打造全球技术高地。具体可通过以下方式实现技术要素合作。

第一，联合开展前沿技术研发。发挥深圳及大湾区重大科技基础设施优势，发挥香港与深圳两地科研人才优势，成立新型研发机构，对"卡脖子"领域和未来技术领域开展联合攻关，吸引全世界跨国公司在香港与深圳建立研发机构，鼓励香港与深圳本地科研机构和企业在全球创新活跃的地区设立研发机构，鼓励本地科研机构和跨国企业合作研发，形成一批具有全球影响力的原始技术成果。

第二，共同开展知识产权保护和运用。建立香港与深圳两地知识产权互认机制；提升知识产权管理服务水平，实现知识产权快速审查、确权、维权一站式服务；健全知识产权纠纷解决机制，引导当事人选择调解、仲裁等方式解决知识产权纠纷；开展知识产权质押融资、知识产权资产证券化等金融创新。

第三，开展技术跨境交易。香港与深圳联合建立或运营知识产权和科技成果交易中心，实现技术的快速估值和交易，通过制度创新和服务创新，吸引全球的科技成果和知识产权到香港与深圳交易，提升技术的市场定价效率。

第四，联合开展技术转化。发挥香港的金融国际化优势和深圳的产业化优势，香港与深圳联合成立专门机构负责高校和科研机构的技术产业化，吸引全球先进技术到大湾区实现产业化，激活技术成果价值，完善科技孵化体系和金融体系,促进科技创新企业发展壮大。

第四节　香港与深圳数据要素合作

一、香港与深圳数据要素合作基础

数字经济以数据作为关键要素,是继农业经济、工业经济后的主要经济形态。为了发挥数据要素的价值,推动数字经济的发展,从中央到地方出台了相关法律法规、规划,为香港与深圳数据要素合作奠定了政策基础。

(一)国家层面

2021年9月1日起施行的《中华人民共和国数据安全法》规定,国家积极开展数据安全治理、数据开发利用等领域的国际交流与合作,参与数据安全相关国际规则和标准的制定,促进数据跨境安全、自由流动。国务院办公厅印发的《要素市场化配置综合改革试点总体方案》提出通过完善公共数据开放共享机制、建立健全数据流通交易规则、拓展规范化数据开发利用场景、加强数据安全保护,探索建立数据要素流通规则。

《"十四五"数字经济发展规划》提出,加快数据要素市场化流通。加快构建数据要素市场规则,培育市场主体、完善治理体系,促进数据要素市场流通。鼓励市场主体探索数据资产定价机制,推动形成数据资产目录,逐步完善数据定价体系。规范数据交易管理,培育规范的数据交易平台和市场主体,建立健全数据资产评估、登记结算、交易撮合、争议仲裁等市场运营体系,提升数据交易效率。严厉打击数据黑市交易,营造安全有序的市场环境。创新数据要素开发利用机制。适应不同类型数据特点,以实际应用需求为导向,探索建立多样化的数据开发利用机制。鼓励市场力量挖掘商业数据价值,推动数据价值产品化、服务化,大力发展专业化、个性化数据服务,促进数据、技术、场景深度合作,满足各领域数据需求。鼓励重点行业创新数据开发利用模式,在确保数据安全、保障用户隐私的前提下,调动行业协会、科研院所、企业等多方参与数据价值开发。

对具有经济和社会价值、允许加工利用的政务数据和公共数据,通过数据开放、特许开发、授权应用等方式,鼓励更多社会力量进行增值开发利用。结合新型智慧城市建设,加快城市数据合作及产业生态培育,提升城市数据运营和开发利用水平。

《国家发展改革委 商务部关于深圳建设中国特色社会主义先行示范区放宽市场准入若干特别措施的意见》鼓励在深圳探索放宽数据要素交易和跨境数据业务等相关领域市场准入。

(二)广东层面

《广东省数据要素市场化配置改革行动方案》提出,统筹构建先进算力和数据新型基础设施,构建数据安全存储、数据授权、数据存证、可信传输、数据验证、数据溯源、隐私计算、联合建模、算法核查、合作分析等数据新型基础设施,支撑数据资源汇聚合作和创新应用。加快数据交易场所及配套机构建设。建立健全数据权益、交易流通、跨境传输和安全保护等基础性制度规范,明确数据主体、数据控制方、数据使用方权利义务,保护数据主体权益。健全数据市场定价机制,激发数据流转活力。推动粤港澳大湾区数据有序流通。支持医疗等科研合作项目数据资源有序跨境流通,为粤港澳联合设立的高校、科研机构向国家争取建立专用科研网络,逐步实现科学研究数据跨境互联。推动深圳先行示范区数据要素市场化配置改革试点。支持深圳数据立法,推进数据权益资产化与监管试点,规范数据采集、处理、应用、质量管理等环节。支持深圳建设粤港澳大湾区数据平台,设立数据交易市场或依托现有交易场所开展数据交易。开展数据生产要素统计核算试点,建立数据资产统计调查制度,明确数据资产统计范围、分类标准。

2021年9月1日起施行的《广东省数字经济促进条例》指出,鼓励对数据资源实行全生命周期管理,挖掘数据资源要素潜力,发挥数据的关键资源作用和创新引擎作用,提升数据要素质量,培育数据要素市场,促进数据资源开发利用保护。自然人、法人和非法人组织对依法获取的数据资源开发利用的成果,所产生的财产权益受法律保护,并可以依法交易。探索数据交易模式,培育数据要素市场,规范数据交易行为,促进数据高效流通。有条件的地区可以依法设立数据交易场所,鼓励和引导数据供需方在数据交易场所进行交易。探索推动产业数据的收集、存储、使用、加工、传输和共享,加强产业数据分类分级管理,支持企业提升数据汇聚、分析、应用能力,以及构建数据驱动的生产方式和企业管理模式。2021年11月25日起施行的《广东省公共数据管理办法》提出,鼓励市场主体和个人利用依法开放的公共数据开展科学研究、产品研发、咨询服务、数据加工、数据分析等创新创业活动。相关活动产生的数据产品或者数据服务可以依法进行交易,法律法规另有规定或者当事人之间另有约定的除外。广东省人民政府推动建立数据交易平台,引导市场主体通过数据交易平台进行数据交易。

(三)深圳层面

深圳是全球数字经济产业重镇,2021年,深圳数字经济核心产业增加值突破9000亿元,占全市生产总值的比重为30.6%,规模、质量"领跑"全国。为打造国家数字经济创新发展试验区,深圳出台《深圳市数字经济产业创新发展实施方案(2021—2023年)》,推动数据立法,已发布《深圳经济特区数据条例》,正在制定深圳经济特区促进数字经济产业发展的相关条例,已成立深圳数据交易有限公司。《深圳市数字经济产业创新发展实施方案(2021—2023年)》提出,发挥数据要素核心价值。探索完善数据产权和隐私保护机制,加快培育数据要素市场,促进数据要素融通,深化"数字政府"改革,构建以数据为关键要素的数字经济产业创新发展模式。着力解决数据开发利用中的个人隐私保护、数据要素产权配置、数据安全管理等关键问题,保障数据主体的数据权利与数据安全。鼓励和引导数据要素市场主体共享、开放与民生紧密相关的数据资源,依法开展数据交易活动,挖掘数据要素商用、政用、民用价值。建立跨行业、跨区域、跨部门的数据合作机制,鼓励各类数据相互合作,依托粤港澳大湾区大数据中心建设,积极推动深圳与港澳之间、与广东省内其他地区之间的数据合作。充分发挥数据在城市治理模式和经济社会发展方式上的创新驱动作用,通过公共数据开放共享、业务协同办理等方式,创新社会管理和服务模式。

《深圳经济特区数据条例》自 2022 年 1 月 1 日起施行,《深圳经济特区数据条例》指出,深圳市人民政府应当加快推进数字政府建设,深化数据在经济调节、市场监管、社会管理、公共服务、生态环境保护中的应用,建立和完善运用数据管理的制度规则,创新政府决策、监管及服务模式,实现主动、精准、整体式、智能化的公共管理和服务。深圳市人民政府应当统筹规划,加快培育数据要素市场,推动构建数据收集、加工、共享、开放、交易、应用等数据要素市场体系,促进数据资源有序、高效流动与利用。市场主体对合法处理数据形成的数据产品和服务,可以依法自主使用,取得收益,进行处分。深圳市人民政府应当推动建立数据交易平台,引导市场主体通过数据交易平台进行数据交易。市场主体既可以通过依法设立的数据交易平台进行数据交易,也可以由交易双方依法自行交易。

二、香港与深圳数据要素合作的路径

由于数据要素的特殊性,香港与深圳数据要素合作要把握安全这一底线,发挥深圳数字经济优势和先行先试政策优势以及香港接轨国际的制度环境优势,通过数据的有序流转和使用,实现数据的价值。

第一,提升香港与深圳两地数据存储、传输、计算能力。适度超前规划建设数据中心、跨境传输网络、超算中心,提升香港与深圳两地数据承载和分析能力。

第二,共同制定数据交易制度和标准。积极参与跨境数据流动国际规则制定,香港与深圳联合制定数据资源产权、交易流通、跨境传输、信息权益和数据安全保护等基础制度和技术标准,实现与国际接轨,为数据交易和跨境流动奠定基础。

第三,利用技术手段,实现数据分类安全跨境流动。针对政务数据,推动香港与深圳之间政务数据交互,满足人员、货物、资金等跨境流动和联合监管的需要;针对科研数据,限定范围和使用人员,实现必需范围内的数据流动;针对个人数据和企业数据,在保证个人和企业知情权的前提下,本着可用不可见的原则,推出一批需求明确、交易高频和数据标准化程度高的数据资产交易产品,鼓励合理利用个人和企业的数据,实现其数据价值。

第四,探索数据跨境交易。香港与深圳联合建立或运营数据交易场所,探索可行的数据交易模式,有序推动数据跨境交易,发挥香港接轨国际的数据保护法规和标准,推动全球的数据到香港与深圳交易和应用,实现数据效能。鼓励数据跨境交易采用人民币计价和结算。探索建设离岸数据交易平台,带动数字贸易、离岸贸易等业态发展。

第五,探索数据收益和利益相关者分享机制。香港与深圳共同发挥金融科技优势,利用区块链、量子信息等技术手段,实现数据可交易、流向可追溯、安全有保障,实现数据价值和数据收益的精准计量,并根据贡献大小向利益相关者分配,促进数据要素市场的繁荣。

第五节　香港与深圳土地要素合作

一、香港与深圳土地要素合作基础

畅通经济循环是构建新发展格局的关键。新型城镇化一方面意味着强大内需市场,另一方面对应现代化生产方式,是高质量供给体系的主要载体,新型城镇化对畅通经济循环、构建新发展格局至关重要。土地是新型城镇化的关键,为了盘活土地资源,从国家到地方出台了一系列法规、政策,为香港与深圳土地要素合作创造了良好的外部环境。

(一)国家层面

《中共中央　国务院关于构建更加完善的要素市场化配置体制机制的意见》提出,深化产业用地市场化配置改革,调整完善产业用地政策,创新使用方式,推动不同产业用地类型合理转换,探索增加混合产业用地供给。鼓励盘活存量建设用地,充分运用市场机制盘活存量土地和低效用地。《要素市场化配置综合改革试点总体方案》进一步明确土地改革具体思路,探索赋予试点地区更大土地配置自主权。《中华人民共和国国民经济和社会发展第十四个五年规划和2035年远景目标纲要》提出加快转变城市发展方式,统筹城市规划建设管理,实施城市更新行动,推动城市空间结构优化和品质提升。《国务院办公厅关于全面推进城镇老旧小区改造工作的指导意见》支持城镇老旧小区改造规模化实施运营主体采取市场化方式,运用公司信用类债券、项目收益票据等进行债券融资。《住房和城乡建设部关于在实施城市更新行动中防止大拆大建问题的通知》鼓励推动由"开发方式"向"经营模式"转变,探索政府引导、市场运作、公众参与的城市更新可持续模式。

(二)广东层面

《广东省国土空间规划(2020—2035年)》提出,把挖潜存量空间资源放在国土开发利用的优先位置,加快转变土地利用方式,提高土地节约集约利用水平,实现国土空间的高效率利用。广东印发的《关于深化工业用地市场化配置改革的若干措施》提出,多措并举盘活存量工业用地。鼓励各地采取统一收储后出让、引导企业协议转让、"三旧"改造等多种方式整理工业用地,拓宽工业用地供给渠道。支持各地采取清理腾挪、强化整合等方式加大存量国有工业用地收储力度,支持建设一批承载大项目、大产业、大集群的专业化园区、省产业园等工业集聚区。

(三)深圳层面

深圳一直是我国土地要素市场化配置改革的先行地,诞生了我国第一块国有土地使用权拍卖。《深圳建设中国特色社会主义先行示范区综合改革试点实施方案(2020—2025年)》提出,支持在符合国土空间规划要求的前提下,推进第二、第三产业混合用地。支持盘活利用存量工业用地,探索解决规划调整、土地供应、收益分配、历史遗留用地问题。探索利用存量建设用地进行开发建设的市场化机制,完善闲置土地使用权收回机制。《深圳经济特区城市更新条例》鼓励增进社会公共利益,实现以下目标的城市更新:加强公共设施建设,提升城市功能品质;拓展市民活动空间,改善城市人居环境;推进环保节能改造,实现城市绿色发展;注重历史文化保护,保持城市特色风貌;优化城市总体布局,增强城市发展动能。

二、土地要素合作的主要实践

（一）苏州工业园区

苏州工业园区是我国第一个，也是迄今为止最大的、最成功的中外合作开发项目。苏州工业园区于 1994 年 2 月经国务院批准设立，是中国和新加坡之间的合作项目，行政区划面积 278 平方千米（其中中新合作区80 平方千米）。2021 年，苏州工业园区实现地区生产总值 3330.3 亿元，连续多年位列国家级经开区综合考评第一，土地单位产出名列全国工业园区前列。苏州工业园区在发展过程中形成了以下经验。一是构建自上而下的协调和实施机制。顶层成立由两国副总理担任主席的中新联合协调理事会，负责战略指导。中层形成苏州市领导和新加坡贸工部常任秘书担任双边主席的中新双边工作委员会，负责计划设计。基层成立双方联络机构，负责具体执行。二是中新联合编制规划，联合开发建设。中新双方联合编制第一版总体规划，学习新加坡的经验，保证规划的前瞻性，高标准建设基础设施。三是联合招商引资。中新成立合资公司作为园区开发主体，负责对外招商引资，通过联合举办招商活动吸引外资企业入驻。四是及时转型升级。顺应技术和产业发展趋势，引入核心科教资源，提前布局科技产业和现代服务业。

（二）深汕特别合作区

深汕特别合作区位于广东省汕尾市海丰县境内，总面积 468.3 平方千米，包括鹅埠、小漠、鲘门、赤石四个镇和圆墩林场。深汕特别合作区的前身是深圳市 2008 年建立的深圳（汕尾）产业转移园。2011 年，广东决定由深圳、汕尾共同设立深汕特别合作区，合作区党工委、管委会为广东省委、省政府派出机构，深圳负责经济发展，汕尾负责社会管理和征地等。为解决深汕特别合作区的运行机制问题，2017 年 9 月，广东省委、省政府通过文件《深汕特别合作区体制机制调整方案》，明确合作区党工委、管委会为深圳市委、市政府派出机构，深汕特别合作区由此转变为深圳全面主导、单独管理的经济功能区。

作为深圳第"10+1"区，凭借独特的区位优势，深汕特别合作区成为重要的经济增长极,被赋予粤港澳大湾区东部门户、粤东沿海经济带新中心等战略定位。深汕特别合作区也加快与深圳合作,深圳向合作区派出干部,合作区内企业享受深圳各项政策,越来越多的企业进驻合作区,已初步形成电子产品及设备、新一代信息技术、新材料、装备制造、机器人等产业集群,华为、华润、腾讯、盐田港等知名企业均在合作区布局。2021年深汕特别合作区实现地区生产总值70.9亿元,比2011年(20.8亿元)增长约2.4倍。从深圳、汕尾合作到深圳主导,深汕特别合作区已成为区域土地要素合作和飞地经济的成功典范。

三、香港与深圳土地要素合作的路径

随着香港与深圳两地城市化水平的提高,两地都面临严重的土地约束,在土地要素合作方面需要打破利益格局,创新思路求增量,共同提升土地产出水平。

第一,共同开发功能区。在香港与深圳两地接壤的地区划出若干土地作为功能区,明确收益分配比例,实现共同开发,做大增量,吸引全球的创新资源集聚,大力发展科创产业和现代服务业,提高土地产出。

第二,共同建设和运营产业园。利用香港的资金成本优势和深圳的科技产业优势,香港与深圳联合在深圳开展城市更新和产业园运营,实现城市业态升级,提高土地利用效率。

第三,共同提升土地开发利用水平。在保证安全的前提下,探索参照香港标准,适当提高深圳(内地)建筑物的容积率,加强对地上、地下空间的综合开发,努力在有限土地面积内提供尽量多的生产、生活空间。

第四,拓展飞地经济模式。在大湾区选定若干飞地,香港与深圳联合开发、收益共享,推动香港与深圳两地资源外溢,大力发展飞地经济。

第五,推动土地金融模式创新。发挥香港与深圳两地金融市场优势,创新金融手段,利用房地产信托投资基金等手段,实现土地滚动开发,探索土地开发利用的可持续模式。

第九章　香港与深圳深化合作的
规则对接

深化香港与深圳规则对接是促进香港与深圳产业和要素合作的基础,也是香港与深圳实现国际化发展和扩大开放的关键举措。当前,香港与深圳在法律体系、信息披露规则、税收规则、会计准则、发行规则、评级规则等领域已经具备了对接的现实需要或基础,可以在此基础上,进一步探索规则趋同、互认、合作或统一的路径,进而突破香港与深圳规则对接的体制机制障碍。

基于此,本章从法律规则对接、经济规则对接、金融规则对接三方面入手,阐述规则对接的必要性和可行性,并借鉴现有国际主流规则和国内先进做法的经验,明确香港与深圳规则对接的原则,提出香港与深圳各类规则对接的实施路径。

第一节　香港与深圳法律规则对接

一、香港与深圳法律体系对接

(一)法律体系对接的现实需要

1.香港与深圳法律体系对接具备政策条件

拥有立法权是香港高度自治的重要内容。除国防、外交以及其他根据基本法应当由中央人民政府处理的事务外,香港特别行政区有权依照基本法的规定,自行处理有关经济、财政、金融、贸易、工商业、土地、教育、文化等方面的行政事务。

深圳同样是内地立法先行的典范。在40多年改革开放进程中,深圳充分利用特区立法权,在经济、社会、文化的方方面面形成了大量法治创新成果,为中国特色社会主义法律体系的构建提供了重要借鉴。在《中共中央 国务院关于支持深圳建设中国特色社会主义先行示范区的意见》中规定:"凡涉及调整现行法律的,由有关方面按法定程序向全国人大或其常委会提出相关议案,经授权或者决定后实施;涉及调整现行行政法规的,由有关方面按法定程序经国务院授权或者决定后实施。"

由此可见,香港与深圳两地均拥有相对独立的地区法律法规制定和对现行法律法规调整的权限,法律体系对接具备一定的政策基础。然而,相比于香港,深圳在法律位阶上仍然存在差距,未来可通过借鉴海南自由贸易港的顶层立法经验,积极争取先行示范区顶层立法,进而从法制层面为香港与深圳产业、要素、规则合作保驾护航。

2. 香港与深圳法律体系对接推动两地经济合作、市场合作进程

香港与深圳法律对接不单纯是需要统筹协调香港与深圳两地在法律事务处理中的重大差异化问题,同时也需要为香港与深圳在经济、市场合作提供法律依据和支撑。欧盟之所以形成高度的经济和市场合作形态,正是得益于其建立了一套相对完整的法律体系。尽管香港与深圳已经签订了《内地与香港关于建立更紧密经贸关系的安排》协议,对推动香港与深圳两地产业协同和要素互动具有积极意义,但通过更高位阶的法律形式推动,将更易于深圳与香港联合争取相关政策支持,从而更高效地推动香港与深圳深化合作进程。

3. 香港与深圳法律体系对接的诉求强烈

随着香港与深圳合作的不断深入,在知识产权、投资者保护、监管协同等领域迫切需要实现法律对接。在知识产权保护方面,必须通过对接香港严格的知识产权保护法律体系,提高两地分享知识产权的意愿,同时为知识产权的拥有者提供更强的法律保护。在投资者保护方面,香港与深圳两地关于集体诉讼制度的进展都相对缓慢。2020年7月31日,最高人民法院发布《关于证券纠纷代表人诉讼若干问题的规定》,意味着中国版的证券集体诉讼制度才正式落地实施。而香港目前尚未引进集体诉讼制度。尽

管香港的规则天然地具有保护小股东的特征,但同样也无法完全避免损害中小股东利益的事件发生。因此,有必要在投资者保护制度上进一步对接,更好地保障投资者合法权益。在监管协同方面,需要加强跨境监管沙箱试点的法律对接,共同明确跨境监管沙箱前期纳入创新的标准、中期运行的模式和后期的效果评价、风险监测和处置等。在跨境监管数据互通的过程中,需要加强对数据安全、隐私保护等方面的法律协作,提高违法成本。

(二)法律体系对接的路径

1. 强调求同、从简、择优的原则

第一,为了缩小两地法律制度的差异,应当在不触及"一国两制"根本的前提下,探索在经济、市场、产业以及科教文卫等领域,构建一套相对趋同、符合香港与深圳深化合作需要的法律制度体系。长期以来,深圳通过学习香港的体制机制,在市场化、国际化以及强调创新性等思路上充分借鉴了香港的制度经验,形成了大量与香港趋同的制度设计。未来,深圳应当积极争取更大的法律权限,加快与香港重点制度趋同的速度和力度。与此同时,为保持长期繁荣稳定的需要,香港应当用好高度自治的权限,并充分吸收大陆法系的优秀元素,积极探索对已经无法适应国际深刻变局的法律条文进行修订,进而在香港与深圳深化合作发展中形成相对统一的制度规范。

第二,强调效率优先是香港与深圳深化合作的重要原则。只有坚持效率优先,才能加快重点领域的技术攻关,抢占核心技术高地,进而在国际竞争中占据优势。因此,香港与深圳法律对接必须有利于实现香港与深圳效率提升,法律制度的设计也应当化繁为简,通过法律制度对接实现决策机制、税收结构、市场规则、监管主体的优化,降低由于法律制度设计中不必要的复杂性对经济活动的影响。

第三,在法制制度对接中应当取两地制度之精华。成文法和判例法分别是大陆法系和英美法系的主体。成文法强调在同一时间内保证法在空间上的统一性,而判例法强调在同一空间内保证法在时间前后的统一性。两类法系都有各自的优势,香港所采用的英美法系具有鼓励创新的特质,有利于激发市场经济的活力,而大陆法系有利于集中力量办大事,防范和化解各类风险。当前,中央在积极提倡让市场"法无禁止即可为"、让政府"法无授权不可为"的理念,因此,只有将两者的优势结合起来,才能形成一套优秀的法律体系。

2.针对市场合作、经济合作进行法律设计

香港与深圳法律制度对接的重要功能是推动两地市场合作和经济合作,为实施更大范围、更宽领域、更深层次的全面开放创造法制条件。因此,香港与深圳法律制度对接应当在构建统一市场、要素市场化配置、财税制度改革等方面重点突破。

在构建统一市场方面,应当高标准进行市场规则体系对接,实现贸易、投资、人员、资金、货物、数据跨境流动自由,推动基础设施互联互通。

在要素市场化配置方面,应当充分发挥市场配置资源的决定性作用,保障不同市场主体平等获取生产要素,推动要素配置依据市场规则、市场价格、市场竞争实现效益最大化和效率最优化。扩大要素市场化配置范围,健全要素市场体系,推进要素市场制度建设,实现要素价格市场决定、流动自主有序、配置高效公平。

在财税制度改革方面,应当探索实施更加优惠的税收政策,优化中央与地方之间的财税收入分配机制,逐步建立与香港与深圳深化合作相适应的税收体系。

3.针对民生福祉提升进行法律设计

香港与深圳法律制度对接除了强调经济效益提升外,还需要注重民生事业建设。在教育体制改革方面,需要充分落实高等学校办学自主权,加快创建一流大学和一流学科;在医疗方面加快构建国际一流的整合型优质医疗服务体系和以促进健康为导向的创新型医保制度;在生态保护方面深化自然资源管理制度改革,创新高度城市化地区耕地和永久基本农田保护利用模式等。

4.加强法律事务处理方式的对接

在遵循宪法和香港基本法的前提下,在部分法律事务处理上精准对标香港法律制度,集约化、专业化处理相关纠纷。大力引进国际商事仲裁机构,实现与国际商事仲裁机构规则的接轨;在纠纷非讼解决方式方面先行先试,建立公平、公正和高效的纠纷解决机制;创新中国特色证券诉讼新机制,保护投资者利益,严厉打击证券市场违法违规行为;着力完善反洗钱、反恐融资的各种法律和制度规定,积极推进反洗钱和反恐融资的国际合作;加强反垄断法和反不正当竞争法的执行与落实等。

二、香港与深圳信息披露规则对接

(一)信息披露规则对接的现实需要

1.信息披露规则对接是发行和评级规则对接的基础

信息披露是注册制和债券评级的核心,无论是投资者作出价值判断和投资决策,还是评级机构作出违约风险评估,都必须建立在信息披露真实、准确、完整、及时、公平的基础之上。因此,通过香港与深圳信息披露规则对接,以此完善信息披露规则体系,提高信息披露的针对性、有效性、可读性,是优化注册制试点安排、实现国际化评级的重要环节。

2.信息披露规则对接是提高上市公司质量的关键

香港与深圳两大交易所汇聚了国内一大批上市公司,是全球企业首次公开发行的重要场所。为了进一步增强香港与深圳两大交易所对全球企业的吸引力,更好发挥资本市场的价格发现功能,必须通过优化制度安排,实现上市公司的优胜劣汰。而通过对接两地信息披露规则,形成一套高水平的规则体系,既能够提升上市公司的财务信息质量,又能够加强上市公司的治理能力,降低合规风险,从而为将香港与深圳两地打造成优质上市公司的集聚地,乃至于后续的上市公司资源共享创造有利条件。

3.信息披露规则对接是加强投资者保护的抓手

信息不对称是资本市场的典型特征,尤其是对中小投资者而言,由于在信息获取能力上处于弱势地位,易于在内幕交易、财务造假等违法行为中蒙受较大的损失。因此,加强信息披露规则的对接,有利于香港与深圳两地共同加强投资者保护,保证各类投资者尤其是中小投资者能够及时、准确地获得信息,并基于真实信息作出自主判断。

（二）信息披露规则对接的路径

1. 注重信息披露制度体系的完备性建设

香港与深圳两地均高度重视信息披露制度体系建设，强调信息披露的真实性、及时性、完整性，但无论是信息披露的质量，还是信息披露的监管和违法处置，内地与香港相比仍然存在差距。

第一，A股市场披露的数据存在形式大于实质的情况。部分上市公司报告仅满足于对信息披露的格式要求，而缺乏一些实质性的公司价值和竞争力分析，难以为投资者提供充分的信息判断。

第二，A股市场披露的数据存在报喜不报忧的情况。部分上市公司为了保持良好的估值和社会形象，倾向于披露对公司经营相对有利的信息，或者对技术研发、市场环境保持过于乐观的估计，而对未来经营风险的警示相对不足。

第三，A股市场披露的数据存在信息造假的情况。跟国际一些成熟的市场相比，A股市场信息造假的违法成本仍然偏低，且境内上市公司聘请第三方机构进行信息核查的比例较低，专业化的第三方机构审查生态尚未形成。

因此，信息披露规则对接不仅需要在信息披露的内容和形式上进行统一，更重要的是通过体系建设，保证信息披露的质量，强化对信息披露的监管。

2. 加强信息披露数据的可比性

当前，香港与深圳两地关于信息披露的原则性问题已经基本趋同，信息披露规则对接的制度性障碍较小。香港与深圳信息披露制度的差异集中在细节上的差异，包括股票市场发行的信息披露内容和要求、持续性信息披露标准和方式、定期报告以及临时报告中关于重大交易、关联交易披露的要求等，因此，在香港与深圳信息披露规则的对接过程中，应当着重就细节上的差异进行统一，便于两地的信息披露报告进行横向比较。尤其是对于在香港与深圳两地上市的企业，通过建立趋同的信息披露规则，能够有效降低企业信息披露成本。

与此同时，由于香港与深圳两地的税法等法律法规以及会计规则仍然存在较大差异,导致部分财务数据的计算方式不同而不具有可比性。因此,香港与深圳信息披露规则的对接必须与法律体系、会计规则的对接协同推进,最终形成一套全面合作的高质量制度体系。

3. 构建统一高效的信息披露平台

由于内地金融市场分割现象依然存在,导致信息披露的平台和渠道也分散在不同体系当中。例如,境内债券市场分为交易所市场和银行间市场,而两大市场的信息披露规则、平台以及具体信息披露内容、程序和操作方式均存在较大差异。各个信息披露平台之间未实现信息充分共享和互通,存在信息流通壁垒。因此,必须在内地建立统一高效的信息披露平台,使在不同场所、不同市场发行的股票或债券能够适用统一的信息披露规则,才能为实现香港与深圳信息披露制度对接奠定基础。

4. 建立特殊数据的信息披露标准

随着碳达峰、碳中和目标的提出以及监管机构对上市公司信息披露要求的加强,关于环境、社会和公司治理的 ESG 已经成为信息披露的重要内容。据不完全统计,截至 2021 年 11 月初,内地上市公司披露 ESG 报告总数量已达 1101 份,其中国有企业披露数量占比接近一半。

得益于一系列规章制度的不断完善,我国上市公司的 ESG 信息披露报告数量和质量不断提升。2020 年 12 月,中央全面深化改革委员会审议通过《环境信息依法披露制度改革方案》;2021 年 5 月,生态环境部印发了《环境信息依法披露制度改革方案》。根据该方案,2022 年要完成上市公司、发债企业信息披露有关文件格式修订,2025 年基本形成环境信息强制性披露制度。2021 年 6 月底,证监会发布了关于上市公司年度报告和半年度报告的新版格式准则,增加了环境和社会责任章节,鼓励上市公司披露碳减排的措施与成效,以及巩固拓展脱贫攻坚成果、服务乡村振兴等工作情况。

由此可见,加强对 ESG 的信息披露已经成为大势所趋,必须联合香港交易所,共同探讨如何合作开发符合中国国情的 ESG 指标,并积极参与国际标准和共识的制定,增强在国际 ESG 标准制定中的话语权。

第二节　香港与深圳经济规则对接

一、香港与深圳税收规则对接

（一）税收规则对接的现实需要

1. 解决香港与深圳两地税率与结构不统一的需要

我国的税收立法权集中在中央,深圳的税收体制基本遵循全国统一的规则。我国现行税制结构以流转税为主体,其中增值税为第一大税种。香港特别行政区的税制结构以直接税为主,其中利得税和薪俸税是直接税中最主要的两大税种。香港实行单一的税收地域来源原则,即只对源自香港的利润课税,而源自其他地方的利润则不须在香港缴纳利得税。

2. 避免香港与深圳两地重复征税和解决税收争议的需要

由于税收征管方式的差异,两地容易产生重复征税问题,突出表现在所得税方面。香港税收征管实行属地原则,仅对从香港、澳门境内取得的收入征税。而内地实行属人和属地混合税制。在这种差异下,香港的纳税人按属地原则在港澳地区被征税后,若同时被认定为内地居民纳税人时,就不可避免地产生双重征税问题,影响了高端人才和优质企业来深圳发展的积极性,不利于要素在香港与深圳之间的自由流动。同时,由于两地在纳税程序、税收年度、征税范围等多个方面均存在差异,容易产生税收争议。

（二）税收规则对接的经验借鉴

税收规则对接的核心在于学习借鉴香港低税率、结构简单、自主性强的特征,在香港与深圳税率、结构和征管方式上进行对接,以此增强对全球机构、资本和人才的吸引力。海南在税收制度改革中进展明显,并且以顶层立法的形式,明确提出了一系列税收制度改革的举措,对深圳的税收制度改革具有借鉴意义。

《中华人民共和国海南自由贸易港法》提出,按照税种结构简单科学、税制要素充分优化、税负水平明显降低、收入归属清晰、财政收支基本均衡的原则,结合国家税制改革方向,建立符合需要的海南自由贸易港税制体系。例如,全岛封关运作时,将增值税、消费税、车辆购置税、城市维护建设税及教育费附加等税费进行简并;对相关物品按规定免征进口关税、进口环节增值税和消费税;对注册在海南自由贸易港符合条件的企业,实行企业所得税优惠;对海南自由贸易港内符合条件的个人,实行个人所得税优惠;建立优化高效统一的税收征管服务体系,提高税收征管服务科学化、信息化、国际化、便民化水平,积极参与国际税收征管合作等。

(三)税收规则对接的路径

1. 积极争取更大的税收规则制定权限

总体而言,香港税收结构简单、税率整体较低的特征,使其相比于内地规则具有更强的国际吸引力。因此,香港与深圳税收规则对接的总体思路是逐步建立具有国际竞争力的税收制度,打造全球税收高地。在此过程中,涉及对深圳现有税收规则的大幅调整,需要中央政府给予深圳税收体制创新更大的自主性,在税收征管和具体税种上实现创新突破。通过探索香港与深圳协作和税收信息的对接,以解决两地税务争议、重复征税、偷税漏税等问题,提升税收征管效率。

2. 推动个人所得税规则对接

通过比较香港薪俸税和内地个人所得税,香港薪俸税征收方式简单,税率较低,免税额及扣除限额界定明晰。因此,在个人所得税规则对接方面可充分借鉴香港经验,探索与香港趋同的个人所得税制度。

第一,在征收方式方面,根据《中华人民共和国个人所得税法》,个人所得税采用分类征税方式征收。根据《香港税务条例》,香港薪俸税实行综合征收。因此,深圳可率先探索个人所得税由分类征收向综合征收的转变。

第二,在税率方面,内地的个人所得税税率采用3%—45%的七档累进税率,整体税负水平明显高于香港薪俸税。可以以香港薪俸税税率为参照,对深圳符合条件的个人,实行个人所得税优惠,逐步实现个人所得税税率的对接。

在免征和抵扣项目方面,内地个人所得税法借鉴国际通行经验,增加了扣除项目,但扣除费用相对较少,扣除类别不够细化。可借鉴香港薪俸税免税额及扣除限额的内容,提高免税额和扣除限额,细化免税与扣除类别。同时,参照香港模式,每年根据通货膨胀等,对免税额和扣除限额予以调整。

3. 推动企业所得税规则对接

就税率而言,内地与香港的企业所得税税率结构差异较大,内地按照基准税率25%、小型微利企业税率20%、高新技术企业税率15%分为三档,香港的企业所得税被称为"利得税",按照法团(有限公司)税率16.5%和非法团(独资或合伙企业)税率15%分为两档。由此可见,内地企业所得税基准税率相对较高,可探索以香港与深圳为试点,全面推行15%的基准税率。与此同时,内地在企业所得税结构方面,对小微企业和高新技术企业制定了更加优惠的税率,并在加计扣除、税收抵免、加速折旧、税收返还等方面给予高新技术企业一系列政策支持,体现了财政普惠性和鼓励科技创新的特征,相比于香港的两档税率结构更具针对性,可以继续保留。在此基础上,可借鉴"专利盒"制度,对符合条件的专利及其他知识产权给予免税或适用较低税率,以持续地促进研发和科技成果转化。

在征收方式方面,建议深圳与香港利得税的安排保持一致,实行属地原则征收,即只有源自深圳的利润才须课税。同时,借鉴香港利得税,深圳的企业所得税建议仅对净利润征税,对于投资所得、资本利得或股息等不须课税。

4. 推动增值税规则对接

香港特别行政区不征收增值税,但增值税在内地税收收入中占比最高,因而深圳可借鉴香港经验,调整和优化增值税税率,简化档次,扩大免税范围。同时,欧盟增值税的免税项目主要集中在金融、医疗卫生、教育、文化、体育服务等,香港与深圳增值税改革可适应国际化趋势,扩大免税范围,以此促进香港与深圳在各领域的全面合作。

5. 推动关税规则对接

欧盟关税合作是欧盟一体化的基础,对香港与深圳关税规则对接具有重要的借鉴意义。欧盟的关税合作,对内实现了从降低关税到取消所有内部关税的过程,对外实现了从协调到统一关税的过程。因此,香港与深圳的关税规则对接,可以探索在深圳不断扩大香港货物适用零关税的范围,直至取消所有原产于香港货物进入深圳的关税,同时,逐步探索香港与深圳对外实现统一"零关税",推动跨境货物贸易自由化。

6. 推动金融市场税收规则对接

一是推动债券利息收入免税。推动企业债券国际化,是香港与深圳金融合作的重要内容。英国伦敦证券交易所之所以成为全球最重要的债券交易中心之一,关键在于其对债券票息的所得税减免。目前,我国对国债和地方债利息收入免税,可以探索在香港与深圳范围内,进一步对企业债券进行利息收入免税,从而做大做强两地债券市场。

二是推动资本利得税制度改革。内地和香港名义上均不征收资本利得税,但内地需对从事证券投资所获得的利息、股息、红利收入征收所得税。建议香港与深圳统一采用香港模式,推广香港的基金利得税豁免,从而吸引更多风投、创投机构在香港与深圳注册和拓展业务,推动两地资产管理和财富管理的进一步发展。

二、香港与深圳会计准则对接

(一)会计准则对接的现实需要

1. 会计准则具备与国际"趋同"的诉求和条件

会计准则是金融市场的重要规则,也是一国或地区经济法规的重要组成部分,香港与深圳经济、市场合作必然要求作为通用商业语言的会计实现统一。在中国加大对外开放的过程中,为提高会计信息的可比性,我国应加快与国际主流会计规则对接的速度,而香港已经实现与国际会计准则的高度趋同,因此,香港与深圳会计准则对接无疑是中国会计准则实现国际化的重要突破口。

深圳执行财政部颁布的全国统一会计准则体系。香港会计准则由香港政府授权的民间组织——香港会计师公会制定,已实现与国际财务报告准则的高度趋同。自 2007 年内地与香港实现会计准则等效互认后,双方每年及时互通会计准则建设及国际趋同进展情况,保持两地会计准则的持续趋同。由此可见,内地与香港之间已经具备了会计准则的基础条件。

2. 降低跨境投融资成本的需要

由于内地与香港的法律环境、治理机制、经济发展水平存在差异,导致两地在关联方认定、资产减值损失转回、公允价值应用、同一控制下的企业合并等少数问题上存在差异。基于财务报告的可比性要求,在香港上市的内地公司需要同时按照香港和内地会计准则编制财务报告并披露差异的数额和原因,增加了内地企业跨境投资或上市的会计成本。因此,两地会计准则的持续趋同,有利于降低企业到对方资本市场融资的报表编制成本,为两地企业互动、市场互通营造良好的会计环境。

3. 消除内地与香港会计准则设计的原则性差异

香港与深圳两地不同的法律体系导致两地会计准则在设计过程中可能存在原则性差异。内地主导的成文法系法律条文多且内容详细,使关于会计操作的规定较为具体。香港主导的英美法系内容较为原则,使香港会计准则更像是"会计艺术与科学的混合体",更重视会计信息的公允和真实。

与此同时,由于市场化程度的差异,内地会计准则更加偏重历史成本即账面价值。为防止公允价值被滥用而出现利润操纵,内地会计准则严格规范了运用公允价值的前提条件,即公允价值应当能够可靠计量。对每一项会计要素,内地会计准则都无例外地强调只有在能够可靠计量条件下才可确认。而香港会计准则在涉及资产计价,特别是资产交易的情况下,更加强调资产公允价值的运用。因此,香港与深圳会计准则对接需要重点针对原则性问题进行协调,择优选择会计处理的方式。

(二)会计准则对接的路径

1. 持续推动会计准则互认

从目前来看,尽管国际财务报告准则已经成为全球最具通用性的准则,但日本、英国、美国等部分发达国家更多的是将国际财务报告准则作为趋同的参照,而在实际操作过程中仍将本国的会计准则作为标准。因此,基于全球会计准则尚未实现高度统一的背景下,推动香港与深圳会计准则互认仍然是会计规则对接的重要方式。在此基础上,内地应当加快与国际会计准则趋同的速度,积极争取全球对内地会计准则的认可度,积极拓展与国际主流市场实现会计准则等效认可的范围。

2. 推动会计原则性规定的对接

基于国际财务报告准则更多的是原则性的规定,因此,在香港与深圳会计规则对接过程中,需要着眼于消除两地原则性的差异,尤其是在会计准则设计和市场化原则规定方面,可以探索率先在深圳试点,加强市场化计量工具在会计准则中的应用,同时赋予深圳在会计处理上更多的自主权,弱化会计准则中对部分会计处理方式的强制性规定,从而更好地适应国际财务报告准则的要求。

3. 适当运用差异化会计信息披露

实行差异化的信息披露是英国会计准则的重要特征。英国通过综合考虑行业属性、企业规模、流动性、发行规模等因素,形成了一套契合不同主体信息披露需求的规则体系。尽管采取统一制式和标准的会计信息披露方式,可以在提升信息发布效率、简化信息披露程序方面发挥一定作用,但通过构建差异化信息披露制度体系,不仅可以有效降低发行人的信息披露成本,更有助于监管机构确立清晰的监管政策目标,设计出更具针对性的会计信息披露规则和标准。尤其是针对中小民营科技型企业,可以考虑给予一定程度的会计信息披露豁免,并赋予其自愿披露信息的鼓励措施。

4. 积极参与国际会计准则的制定

为了在国际接轨过程中更好地反映中国市场和企业的诉求,香港与深圳必须通过深度合作,以更加开放的态度深度参与到国际会计准则的制定和修订过程,加大国际型会计人才的引进和培养力度,进一步加强与全球各大会计组织的交流合作,从而提升我国在国际会计事务中的话语权和影响力,使国际会计准则能够更多地体现中国元素,使会计准则在符合国际惯例的同时更好地契合国内发展的需要。

第三节　香港与深圳金融规则对接

一、香港与深圳发行规则对接

（一）发行规则对接的现实需要

1. 共享两地优质企业资源的需要

港交所与深交所都具有高度活跃的首次公开发行市场,首次公开发行数量和募资规模都位于全球交易所前列。自 2009 年起,港交所 7 次位居全球首次公开发行募资额首位。1997 年、2000 年、2006—2007 年、2016—2018 年是港交所首次公开发行规模和数量的高峰期。

深交所 2021 年首次公开发行数量排名全球第四,2022 年上半年首次公开发行融资规模排名全球第二。从 A 股上市公司数量和规模来看,截至 2022 年 3 月末,深圳共有境内上市公司 374 家,其中,主板 207 家、创业板 135 家、科创板 29 家、北交所 3 家。香港与深圳两地优质的企业资源及活跃的首次公开发行市场,使得两地在发行规则对接上具有强烈诉求。

2. 全面注册制改革的需要

注册制改革是近年来我国资本市场的一项重大改革,也是深圳综合改革试点的重要内容。2019 年,注册制率先在科创板试点,为 A 股注册制改革积累了宝贵经验。2020 年,注册制进一步扩展至创业板。2021年,北京证券交易所成立并试点注册制。总体而言,当前注册制试点已经达到预期目标,全面实行注册制的条件已逐步具备。在全面推行注册制改革的过程中,关键在于完善交易制度、转板制度、退市制度等相关配套制度,更好实现与港交所发行配套制度的对接。

（二）发行规则对接的路径

1. 发行理念对接

香港与深圳两地发行规则对接需要注重发行理念的对接。一方面,由"核准制"向"注册制"转变的核心理念之一是坚持资本市场"着眼于未来"的发展理念,因此,相比于"核准制"更加注重企业盈利能力等存量指标,"注册制"更看重企业未来的成长价值和发展前景等增量指标。在"注册制"规则下,需要将处于快速成长期和具有广阔发展前景的企业作为资本市场发行的主体之一,更好发挥资本市场支持科技型企业的功能。另一方面,应当坚持"大市场、小政府"理念,让市场发挥主导作用,通过市场的价格发现功能实现资产的合理定价,通过市场的优胜劣汰实现资源高效配置。而政府的功能在于通过法律和监管制度促进发行市场的公平化和效率提升,为投资者基本权益的实现提供保障。

2. 发行配套制度对接

(1)交易制度衔接。深交所尽管已经具备高度活跃的交易市场,但仍然需要进一步改革不利于充分发挥市场资源配置功能和不利于提升市场流动性的交易制度,通过借鉴香港等主流市场的经验,探索在股票交易中试点"T+0"交易制度、在债券交易中引入"做市商机制"等方式,提升市场流动性和定价效率,使交易规则更加贴合国际市场。

(2)转板制度衔接。一方面,为了畅通常态化退市机制下退市企业的后续融资通道,需要针对退市公司制定相应的转板制度,明确在哪种情况下退市公司可降级转板至哪一层次的市场继续交易,以提高降级转板制度的可操作性。同时,通过香港与深圳两地信息披露规则对接,全面提升转板上市的信息披露标准,从根本上防范杜绝转板套利行为。另一方面,借鉴香港第二上市制度设计,简化香港与深圳两地第二上市流程,优化第二上市标准,更好地吸引美国中概股向香港与深圳两地交易所回流。

(3)退市制度衔接。一方面,需要进一步完善强制退市规则,丰富并细化退市指标,为不同层级的上市公司设定相应的退市条件。同时,借鉴香港经验,通过提高借壳上市标准、合规要求和反规避要求来提高"借壳"成本。另一方面,需要进一步优化退市流程。强化两地交易所一线监管协作,落实强制退市制度,提高退市审批效率,推动形成常态化的退市机制。

二、香港与深圳评级规则对接

(一)评级规则对接的现实需要

1.评级规则对接符合金融改革开放的政策导向

近年来,债券评级市场的改革开放一直被当作金融改革开放的重要内容。2019年1月,央行批准标普(中国)进入银行间债券市场开展信用评级业务,推进评级行业对外开放;2019年7月,国务院金融稳定发展委员会发布11条金融对外开放措施,进一步提出,对境外信用评级机构开放银行间和交易所债券市场所有债券评级;2020年3月,中共中央、国务院发布《关于构建更加完善的要素市场化配置体制机制的意见》,明确提出加快发展债券市场,加强债券市场评级机构统一准入管理,规范信用评级行业发展。2021年8月,央行会同国家发改委、财政部、银保监会和证监会联合发布《关于促进债券市场信用评级行业健康发展的通知》,从规范性、独立性、质量控制等方面强化了对信用评级行业的监管要求。由此可见,不断探索与国际评级规则接轨,符合债券市场改革开放的政策导向,有利于促进香港与深圳形成更加规范化和多元化的债券市场,使评级结果能够更好地反映债券风险特征,降低债券违约事件对于金融市场稳定的负面影响。

2.评级规则对接具有迫切的市场诉求

目前,境内评级公司的评级缺乏国际公信力,较难反映各类企业债券的真实违约概率,由此导致境内企业评级同质化,优质企业难以通过债券评级获得有区分度的融资优势。在此背景下,急需通过评级规则的国际接轨,一方面为境内外证券公司、基金公司、资产管理公司等机构进行债券承销和债券投资提供更加科学的评级参照。另一方面为全球极度宽松的流动性资金进入本地债券市场提供重要决策参考,助力国际资本"引进来"。

(二)评级规则对接的路径

1.评级技术的国际接轨

一方面,应当加快构建具有全球竞争力的信用评级技术标准和技术体系,从过去单品种、单行业的评级方法向系统性和完整性的评级体系转变,使全球化信用评级标准逐步取代本地化评级标准。与此同时,应当加快建立相对完备的评级质量检验和监控体系,使评级体系真正实现与时俱进。

另一方面,应当加强金融科技在评级技术中的应用,监管部门应当支持香港与深圳两地评级机构与金融科技公司的跨界合作,尤其是通过大数据、区块链等技术解决过去企业评级数据难以获取和跟踪的问题,提升评级的精度和效率。

2. 评级付费模式的国际接轨

国内外评级机构采用的发行人付费模式易于导致发行人和评级机构之间"合谋",因此,可以尝试多样化的付费模式,降低评级机构与发行主体的利益联系,或者通过推广双评级制度,提高评级结果的独立性。在此基础上,可以通过借鉴国外主流模式,构建发行人和评级机构之间的利益制衡机制,如对信用评级业务和辅助性业务进行适当分离,强化评级机构的追责和惩罚制度等。

3. 评级治理结构的国际接轨

一方面,促进评级机构的股权结构多元化,通过在股东中引入香港与深圳两地大型金融机构等战略投资者,使评级机构更好地贴合国内外金融市场,与被评级企业之间建立更加紧密的联系。

另一方面,鼓励香港与深圳两地评级机构开展多元化的业务,大力发展信用评级之外的各类咨询业务,为评级机构创造更大的利润增长点,进而反向推动主营业务的发展,更好地满足评级基础设施建设、评级数据库维护等对资金量的巨大需求。

4. 加强香港与深圳评级规则的协同创新

第一,探索对深交所上市债券试点国际评级规则,提升深交所债券市场的国际化程度,并通过财政资金,对采用国际评级规则、且信用等级达到较高水平的债券发行给予一定的发行费补贴。第二,利用内地交易所与银行间债券市场实现互通的发展契机,发挥好香港在债券基础设施方面的优势,推动银行间债券市场在香港与深圳两地进行交易、清算和托管。第三,探索深圳与香港的国际评级结果互认,进而推动香港与深圳两地债券市场的互联互通。

第十章　香港与深圳深化合作的辐射示范

　　香港与深圳深化合作的意义不仅在于探索跨境体制机制对接的新路,更为重要的是,香港与深圳深化合作可以为推动构建国内统一大市场、少壁垒少障碍参与国际竞争提供经验,为促进内外双循环良性互动提供范例,为推动"一带一路"倡议的实施创造条件。对内而言,香港与深圳是粤港澳大湾区的重要组成部分,可以以香港与深圳发展带动大湾区产业合作和要素合作。从更大范围来看,香港与深圳可以引领泛珠三角乃至南方区域市场的建设;对外而言,香港与深圳是"一带一路"的重要节点,能够为"一带一路"沿线国家和地区创造发展机遇,提供金融服务,同时依托"一带一路"沿线国家和地区,为国内大循环创造更大的外部需求。

　　基于此,本章从香港与深圳深化合作对内和对外的辐射示范入手,重点分析香港与深圳深化合作如何推动构建南方区域市场,以及如何向"一带一路"沿线国家和地区辐射,从而扩大香港与深圳深化合作的成果,推动构建有广度和深度的新发展格局。

第一节　香港与深圳深化合作的对内辐射示范

一、南方区域市场的范围

　　《中共中央　国务院关于加快建设全国统一大市场的意见》指出,建设全国统一大市场是构建新发展格局的基础支撑和内在要求,在维护全国统一大市场前提下,优先开展区域市场一体化建设工作,建立健全区域合作机制,积极总结并复制推广典型经验和做法。总体而言,中国秦岭淮河以南地区的经济活力和市场化程度较高,拥有长三角和珠三角两大核心经济圈,适合探索建立生产要素高效配置、商品服务充分流通、境内外资源良性循环的南方区域市场,进而推动全国统一大市场建设。

　　具体而言,南方区域市场是在全国统一大市场建设的总体框架下,通过充分借鉴香港与深圳深化合作经验的基础上提出的前瞻性设想,可以作为构建全国统一大市场的重要内容。通过依托泛珠三角、长三角、粤港澳大湾区、海南自由贸易港、闽台合作等一系列国家规划,率先将中国南方各省级行政区域的内部市场规则、要素统一起来,向内构筑内循环的强大基础,向外与《区域全面经济伙伴关系协定》的经济圈相连,对接东盟等更大的世界市场。具体涵盖上海、江苏、浙江、安徽、湖北、湖南、江西、福建、云南、贵州、四川、广西、广东、香港、澳门、海南、台湾等地区。

二、南方区域市场的特征

(一)南方区域市场具备与欧盟比肩的超级体量

　　根据相关统计结果,按年平均汇率折算,2021 年中国生产总值为17.7 万亿美元,比欧盟高出 5000 亿美元,占美国的比重为 76.8%。据国际货币基金组织预测,中国生产总值将在 2028 年超过美国。而 2021 年长三角地区生产总值总量合计超过 4.3 万亿美元,粤港澳大湾区生产总值总量合计超过 2.3 万亿美元,泛珠三角其他地区(除广东外)生产总值总量合计超过 4.0 万亿美元(约 25.6 万亿元人民币),其中广西 2.5 万亿元、云南 2.7 万亿元、四川 5.4 万亿元、贵州 2.0 万亿元、湖南 4.6 万亿元、江西 3.0 万亿元、福建 4.9 万亿元、海南 0.6 万亿元,即"南方区域市场"生产总值总量合计超过 10.5 万亿美元,占全国生产总值的 60.2%,预计占到欧盟生产总值总量的 62.0%。因此,通过构建"南方区域市场",可以使中国重点发展区域产生强大合力,预计在未来 10 年内成为与欧盟比肩的超大规模经济体。

　　1. 泛珠三角地区经济体量

　　泛珠三角区域内的广东已成为世界区域经济增长龙头。自 1978 年以来,广东一直是改革开放的前沿阵地,2021 年总量突破 12 万亿元人民币,连续 33 年其地区生产总值居全国首位。以广东经济为主体的粤港澳大湾区,地区生产总值将超过 2.3 万亿美元,相当于不到全国 0.6% 的面积,创造了全国 12% 的生产总值,与大伦敦区、大巴黎地区生产总值相当,仅次于美国纽约都会区、美国加州、日本东京都会区和中国长三角地区,成为世界经济的重要增长极。

泛珠三角区域的其他省份在大湾区辐射带动作用下发展迅速。其中,江西地区生产总值从 2011 年的 0.9 万亿元增长到 2021 年的 3.0 万亿元;2021 年的名义地区生产总值增速更是高达 14.8%,全国排名靠前。江西的整体排名也从 2011 年的全国第 20 名上升到了 2021 年的第 15 名。湖南地区生产总值从 2011 年的 1.5 万亿元,增长到了 2021 年的 4.6 万亿元,在全国的省份排名从第 11 名上升到第 9 名。目前,泛珠三角区域合作已纳入国家"十四五"规划纲要,进一步明确泛珠三角区域合作在新发展阶段的战略定位,为下一步的合作发展注入强劲动力、提供有力保障。

2. 长三角地区经济体量

长三角地区辐射范围包括上海、江苏、浙江、安徽三省一市,是我国最具经济影响力的区域之一。2021 年,长三角三省一市的地区生产总值均破 4 万亿元,其中,安徽 2021 年地区生产总值首破 4 万亿元,上海地区生产总值首次突破 4 万亿元,达到 4.3 万亿元,继续保持国内城市首位。

(二)南方区域市场具备中国最具创新力的发展生态

粤港澳与长三角两大区域是我国科技和产业创新的核心地区。根据胡润研究院发布的《2021 胡润中国 500 强》排名,粤港澳大湾区共 117 家企业进入 500 强,占全国 23.0%;长三角地区共 177 家企业进入 500 强,占全国 35.0%。两地 500 强企业合计占到全国的 58.0%。

从细分领域来看,粤港澳大湾区主要集中在以电子信息、数字产业、家用电器、医药健康、先进制造等领域,终端产品多,头部企业综合实力强,风险投资发育较好,创新创业环境更为优良。长三角地区的优势产业主要集中在先进装备、新能源新材料、生物医药、数字经济等领域,中间品多,技术工艺实力强、配套体系和能力更具优势,且区域内人才供给更为丰富,拥有上海张江、安徽合肥 2 个综合性国家科学中心。

因此,两个区域在产业创新链上合作发展,将更加有利于合作建设全国重要创新策源地,打造若干世界级产业集群,在创新引领力、国际竞争力等方面缩小与世界一流地区的差距。

(三)南方区域市场能够促进核心区域的强强联合

长三角和粤港澳大湾区作为南方区域市场的两大核心区域,具有广泛的合作发展诉求。

第一,两大区域都致力于打造中国最高水平的开放形态。长三角和珠三角都是高度外向型的经济体,都具有打造世界级城市群的优势和潜力。在 2021 年内地城市出口排名中,珠三角的深圳、东莞、广州、佛山位居榜单前十,而长三角的上海、苏州、宁波也进入前十名(见图 10-1)。长三角区域以上海为重要依托,集聚了一大批国际机构和组织,在跨境贸易、跨境金融等方面处于全国领先水平。粤港澳大湾区以香港、深圳为重要依托,致力于打造与国际规则高度接轨的制度体系。因此,以构建南方区域市场推动两大区域开放合作,既有利于分散对外开放的风险,同时又能共同提升贸易水平、推进人民币国际化进程、加快融入全球网络。

（单位：亿元）

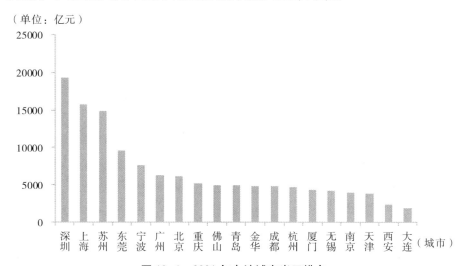

图 10-1 2021 年内地城市出口排名

资料来源:根据各城市官方公布数据整理所得。

第二,两大区域都致力于推动区域合作发展。长三角地区已经在合作方面取得了显著成效,城市合作关系紧密,资源配置高效,产业集群特征明显,区域整体竞争力不断提升。粤港澳大湾区尽管城市间要素互动较为频繁,但由于大湾区内部城市发展差距依然较大,广州与深圳双城联动的作用尚未充分发挥,导致大湾区在合作方面与长三角地区仍然存在差距。更为重要的是,粤港澳大湾区涉及"一国两制"和与港澳的跨境合作事项,需要协调的关系较多,合作的任务更加繁重。但也正是由于两种制度、三种货币,使区域互补性更强,与国际市场对接更加紧密。因此,两大区域可以通过经验借鉴,实现更大范围、更高水平的合作。

第三,两大区域都致力于营造高度市场化的环境。两大区域都坚持市场化发展导向,兼顾效率与公平,在要素市场化改革方面先行先试。但相比较而言,粤港澳大湾区民营经济更加发达,创新主体更加丰富,能够与长三角形成互补关系,共同优化经济结构,提升经济活力。

第四,两大区域都致力于抢占科技创新的高地。两大区域均提出要建设具有全球影响力的国际科技创新中心、先进制造业中心以及新兴产业的重要策源地。长三角在先进制造体系方面具有全面性、系统性优势,"双一流"高校集聚,人才和科技资源丰富,而粤港澳大湾区创新生态完善,应用型研究能力突出。因此,两大区域通过技术互补和科研资源共享,有利于共同推进新兴领域的基础研究攻关,突破核心技术的外部掣肘,并推动研究成果的转化。

(四)南方区域市场能够为闽台合作提供战略参考

闽台合作发展是继香港与深圳深化合作后需要重点谋划的跨境合作。祖国必须统一,也必然统一,这是两岸关系发展历程的历史定论,也是新时代中华民族伟大复兴的必然要求。习近平总书记强调,要"勇于探索海峡两岸融合发展的新路"①,因此,当前的重大任务不仅要解决台湾回归问题,还要提前谋划台湾回归后的发展问题。福建与台湾联系最

---

① 本报评论员:《勇于探索海峡两岸融合发展新路》,《人民日报》2021 年 12 月 12 日。

为紧密,同时是连接长三角和珠三角两大核心区域的关键枢纽。通过构建南方区域市场,能够实现闽台与长三角、珠三角的有效对接,帮助台湾回归后尽快融入国家发展大局,同时又能发挥台湾类似香港的开放功能,向内地不断输送技术和国际资本。在此过程中,福建的地位、作用将得到显著提升。

事实上,福建正在积极布局与长三角、珠三角的对接。《福建省国民经济和社会发展第十四个五年规划和二〇三五年远景目标纲要》表明,福建将继续加强跨省区域合作,积极对接粤港澳大湾区。此外,2021年福建省政府工作报告也明确,福建将积极对接粤港澳大湾区、泛珠三角、长三角地区,用好省际合作平台,开拓大市场。

在交通对接方面,福建依托沿海铁路、高等级公路和重要港口,推动人流、物流、信息流、资金流的加速流动,实现粤港澳大湾区与福建沿海城市群和长三角城市群联动发展。

在科技产业创新链方面,福建积极主动与粤港澳大湾区对接,推动福厦泉科技创新走廊与"广州—深圳—香港—澳门"科技创新走廊合作,在优化创新布局、培育和引进创新人才等方面互动协作。同时主动承接、吸纳粤港澳大湾区和长三角地区高端服务业的辐射和转移,深度推动金融、物流和旅游等领域的合作。

在文化交流方面,福建是我国著名的侨乡,祖籍福建的华侨华人在海外的影响力完全不输广东,以福建文化、福建文明辐射影响了我国东南沿海、东南亚等广大地区。广东的潮汕地区与福建闽南地区同出一脉,浙南的温州等地更多的是受福建的八闽文化影响,因此,福建能够与众多地区建立天然的文化纽带。

在绿色基建方面,建设闽粤联网工程,形成联系更紧密、规模更大的坚强电网平台,将有力促进福建清洁能源的开发利用,进一步优化粤港澳大湾区与海峡西岸经济区能源结构,解决福建与广东季节性电力盈余和缺额问题,构建清洁低碳、安全高效的能源体系,促进能源绿色低碳转型。

三、香港与深圳在南方区域市场建设中的重要作用

（一）为促进产业协同和要素流动提供参照

产业合作、要素合作和规则对接是推动香港与深圳深化合作的重要内容，同时也是南方区域市场建设需要重点突破的领域。尤其是香港与深圳在金融、科技、民生等领域的产业合作模式以及在资金、人才、数据等领域的要素合作模式，能够为南方区域市场建设提供重要参照。

一是需要以创新的思维和格局，统筹谋划南方区域市场建设，推动各大区域在更大范围、更宽领域、更高层次上的合作，促进共同繁荣。相比较于香港与深圳深化合作，构建南方区域市场涉及的行政主体更多，且发展水平存在较大差异，导致产业协同和要素流动更具复杂性和挑战性。只有在顶层统筹下，大胆突破传统体制机制的条条框框，以更深层次的改革创新举措，在"深水区"中蹚出一条新路。

二是需要探索产业链和供应链协同发展的体制机制，既加强资源统筹，实现关键难点的集中突破，又实现细分领域的良好分工，降低资源浪费和重复建设。在科技创新已经关乎国家生存问题的大环境下，单纯依靠某个地区或某个企业，较难实现关键"卡脖子"环节的重大技术攻关，必须通过南方区域市场，实现各区域技术、资金、人才等要素的充分共享，形成强大的科研合力。与此同时，在非核心环节，应该避免各区域过度集中于某一类热点领域的发展，而是突出各区域的比较优势，聚焦于专业化、精细化、特色化、新颖化的产业领域。

三是需要突破市场壁垒和制度性障碍。由于不同行政区在标准、政策和规范等方面尚未统一，区域保护政策和各种市场准入"门槛"依然存在，市场分割未能完全根除，增加了资源流动和自由配置的难度，必须打破行政壁垒，推动市场合作建设。

四是需要优化区域政绩考核机制。在区域政绩考核中，弱化对地区生产总值、税收等统计数据的考核，而将促进区域产业协同、要素流动、对外投资等相关实施举措和成果作为考核的重要参照，从而提升各地区政府参与构建南方区域市场的意愿。

（二）为推动更高水平开放提供平台

根据香港与深圳发展的历史经验，规则不统一是阻碍深度合作和国际化发展的主要障碍之一。因此，构建南方区域市场，不仅需要促进内部要素互动和基础设施的互联互通，更重要的是与国际规则的对接，进而更好地参与国际竞争。而做好国际规则制度衔接的关键在于用好香港的国际化平台优势。探索香港与深圳制度合作的新模式可以起到先行试点的效果，待模式运行成熟后，可以将相关经验在南方区域市场加以推广、应用，进而在珠三角、长三角高标准打造统一的国际规则，更好地满足国际资本进入内地的需求和国际机构在内地展业的经营习惯，逐步提升在世界规则体系制定中的话语权。

（三）为降低对外开放风险提供技术支撑

将香港与深圳开放发展的经验推广至南方区域市场，可能使中国经济面临更大的外部风险暴露。因此，在南方区域市场对外开放过程中，需要加强区块链、大数据等技术手段在风险防范中的应用，建立良好的风险隔离和防火墙机制，有效推广数字人民币、跨境监管沙盒等创新试点工具。尤其是通过数字人民币试点，能够免去传统国际资金清算系统的第三方环节，大大提升国际清结算的效率，且所有参与者均可实施监督，契合了国际市场对此类金融基础设施公正性的需求，有利于提高我国金融体系的安全等级。

第二节　香港与深圳深化合作的对外辐射示范

一、"一带一路"的范围

"一带一路"沿线国家和地区是香港与深圳深化合作过程中需要重点辐射的区域。"一带一路"沿线国家和地区地域广阔，主要集中于东南亚、南亚、中亚、西亚、中东欧及北非等地区。截至 2021 年 12 月 16 日，我国已与 145 个国家、32 个国际组织签署 200 多份共建"一带一路"合作文件，涵盖互联互通、投资、贸易、金融、科技、社会、人文、民生、海洋等领域，覆盖27个欧洲国家、37个亚洲国家、46个非洲国家、11个大洋洲国家、8个南美洲国家和11个北美洲国家。"一带一路"沿线国家和地区主要有63个,从土地面积看,"一带一路"沿线国家和地区占全球面积的三分之一以上;从人口规模看,占全球人口总额的60.0%;从生产总值看,占全球生产总值的32.0%,人均生产总值不到世界平均水平的一半。

其中,新加坡、文莱、马来西亚、泰国、印度尼西亚、越南、菲律宾、老挝、柬埔寨和缅甸十个成员组成了东南亚国家联盟(Association of Southeast Asian Nations),简称东盟(ASEAN)。国际货币基金组织2021年4月发布的《世界经济展望报告》显示,东盟十国生产总值总量为3.1万亿美元,人均生产总值为11.9万美元,超过全球人均生产总值1.1万美元,总人口为6.6亿人,除了新加坡、以色列外,其他均为发展中国家。

二、"一带一路"沿线国家和地区的特征

(一)"一带一路"沿线国家和地区发展基础相对薄弱

1. 创新能力相对不足

总体而言,"一带一路"沿线国家和地区除新加坡、以色列等少数发达国家外,创新水平相对有限。根据世界知识产权组织发布的《2021年全球创新指数》,"一带一路"沿线63国的创新指数平均得分约为33.4,低于全球水平。而根据欧洲工商管理学院发布的《2021年全球人才竞争力指数报告》,"一带一路"沿线国家和地区的平均得分为48.2,同样低于全球平均水平。

根据世界银行数据库的数据,"一带一路"沿线国家和地区中,近九成国家的研发投入比重不足1.0%。其中,中亚的哈萨克斯坦和塔吉克斯坦,西亚的伊拉克,东南亚的越南、菲律宾和柬埔寨,以及蒙古国等国家,研发投入比重不足0.2%,技术投入和需求严重不足。

2. 经济发展方式较为粗放

总体而言,"一带一路"沿线国家和地区能源、资源消耗比重大,单位能效低,大多处于通过大规模的资源消耗和污染排放来推动经济增长的

阶段。"一带一路"沿线国家和地区既是世界矿产资源的集中生产地区,也是世界资源的集中消费区,其单位生产总值能耗、原木消耗、水泥消费和二氧化碳排放等都高出世界平均水平50.0%以上,单位生产总值钢材消耗、有色金属消耗、水资源消耗等是世界平均水平的2倍以上。就钢铁而言,"一带一路"沿线国家和地区生产了世界71.1%的粗钢,但消费了世界70.7%的粗钢和70.3%的成品钢材,而水泥生产量占世界的81.8%,消费量却占世界的83.2%。

(二)劳动生产率整体偏低但发展潜力较大

"一带一路"沿线国家和地区劳动生产率低于世界平均水平,2021年仅有24个国家劳动生产率高于世界平均水平,但"一带一路"沿线国家和地区表现出较快的经济增速。根据世界银行的数据统计,与2000年相比,2019年沿线国家和地区的生产总值总量占世界的比重从17.0%增长到30.0%;同期,沿线国家和地区人均生产总值增幅达到132.0%,远远高于同期世界人均生产总值30.0%的增幅。

在快速增长过程中,"一带一路"沿线国家和地区内部由于历史基础、资源禀赋、制度环境和发展阶段的差异,各国经济发展水平、发展活力和发展效率也呈现不同的特征,南亚、东南亚及东亚地区生产效率较低,西亚、中东欧地区生产效率较高,发展不平衡问题较为突出。

(三)中国对"一带一路"沿线国家和地区直接投资增长迅速

联合国贸发会议《2021世界投资报告》显示,2020年,中国对外直接投资达1537.1亿美元,首次跃居世界第一,占全球份额的20.2%。其中,中国对"一带一路"沿线国家和地区实现直接投资225.4亿美元,同比增长20.6%,占同期中国对外直接投资流量的14.7%(见图10-2)。中国对"一带一路"沿线国家和地区的直接投资存量为2007.9亿美元,占中国对外直接投资存量的7.8%。由中国海关总署发布的数据显示,2020年东盟超过欧盟,跃升为中国最大货物贸易伙伴,中国则连续12年保持东盟第一大贸易伙伴地位。根据国家统计局的数据统计,2021年,中国对"一带一路"沿线国家和地区的进出口总额为11.6万亿元,比上年增长23.6%。

（单位：亿美元）

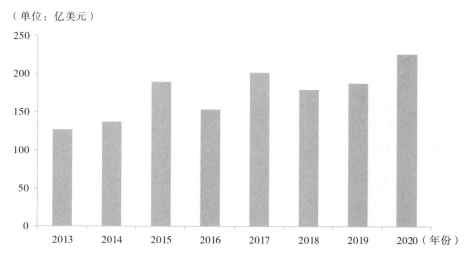

图 10-2　2013—2020 年中国对"一带一路"沿线国家和地区投资情况

资料来源：国家统计局官网。

（四）"一带一路"沿线国家和地区对人民币交易需求旺盛

中国对"一带一路"沿线国家和地区的直接投资催生了对人民币的交易结算需求。目前,中国与俄罗斯、印度尼西亚、阿联酋、埃及、土耳其、老挝等 24 个"一带一路"沿线国家和地区签署了双边本币互换协议,与老挝央行签署了本币合作协议,与印度尼西亚央行签署了《关于建立促进经常账户交易和直接投资本币结算合作框架的谅解备忘录》。在马来西亚、泰国、新加坡、菲律宾 4 国建立了人民币清算安排,人民币跨境支付系统（CIPS）及中资银行在东盟 10 国实现了全覆盖。人民币对新加坡元、泰铢、马来西亚林吉特、柬埔寨瑞尔实现了直接交易,老挝央行在当地推出了人民币/基普直接交易。

在上述有利条件的推动下,2020 年人民币在东盟的使用取得了积极进展。2020 年我国与东盟间人民币跨境收付金额合计为 4.2 万亿元,同比增长 72.2%,占同期人民币跨境收付总额的 14.6%,较 2019 年提高了 2.4 个百分点。其中货物贸易项下人民币跨境收付金额合计为 7459.0 亿元,同比增长了 20.2%;直接投资项下人民币跨境收付金额合计为 4251.0 亿元,同比增长了 70.8%。截至 2020 年年末,东盟国家共有 74 家金融机构成为人民币跨境支付系统的参与者。2020 年,人民币跨境支付系统共处理中国与东盟国家跨境人民币业务金额 1.9 万亿元,同比增长50.5%。截至 2020 年年末,新加坡、马来西亚、泰国和菲律宾共 4 个国家建立人民币清算行;东盟国家商业银行中有 252 家和中国境内的 124 家商业银行建立了人民币结算代理行关系。

(五)"一带一路"沿线国家和地区基础设施发展需求与风险并存

"一带一路"沿线国家和地区大多数基础设施较为落后和短缺,尤其是公路、铁路路网密度不足,缺乏高速公路和高速铁路,铁路电气化率和复线率偏低。近两年来,部分"一带一路"沿线国家和地区加大了对交通基础设施的投入,在大型交通走廊、铁路、公路等项目建设方面取得了积极进展。与此同时,为促进就业消费、拉动经济回暖,大部分"一带一路"沿线国家和地区对电力、房建、医疗卫生等事关国计民生的项目进行了重点投资。除此以外,随着全球向碳中和目标稳步推进,"一带一路"沿线国家和地区普遍对新能源基础设施建设的重视程度有所上升。

中国与"一带一路"沿线国家和地区在铁路建设、港口布局以及能源项目等方面建立了良好的合作关系。2020 年中国对"一带一路"沿线国家和地区的制造业、建筑业等方面的投资额超过 100 亿美元。在"一带一路"沿线国家和地区所推进的项目中,超过 60% 的项目为基础设施类项目,占投资金额的近 70.0%。2021 年,"中老铁路"等大型基础设施项目建设取得阶段性成果。

尽管"一带一路"沿线基础建设项目需求大,但也存在一定的项目风险。近年来,受新冠肺炎疫情及地缘冲突等因素影响,"一带一路"沿线国家和地区整体局势复杂,并且沿线国家的法律体系与中国不同,对法律争端的处理方式和执法力度存在差异,可能对项目进度产生不利影响。与此同时,"一带一路"沿线基础建设项目存在投融资体系不完善、中国内地企业投资经验不足等问题,基础设施投资与建设面临一系列挑战。

三、香港与深圳在"一带一路"倡议中的重要作用

（一）海上丝绸之路的地理节点

香港位于亚太区域的中心位置，连接亚太市场与欧盟市场，是中国—东盟自贸区的海陆结合点。香港与东盟主要国家或地区存在密切的经济往来，在东盟投资超过 50 年，熟知东盟经济制度、商业环境和社会文化，能够在"海上丝绸之路"建设中发挥重要的节点功能。深圳毗邻香港，具有与香港类似的地理优势，已经成为亚太地区极其重要的交通枢纽，拥有世界第四大集装箱港口，是内地第四大航空港。随着香港与深圳深化合作的持续推进，香港与深圳地理和交通优势将进一步彰显，进而在辐射"一带一路"沿线国家和地区中发挥关键作用。

（二）高度自由化、国际化、市场化的制度外溢

在美国传统基金会 2020 年公布的经济自由度排名中，香港位列全球第二，此前香港已连续 25 年被评定为全球最自由经济体。在与西方经贸往来上，香港的经济体制、国际商业网络和国际化人才等优势，对于中国规避西方意识形态的冲突、降低企业"走出去"的国际风险等方面具有重要价值。通过香港连通"一带一路"沿线的亚太和欧洲国家，可以淡化意识形态问题，降低"一带一路"的运作成本。香港特区政府与国家商务部于 2018 年在内地与香港经贸合作委员会下，成立内地与香港"一带一路"建设合作专责小组，携手推动"一带一路"建设事宜。专责小组能够及时将香港商界、学界有关"一带一路"的研究、实际案例、投资信息等与内地进行全面对接。而深圳作为中国对外开放的窗口，在对外合作中具有高度市场化的体制机制优势。通过与香港进一步的制度合作，将促进深圳对"一带一路"沿线国家和地区的投资贸易标准和规则的了解，做好与相关规则的有机衔接，从而与"一带一路"沿线国家和地区建立更加紧密的合作关系，助力深圳企业在"一带一路"沿线国家和地区进行投资和展业。

（三）以人民币国际化为核心的交易结算服务

香港与深圳两地承担着推动人民币国际化的重任。香港是全球领先

的离岸人民币交易中心,深圳是外汇制度改革和跨境账户体系试点的代表,2021年1—2月,人民币已超越美元,成为深圳第一大跨境收支货币。因此,香港与深圳应通过深化合作,优化境外人民币使用环境,为进出口企业提供高效、低成本的跨境人民币服务,进一步提高人民币计价资产的吸引力,推进人民币在"一带一路"沿线国家和地区货币的直接交易,进而为"一带一路"建设提供更大的支持,并拓展人民币交易结算市场。探索香港与深圳两地依托数字人民币,共建新型跨境支付结算系统,并鼓励"一带一路"沿线国家和地区率先接入新型跨境支付结算系统,在贸易、对外承包工程、对外直接投资、劳务收入跨境汇款、跨境消费等领域率先使用数字人民币结算,构建境内外联网的数字人民币清算结算网络。

（四）以基础设施建设为抓手的投融资服务

中国对外直接投资促进沿线国家和地区经济增长的方式中,约有30%是通过完善沿线国家的基础设施水平来实现的,而香港与深圳两地可以利用资金和技术优势,促进"一带一路"沿线国家和地区的基础设施建设,同时提升"一带一路"沿线国家和地区的项目风险管理能力。

香港具有丰富的参与国际金融组织的经验。香港从1969年起即成为亚行成员。2016年,香港金融管理局成立基建融资促进办公室（IFFO）,通过邀请不同机构的加入,组成实力庞大的合作团队,并举办培训工作坊、高层研讨会、投资者圆桌会议等,携手参与大型基建投资和融资项目。此外,香港金融管理局还通过发行伊斯兰债券和绿色债券等金融产品,为"一带一路"项目融资提供优质选择。2017年,香港成为亚洲基础设施投资银行的成员。自2016年起,香港特区政府与香港贸易发展局每年举办"一带一路"高峰论坛,该论坛已成为内地、香港与海外企业对接"一带一路"项目的重要平台。

深圳是境内创新资本的集聚地,可以为"一带一路"沿线国家和地区的经济发展提供资金融通。同时,深圳经济具有高度外向型的特征,集装箱吞吐量庞大,能够通过集装箱载货量的变化率先感知国际贸易的变化,在打造"一带一路"投融资重要节点的把握上具有较强的比较优势。

因此,香港与深圳在深化合作的过程中,可以大规模投资改造和建设

"一带一路"现代化交通网络,促进跨境贸易和投资的增长,显著推动沿线国家和地区乃至全球经济的增长,为"一带一路"沿线国家和地区消除贫困、消除饥饿、减少不平等、实现可持续发展等目标提供助力,使中国基础设施建设的优势和红利能够向"一带一路"辐射,进而更好地贯彻构建人类命运共同体的发展理念。与此同时,香港与深圳可以共同推动"一带一路"项目的风险管理。香港与深圳通过搭建"一带一路"项目咨询服务和交流合作平台,能够有效提高"一带一路"项目的风险监测、识别和管理能力。

(五)以信息科技产业为重点的产业合作

香港拥有国际化的科技行业管理体系和发达的互联网技术基础架构,是亚太地区云服务中心的集聚地。而电子信息产业是深圳的最大优势之一,信息技术硬件和软件环境处于国内领先地位。因此,香港与深圳可以借助"一带一路"的基础设施网络向沿线各国辐射,提高创新水平和能源利用率,助力"一带一路"沿线国家和地区实现"碳达峰"和"碳中和"。另外,香港与深圳还能与"一带一路"沿线国家和地区实现产业结构互补。东南亚劳动生产率整体较低,但是劳动力结构年轻化,有利于发展劳动密集型产业,因此,香港与深圳可通过部分产业转移和转型升级,与"一带一路"沿线国家和地区形成良好的跨国分工关系,同时为当地带来充足的就业岗位。

(六)内外两大循环良性互动的桥梁纽带

香港与深圳作为连接南方区域市场与"一带一路"沿线国家和地区的桥梁纽带,能够有效促进南方区域市场与境外经济体良性互动。南方区域市场不仅需要突破地域之间的要素分割和制度差异的障碍,推动形成高效循环的统一大市场,同时也需要将其作为对外合作和竞争的整体,以国家联合体的形式与其他经济体进行投资、贸易、市场合作、技术交流层面的对话,同时将香港的法律、投资、咨询等服务向外部输出。

在此过程中,通过依托南方区域市场的超大体量,建立具有国际竞争力的超大规模主权财富基金,是南方区域市场对外投资、参与"一带一路"建设甚至辐射全球的重要工具。西班牙对外贸易发展和投资局在西班牙投资处与西班牙 IE 大学变革治理中心联合发布的《2021 年主权财富基金报告》显示,2021 年尽管受到新冠肺炎疫情的影响,全球主权财富基金仍然保持良好的发展态势,资产规模首次突破 10 万亿美元大关;交易完成近 450 笔交易,同比增长 171.0%;交易总金额达到历史新高的 1200 亿美元,是 2020 年交易额的 3 倍。其中,新加坡的淡马锡公司、新加坡政府投资公司、阿联酋的穆巴达拉公司、卡塔尔投资局(QIA)以及阿联酋阿布扎比投资局位列投资额前五名,投资额占比近 82%。

尽管中国主权财富基金——中投公司已成立近 15 年,注册资本金达到 2000 亿美元,2020 年总资产和净资产分别高达 1.2 万亿美元和 1.1 万亿美元,但与国际领先的主权财富基金相比,中投公司无论是对外投资规模还是投资效益都存在较大差距。因此,有必要探索以南方区域市场的经济体量为支撑,由中央发行更具规模和市场化的主权财富基金,并以香港与深圳作为基金对外投资和实际运作的主体,以此推动人民币国际化和数字化应用,更好把握全球投资机会,加强全球范围的资产配置和战略布局。

参考文献

[1]巴曙松、谌鹏、梁新宁:《粤港澳大湾区协同创新机制研究——基于自由贸易组合港模式》,厦门大学出版社 2019 年版。

[2]白积洋:《"有为政府+有效市场":深圳高新技术产业发展 40 年》,《深圳社会科学》2019 年第 5 期。

[3]白积洋:《后发地区产业演进的规律与逻辑——以深圳 40 年发展路径为例》,《深圳社会科学》2020 年第 5 期。

[4]曹龙骐:《深港金融合作:理念、定位和路径》,《当代港澳研究》2009 年第 1 期。

[5]常修泽:《关于要素市场化配置改革再探讨》,《改革与战略》2020 年第 9 期。

[6]陈搏:《深圳海洋科技发展现状与对策研究》,《特区实践与理论》2022 年第 1 期。

[7]陈多:《改革开放 40 年与香港》,香港三联书店 2019 年版。

[8]陈辉煌:《深圳经济特区借鉴香港法律制度的思考》,《特区实践与理论》2018 年第 3 期。

[9]程强、鞠红岩、昌彦汝等:《中外国际科技创新合作主要模式、经验与启示》,《决策咨询》2021 年第 4 期。

[10]陈庭翰、谢志:《产业结构高级化演进的国际比较与深圳经验》,《深圳社会科学》2020 年第 5 期。

[11]陈源威:《"一带一路"背景下深圳特区在区域发展中的作用探究》,《中国集体经济》2021 年第 6 期。

[12]刁依河:《香港长者终身年金计划对内地养老金融的启示》,《黑龙江金融》2021 年第 8 期。

[13]董静、徐婉渔:《中国科技创新公共服务平台:演进历程与转型升维》,《上海管理科学》2021 年第 3 期。

[14]董战峰、杜艳春、陈晓丹等:《深圳生态环境保护 40 年历程及实践经验》,《中国环境管理》2020 年第 6 期。

［15］高红：《深圳的改革开放与建设成就》，《经济地理》2008 年第 6 期。

［16］郭琎、王磊：《科学认识数据要素的技术经济特征及市场属性》，《中国物价》2021 年第 5 期。

［17］何建宗、邬璇：《粤港澳大湾区养老福利跨境可携性机制研究》，《港澳研究》2020 年第 4 期。

［18］和经纬、李紫琳：《全球最有效率的医疗卫生体系如何应对挑战？——香港特别行政区的医疗管理体制、医疗改革举措及对内地的启示》，《中国卫生政策研究》2018 年第 12 期。

［19］何元锋：《略论深圳金融业发展的基本经验》，《特区理论与实践》2001 年第 10 期。

［20］胡彩梅、郭万达：《深圳转型升级和创新驱动：分析与借鉴》，《开放导报》2015 年第 5 期。

［21］胡士磊：《创新型城市建设的深圳经验与中国城市发展的路径选择》，《科技智囊》2020 年第 11 期。

［22］赖明明、陈能军：《深港合作 40 年》，中国社会科学出版社 2020 年版。

［23］李少臣：《苏州工业园区发展的几点启示》，《浙江经济》2021 年第 11 期。

［24］李松龄：《技术要素市场化配置改革的理论逻辑与制度选择》，《湖南财政经济学院学报》2021 年第 3 期。

［25］李扬、刘世锦、何德旭等：《改革开放 40 年与中国金融发展》，《经济学动态》2018 年第 11 期。

［26］李直、吴越：《数据要素市场培育与数字经济发展——基于政治经济学的视角》，《学术研究》2021 年第 7 期。

［27］李子彬：《我在深圳当市长》，中信出版社 2020 年版，第 36—37 页。

［28］林宏：《台湾推进科技创新的主要做法与启示》，《改革与开放》2013 年第 9 期。

［29］林居正：《先行示范区、海南自贸港创新政策和建设对推动福建高起点规划高质量发展的几点启示》，中国经济网 2021 年 1 月 11 日。

［30］林居正：《全面贯彻新发展理念构建先行示范区金融开放创新的新格局》，中国经济新闻网 2021 年 1 月 28 日。

［31］林居正、刘民、于明睿等：《中国企业债券国际化研究》，中国金融出版社 2021 年版。

［32］林香红、高健、张玉洁：《香港海洋经济发展的经验及启示》，《海洋信息》2014 年第 4 期。

［33］刘彬、李群：《国内外技术转移与交易综合科技服务模式对江西的启示》，《科技广场》2020 年第 5 期。

[34]刘诚:《香港:一带一路经济节点》,《开放导报》2015年第2期。

[35]刘典:《全球数字贸易的格局演进、发展趋势与中国应对——基于跨境数据流动规制的视角》,《学术论坛》2021年第1期。

[36]刘芳、伍灵晶:《深圳市推进土地要素市场化配置的实践与思考》,《中国国土资源经济》2021年第9期。

[37]刘理晖、胡晓:《全球人才流动特点和自由贸易港(区)的人才政策》,《重庆理工大学学报(社会科学)》2019年第12期。

[38]刘平生、林居正、刘民等:《先行示范区金融创新发展研究》,中国金融出版社2020年版。

[39]刘平生、何杰、林居正、李凯等:《深圳经济特区金融40年》,社会科学文献出版社2022年版。

[40]刘煜昱、阮建平:《打造国际科技金融中心:香港对接"一带一路"的思考》,《社会科学》2020年第6期。

[41]鲁国强:《深港金融合作的深层原因剖析》,《珠江经济》2008年第4期。

[42]马东伟、马东阳:《深圳参与"一带一路"建设的优势分析与对策研究》,《特区经济》2018年第7期。

[43]马良:《开放大局下深港科创合作的战略意义与发展构想》,《2018中国城市规划年会》2018年。

[44]毛少莹:《深圳文化产业40年发展历程及主要成就》,《深圳社会科学》2020年第5期。

[45]孟蓼筠、郭玉鑫:《香港住房制度、房地产市场现状及其启示》,《金融发展评论》2020年第9期。

[46]孟照鑫、何青、胡华为等:《我国氢能产业发展现状与思考》,《现代化工》2022年第1期。

[47]南岭:《深圳产业政策40年》,中国社会科学出版社2020年版。

[48]潘晓滨:《碳排放交易中的自愿减排抵消机制》,《资源节约与环保》2018年第9期。

[49]朴飞:《深汕特别合作区发展面临的问题及其解决途径探讨》,《长春理工大学学报(社会科学版)》2021年第5期。

[50]齐鹏飞:《"国家所需、香港所长"——香港回归20年经济发展历程及其基本经验初探》,《当代中国史研究》2017年第4期。

[51]邱润根:《建立资本市场联盟的行动计划》,《证券法苑》2015年第3期。

[52]宋运肇:《深化深港金融合作的若干思路》,《开放导报》2007年第1期。

[53]苏炜杰:《粤港澳大湾区养老服务业协同发展研究》,《港澳研究》2021年第1期。

[54]孙方江:《跨境数据流动:数字经济下的全球博弈与中国选择》,《西南金融》2021年第1期。

[55]孙芙蓉:《打造稳定高效的国际金融中心——访香港金融管理局总裁余伟文》,《中国金融》2020年第3期。

[56]孙久文、张翱:《深圳经济特区建立40周年的发展经验与启示》,《特区实践与理论》2021年第1期。

[57]谭刚:《深港合作的发展历程与总体评述》,《中央社会主义学院学报》2008年第2期。

[58]汪演元:《香港养老保险第三支柱的创新做法及其借鉴意义》,《中国保险》2021年第1期。

[59]王明姬:《完善七要素按贡献参与分配的路径思考》,《宏观经济研究》2021年第3期。

[60]王世巍:《把握香港科技发展趋势　加大深港科技合作力度》,《特区经济》2001年第3期。

[61]王苏生:《中国经济特区发展的成功经验——以深圳金融业改革创新为主题》,《中国经济特区研究》2015年。

[62]王文敏:《粤港澳大湾区知识产权协同机制创新研究》,《中国发明与专利》2020年第6期。

[63]王燕:《跨境数据流动治理的国别模式及其反思》,《国际经贸探索》2022年第1期。

[64]王阅微、衣保中:《论深港金融合作的基本特征》,《经济视角(下)》2011年第4期。

[65]王阅微:《深港金融合作研究》,吉林大学2011年博士学位论文。

[66]王紫荆、梁印龙、邵挺:《"居者难有其屋":香港公屋政策发展演变与启示》,《国际城市规划》2020年第6期。

[67]吴金希、李宪振:《台湾工研院科技成果转化经验对发展新兴产业的启示》,《中国科技论坛》2012年第7期。

[68]吴伟萍、林正静、向晓梅:《经济特区竞争优势支撑的持续性产业升级——以深圳高新技术产业为例》,《南方经济》2020年第11期。

[69]吴小芳、钟颖景:《强弱制度交互演进视角下的跨境医疗合作——以香港大学深圳医院为例》,《广东行政学院学报》2021年第4期。

[70]吴晓求:《改革开放四十年:中国金融的变革与发展》,《经济理论与经济管理》2018年第11期。

[71]向晓梅、张超:《粤港澳大湾区海洋经济高质量协同发展路径研究》,《亚太经济》2020年第2期。

［72］肖旭、戚聿东:《数据要素的价值属性》,《经济与管理研究》2021 年第 7 期。

［73］谢宝剑:《回归二十周年:香港与内地经贸合作的回顾与前瞻》,《学海》2017年第 3 期。

［74］谢春红、陆模兴:《香港专业人士在深发展的境遇——基于需要与利益的分析视角》,《青年发展论坛》2019 年第 1 期。

［75］谢国樑:《中国经济崛起背景下香港国际金融中心问题研究》,复旦大学2013 年博士学位论文。

［76］谢来风、谭慧芳:《"一带一路"项目风险管理与香港的角色》,《科技导报》2021 年第 2 期。

［77］谢志岿、李卓:《深圳模式:世界潮流与中国特色——改革开放 40 年深圳现代化发展成就的理论阐释》,《深圳社会科学》2019 年第 1 期。

［78］许洪彬、李嫣、封晓茹等:《香港科研机构及科技领域概况初探》,《海峡科技与产业》2021 年第 4 期。

［79］亚布力中国企业家论坛研究中心:《"一带一路"沿线国家的环境状况与主要问题》,《全球商业经典》2021 年第 4 期。

［80］严飞、祝宇清:《我国香港地区的医疗保障体系及其启示》,《社会政策研究》2018 年第 1 期。

［81］杨秋荣:《粤港澳大湾区医疗协同发展方略》,《开放导报》2020 年第 1 期。

［82］姚荔、杨潇、杨黎静:《粤港澳大湾区视角下香港海洋经济发展策略研究》,《海洋经济》2018 年第 6 期。

［83］姚亚伟、刘江会:《长三角区域资本市场一体化程度评价、测度及未来发展建议》,《苏州大学学报(哲学社会科学版)》2021 年第 3 期。

［84］余露:《新发展格局下土地要素市场化改革的思考及建议》,《商业经济》2021 年第 8 期。

［85］余滢:《试论深港合作的体制机制构建》,《特区实践与理论》2010 年第 5 期。

［86］袁义才:《深圳经济特区 40 年发展的阶段性特征与经验》,《特区实践与理论》2020 年第 6 期。

［87］袁易明:《深圳——香港经济发展关系的历史演变与未来》,《中国经济特区研究》2018 年第 00 期。

［88］曾磊:《数据跨境流动法律规制的现状及其应对——以国际规则和我国《数据安全法(草案)》为视角》,《中国流通经济》2021 年第 6 期。

［89］张存刚、韩浩星:《数据要素在经济发展中的作用及商品属性探析》,《社科纵横》2021 年第 6 期。

［90］张鸿义:《深圳金融中心建设的总结、评价与展望》,《开放导报》2015 年第2 期。

［91］张克科、李红亮、夏永红:《深港协同建设国际科创中心的主要方向》,《开放导报》2021 年第 3 期。

［92］张霄:《资本的劳动要素属性理论研究》,《今日财富》2021 年第 6 期。

［93］赵雅楠、吕拉昌:《深圳创新城市建设中的香港因素》,《科技管理研究》2021 年第 1 期。

［94］赵玉杰:《加快青岛海洋科技创新　建设全球海洋中心城市》,《中共青岛市委党校(青岛行政学院学报)》2021 年第 4 期。

［95］郑水珠、何燕婷:《深化粤港金融合作的对策研究——以深圳自贸区为视角》,《边疆经济与文化》2021 年第 2 期。

［96］钟坚:《深圳经济特区改革开放的历程、成就与启示》,《中国经济特区研究》2008 年第 00 期。

［97］钟淑云:《深圳物流业发展的经验及启示》,《合作经济与科技》2009 年第 2 期。

［98］周俐娜:《粤港澳大湾区金融互联互通需加强会计规则衔接》,《金融会计》2020 年第 5 期。

［99］综合开发研究院课题组:《政府在高科技产业发展中能做什么和不能做什么——深圳经验的分析》,《开放导报》1999 年第 10 期。

［100］综合开发研究院课题组:《深圳经济特区 40 年探索现代化道路的经验总结》,《特区经济》2020 年第 8 期。

后　记

　　2020 年,习近平总书记在深圳经济特区建立 40 周年庆祝大会上指出,深圳是改革开放后党和人民一手缔造的崭新城市,是中国特色社会主义在一张白纸上的精彩演绎。深圳用 40 年时间走过了国外一些国际化大都市上百年走完的历程。这是中国人民创造的世界发展史上的一个奇迹。而在前不久的庆祝香港回归祖国 25 周年大会暨香港特别行政区第六届政府就职典礼上,习近平总书记强调,回归祖国后,香港在国家改革开放的壮阔洪流中,为祖国创造经济长期平稳快速发展的奇迹作出了不可替代的贡献。毫无疑问,香港与深圳是中国改革开放历史上两颗耀眼的明珠,同时也是两颗相互照亮、相互成就的双子星。

　　当前,深圳正承载着先行示范和打造全球标杆城市的重大使命,香港也需要在构建更大范围、更宽领域、更深层次对外开放新格局中发挥更加重要的功能。因此,香港与深圳必须继续携手共进,再创辉煌。这就需要香港与深圳两地不仅仅局限于点对点的互联互通、机构互设和规则互认,而是要在深刻理解和准确把握"一国两制"实践规律的基础上,敢于突破两地要素和市场合作壁垒,敢于同香港畅行的国际制度规则充分对接,敢于试点"一锅做饭、利益共享"的新合作理念。只有这样,香港的制度优势和辐射作用才能最大限度地得以彰显,深圳也才能在改革"深水区"中率先蹚出一条新路。基于此,本书聚焦于战略层面的思考和战略性举措的提出,希望为根本性、长远性解决香港与深圳两地乃至可能对中国改革开放产生重大影响的发展问题提供参考借鉴。

　　在本书即将付梓之际,我们特别感谢第十一届全国人大常委会副委员长周铁农,第十一届全国政协副主席、著名经济学家厉无畏,中国证监会原主席肖钢为本书作序。感谢第十二届全国政协副主席陈元，中国中小企业协会会长李子彬，中央人民政府驻香港特别行政区联络办公室副主任陈冬，国务院发展研究中心副主任隆国强，深圳市人大常委会主任骆文智，深圳市政协主席林洁，中国银保监会国有重点金融机构原监事会主席于学军，全国政协常委、民建中央原专职副主席、广东省原副省长宋海，湖南省政协原副主席、长沙市人民政府原市长谭仲池，香港特别行政区财经事务及库务局局长许正宇，深圳市委常委、常务副市长黄敏，深圳市委常委曾湃，深圳市人大常委会副主任、党组副书记高自民，深圳市决策咨询委员会专职常务副主任、深圳市人大常委会原副主任、市政府原秘书长高振怀，社会科学文献出版社社长、中国社会科学杂志社原常务副总编辑王利民，广东省金融智库联合会理事长李鲁云，深圳市政协人口资源环境委员会主任、深圳市地方金融监督管理局原党组书记刘平生，深圳市政协科教卫体委主任、深圳市发展研究中心原主任吴思康，深圳市委市政府原副秘书长、市政府发展研究中心原主任、市体制改革研究会会长南岭，深圳市决策咨询委员会专职委员、深圳市科技局原局长刘忠朴，深圳市地方金融监督管理局党组书记舒毓民，深圳市地方金融监督管理局局长何杰，中国平安集团品牌宣传部总经理陈遥，《中国企业报》集团金融事业部主任李海权，求是《小康》杂志社常务副社长殷云，福建冠达星控股集团董事长杨建明，香港中文大学商学院教授刘民对本书撰写提供的指导和帮助。

　　本书的作者林居正先生在深圳市政府办公厅财金处、经济处等从事金融、经济参谋助手、综合协调管理工作 20 年，长期专注于经济金融理论和政策研究，在粤港澳大湾区和先行示范区建设、香港与深圳合作等重大开放创新的体制机制设计上形成大量独到见解和丰富成果。作者正是基于数十年在政府机关的理论研究和政策制定经验，进而提出了大量具有战略性、全局性、前瞻性的观点和举措。当然，本书也是集体智慧和思想碰撞的结晶，撰写人员均来自境内外知名高校，张润泽博士、余臻博士长期从事宏观金融、政策规划、大湾区合作等方面的研究，是深圳知名金融智库的团队负责人和研究骨干。正是基于作者们在工作之余付出的时间精力以及对本书核心观点的反复探讨,本书才得以在较短时间内顺利完成。

特别感谢人民出版社经济与管理编辑部主任郑海燕,以高超的智慧为本书出版付出了巨大辛劳。感谢国家自然科学基金重点项目"基于区块链技术的中小微企业资产证券化融资模式设计"对本书的支持。感谢陈泓禧、刘晓蕾、廖滨葆对本书资料收集整理、统稿工作提供的帮助。

本书的撰写难免有疏漏之处,敬请读者批评指正。

2022 年 9 月 4 日